A GERAÇÃO SUPERFICIAL

A GERAÇÃO SUPERFICIAL

Nicholas Carr

O QUE A INTERNET ESTÁ FAZENDO COM OS NOSSOS CÉREBROS

Tradução
Mônica Gagliotti Fortunato Friaça

AGIR

Título original: The Shallows: What the Internet Is Doing to Our Brains

Editora Nova Fronteira Participações S.A.
Rua Nova Jerusalém, 345 – Bonsucesso – 21042-235
Rio de Janeiro – RJ – Brasil
Tel.: (21) 3882-8200 – Fax: (21)3882-8212/8313

Texto revisto pelo novo Acordo Ortográfico

CIP-Brasil. Catalogação na fonte
Sindicato Nacional dos Editores de Livros, RJ

C299g Carr, Nicholas G., 1959-
A geração superficial : o que a Internet está fazendo com nossos cérebros / Nicholas Carr ; tradução Mônica Gagliotti Fortunato Friaça. - Rio de Janeiro : Agir, 2011.

Tradução de: The shallows : what the Internet is doing to our brains
ISBN 978-85-220-1005-9

1. Neuropsicologia. 2. Internet - Efeito fisiológico. 3. Internet - Aspectos psicológicos. I. Título.

CDD: 612.8
CDU: 612.8

para minha mãe

e em memória de meu pai

Sumário

E no meio desta ampla quietude
Um santuário róseo cobrirei
Com a emoldurada treliça de um
cérebro trabalhando...

— John Keats, "Ode à psique"

Prólogo
O cão de guarda e o ladrão

Em 1964, exatamente quando os Beatles invadiam os Estados Unidos pelas ondas sonoras, Marshall McLuhan publicava *Os meios de comunicação como extensões do homem* (*Understanding Media: The Extensions of Man*) e se transformava de um obscuro acadêmico em um astro. Oracular, sentencioso e alucinante, o livro é um perfeito produto dos anos 1960, aquela agora distante década de viagens tanto interiores como exteriores, tanto de ácido como à Lua. *Os meios de comunicação* era essencialmente uma profecia, e o que profetizava era a dissolução da mente linear. McLuhan declarou que os "meios elétricos" do século XX — telefone, rádio, filmes, televisão — estavam rompendo com a tirania do texto sobre os nossos pensamentos e sentidos. O nosso *self* isolado, fragmentado, encerrado por séculos na leitura privada de páginas impressas, estava se tornando inteiro novamente, integrando-se ao equivalente global de uma aldeia tribal. Estávamos nos aproximando da "simulação tecnológica da consciência, onde o processo criativo do conhecimento seria estendido coletiva e corporativamente ao todo da sociedade humana".[1]

Mesmo no auge da sua fama, *Os meios de comunicação* era um livro do qual se falava mais do que se lia. Hoje se tornou uma relíquia cultural, confinada aos cursos de estudos das mídias

[1] Marshall McLuhan, *Understanding Media: The Extensions of Man*, edição crítica, ed. W. Terrence Gordon (Corte Madera, CA: Gingko, 2003), 5.

das universidades. Mas McLuhan, tanto um *showman* como um estudioso, era um mestre de frases de efeito, e uma delas pulou das páginas do livro para sobreviver como um ditado popular: "o meio é a mensagem". O que esquecemos na repetição desse aforismo enigmático é que McLuhan não estava apenas reconhecendo e celebrando o poder transformador das novas tecnologias de comunicação. Ele também estava levantando um alerta sobre a ameaça suscitada por esse poder — e sobre o risco de não estarmos cônscios dessa ameaça. "A tecnologia elétrica já é uma realidade", escreveu, "e estamos insensíveis, surdos, cegos e mudos em relação ao seu encontro com a tecnologia de Gutenberg, sobre a qual e pela qual o *American way of life* foi formado."[2]

McLuhan compreendeu que, sempre que surge uma nova mídia, as pessoas são naturalmente impactadas pela informação — o "conteúdo" — que ela transmite. Elas se dão conta das notícias do jornal, das músicas do rádio, dos shows da TV, das palavras faladas pela pessoa no outro lado da linha telefônica. A tecnologia do meio, contudo, não importa o quão extraordinária seja, desaparece por detrás do que flui através dele — fatos, entretenimentos, instrução, conversa. Quando começa o debate (como sempre acontece) sobre se os efeitos do meio são bons ou ruins, é o conteúdo que é alvo da discussão. Os entusiastas o celebram, os céticos o execram. Os termos da discussão sempre têm sido praticamente os mesmos para cada novo meio de informação, remontando ao menos aos livros que saíam da prensa de Gutenberg. Os entusiastas, com toda a razão, elogiam a torrente de novos conteúdos que a tecnologia libera, vendo isso como sinal de "democratização" da cultura. Os céticos, também com toda a razão, condenam a vulgaridade do conteúdo, vendo-o como sinal de uma "estupidificação" da cultura. O éden abundante de um lado é a terra arrasada do outro.

---

[2] Ibid., 30.

A internet é o último meio a provocar esse debate. O embate entre os entusiastas e os céticos da net, promovido nas últimas duas décadas em dúzias de livros e artigos e milhares de postagens em blogs, videoclipes e podcasts, tornou-se tão polarizado como sempre foi, com os primeiros anunciando uma nova idade do ouro de acesso e participação, e os últimos denunciando uma nova idade das trevas de mediocridade e narcisismo. O debate tem sido importante — o conteúdo realmente importa —, mas, porque se apoia em ideologia e gosto pessoais, ficou encurralado em um beco sem saída. Os pontos de vista tornaram-se extremados, e os ataques, pessoais. "Luditas!", desdenha o entusiasta. "Filisteu!", despreza o cético. "Cassandra!" "Poliana!"

Mas escapa tanto aos entusiastas como aos céticos o que disse McLuhan: que no longo prazo o conteúdo do meio importa menos do que o próprio meio na influência sobre o nosso modo de pensar e de agir. Como nossa janela para o mundo e para nós mesmos, um meio popular molda o que vemos e como vemos — e, por fim, se o usarmos o suficiente, modifica quem somos, como indivíduos e como sociedade. "Os efeitos da tecnologia não ocorrem no nível das opiniões ou conceitos", escreveu McLuhan. Antes, eles alteram "os padrões de percepção continuamente e sem qualquer resistência".[3] O *showman* exagera para defender o seu ponto de vista, mas este permanece válido. O meio faz a sua mágica ou o seu feitiço no próprio sistema nervoso.

Ao focarmos no conteúdo de uma mídia, podemos ficar cegos a esses feitos profundos. Estamos tão ocupados sendo deslumbrados ou perturbados pela programação, que não percebemos o que está acontecendo dentro de nossas cabeças. No final, acabamos por fingir que a tecnologia em si não importa. É como a usamos que importa, dizemos para nós mesmos. A implicação reconfortante dessa húbris é que

[3] Ibid., 31.

estamos no controle. Mas a tecnologia não é apenas uma ferramenta, inerte até que a peguemos, e inerte de novo quando a deixamos de lado.

McLuhan citou uma declaração de autopromoção de David Sarnoff, um magnata da mídia que foi um pioneiro do rádio da RCA e da televisão da NBC. Em um discurso na Universidade de Notre Dame em 1955, Sarnoff rebateu a crítica aos meios de comunicação de massa, sobre os quais ele havia construído o seu império e a sua fortuna. Ele livrou as tecnologias de toda a culpa por quaisquer maus efeitos e a jogou em cima dos ouvintes e espectadores: "Sempre estamos propensos a tornar os instrumentos tecnológicos os bodes expiatórios dos pecados daqueles que os manejam. Os produtos da ciência moderna não são em si mesmos bons ou maus: é o modo como são usados que determina o seu valor." McLuhan escarnece da ideia, criticando Sarnoff por falar com "a voz do sonambulismo corrente".[4]

Cada novo meio, compreendeu McLuhan, nos modifica. "Nossa resposta convencional a todos os meios, ou seja, que é a forma de utilizá-los que importa, representa a postura entorpecida do idiota tecnológico", escreveu. O conteúdo de um meio é apenas "o apetitoso naco de carne que o ladrão leva para distrair o cão de guarda da mente".[5]

Nem mesmo McLuhan poderia ter previsto o festim que a internet coloca a nossa frente: um prato após o outro, cada um mais apetitoso que o anterior, praticamente sem tempo para respirar entre um bocado e o próximo. Com o encolhimento dos nossos computadores em rede ao tamanho de um iPhone ou de um Blackberry, o festim tornou-se ambulante, disponível em qualquer tempo ou lugar. Mesmo pessoas que se preocupam com a expansão continuada da influência da net raramente permitem que os seus temores impeçam-nas

[4] Ibid., 23.

[5] Ibid., 31.

de usar e desfrutar a tecnologia. O crítico cinematográfico David Thomson certa vez observou que "as dúvidas se debilitam frente à certeza do meio".[6] Ele estava falando sobre o cinema e como ele projeta suas sensações e sensibilidades não somente na tela mas também sobre nós, a audiência absorvida e complacente. Seu comentário se aplica com força ainda maior à net. Com as suas gratificações e conveniências, a tela do computador passa como um trator sobre as nossas dúvidas. É nossa serva a um tal grau que seria grosseiro notar que também é nossa mestra.

[6] David Thomson, *Have You Seen?: A Personal Introduction to 1,000 Films* (Nova York: Knopf, 2008), 149.

Capítulo 1

Hal e eu

"Dave, pare. Pare, você vai parar? Pare, Dave. Você vai parar?" Esta é a súplica do supercomputador HAL ao implacável astronauta Dave Bowman, em uma famosa cena, pungente e insólita, próxima do final de *2001, uma odisseia no espaço*, de Stanley Kubrick. Bowman, que quase havia sido lançado à morte no espaço profundo pela máquina defeituosa, está calma e friamente desconectando os circuitos de memória que controlam o seu cérebro artificial. "Dave, a minha mente está indo embora", diz HAL, desesperançado. "Eu posso sentir. Eu posso sentir."

Eu também posso sentir. Nos últimos poucos anos tenho tido um sentimento desconfortável de que alguém, ou algo, tem estado mexendo com o meu cérebro, remapeando os circuitos neurais, reprogramando a memória. A minha mente não está indo embora — pelo menos não que eu saiba —, mas está mudando. Não estou pensando do mesmo modo que costumava pensar. Sinto mais agudamente quando estou lendo. Eu costumava mergulhar em um livro ou um artigo extenso. Minha mente era capturada pelas reviravoltas da narrativa ou as mudanças do argumento, e eu passava horas percorrendo longos trechos de prosa. Agora, raramente isso acontece. Minha concentração começa a se extraviar depois de uma ou duas páginas. Fico inquieto, perco o fio, começo a procurar alguma coisa mais para fazer. Sinto como se estivesse sempre arrastando o meu cérebro volúvel de volta ao texto. A leitura profunda que costumava acontecer naturalmente tornou-se uma batalha.

Eu acho que sei o que está acontecendo. Há mais de uma década, tenho passado muito tempo on-line, buscando e surfando e às vezes me inscrevendo nas grandes bases de dados da internet. Como escritor, a web representou para mim uma dádiva dos deuses. A pesquisa que antigamente exigia dias com pilhas ou nas salas de periódicos das bibliotecas, agora pode ser feita em minutos. Umas poucas buscas com o Google ou uns rápidos cliques em hiperlinks e eu consigo o fato revelador ou a citação de peso que procurava. Nem posso começar a contabilizar as horas ou litros de gasolina que a net me poupou. Faço a maior parte da minha movimentação bancária e um monte das minhas compras on-line. Uso o meu browser para pagar minhas contas, agendar meus compromissos, reservar voos e quartos de hotel, renovar minha licença de motorista, enviar convites e cartões de festas. Mesmo quando não estou trabalhando, muito provavelmente estarei sendo um caçador-coletor nas matas de dados da web — lendo e escrevendo e-mails, escaneando manchetes e postagens de blogs, seguindo as atualizações do Facebook, assistindo vídeos em streaming, fazendo download de músicas, ou apenas viajando despreocupadamente de link em link em link.

A net tornou-se um meio polivalente, o conduto para a maior parte da informação que atravessa nossos olhos e ouvidos até a nossa mente. São muitas as vantagens de se ter um acesso imediato a um depósito de dados tão incrivelmente rico e tão facilmente buscável, e elas foram descritas exaustivamente e elogiadas com justiça. "O Google", diz Heather Pringle na revista *Archaeology*, "é uma extraordinária dádiva para a humanidade, coletando e concentrando informações e ideias que antes estavam espalhadas tão amplamente pelo mundo que dificilmente alguém poderia se aproveitar delas."[1] Clive Thompson, da *Wired*, observa: "A lembrança perfeita da memória de silício pode ser uma enorme dádiva para o pensamento."[2]

As dádivas são reais. Mas elas têm um preço. Como sugeriu McLuhan, os meios não são meramente canais de informação. Fornecem o material para o pensamento, mas também moldam o processo do pensamento. E o que a net parece estar fazendo é desbastar a minha capacidade de concentração e contemplação. Quer eu esteja on-line quer não, a minha mente agora espera receber informação do modo como a net a distribui: um fluxo de partículas em movimento veloz. Antigamente eu era um mergulhador em um mar de palavras. Agora deslizo sobre a superfície como um sujeito com um jet ski.

Talvez eu seja uma aberração, um deslocado. Mas parece que não. Quando menciono os meus problemas com leitura para amigos, muito dizem que estão passando por aflições semelhantes. Quanto mais usam a web, mais têm que se esforçar para permanecerem focados em longos trechos de escrita. Alguns se preocupam se seus cérebros não estão se tornando cronicamente dispersos. Vários dos blogueiros que eu sigo também mencionaram o fenômeno. Scott Karp, que trabalhava em uma revista e que agora escreve um blog sobre mídias on-line, confessa que parou de ler livros completamente. "Eu cursava literatura na universidade e costumava ser [um] leitor voraz de livros", escreve. "O que aconteceu?" Ele especula sobre qual seria a resposta: "E se eu faço todas as minhas leituras na web, será que eu estaria apenas procurando conveniência não tanto porque o modo como leio mudou, mas porque o modo como eu PENSO mudou?".[3]

---

[1] Heather Pringle, "Is Google Making Archaeologists Smarter?", blog Beyond Stone & Bone (Archaeological Institute of America), 27 de fevereiro de 2009, http://archaeology.org/blog/?p=332.

[2] Clive Thompson, "Your Outboard Brain Knows All", *Wired*, outubro de 2007.

[3] Scott Karp, "The Evolution from Linear Thought to Networked Thought", blog Publishing 2.0, 9 de fevereiro de 2008, http://publishing2.com/2008/02/09/the-evolution-from-linear-thought-to-networked-thought.

Bruce Friedman, que mantém um blog sobre o uso de computadores em medicina, também descreveu como a internet está alterando seus hábitos mentais. "Nessa altura eu perdi quase que totalmente a minha capacidade de ler e absorver um artigo extenso na web ou impresso", diz.[4] Patologista, docente da Escola de Medicina da Universidade de Michigan, Friedman se aprofundou sobre o seu comentário em uma conversa por telefone comigo. Seu pensamento, disse, adquiriu uma qualidade de *staccato*, refletindo o modo como ele rapidamente escaneia curtas passagens de texto provenientes de muitas fontes on-line. "Não consigo mais ler *Guerra e paz*", admitiu. "Perdi a minha capacidade de fazer isso. Mesmo a postagem em um blog com mais de três ou quatro parágrafos é longa demais para eu absorver. Eu corro os olhos sobre ela."

Philip Davis, um estudante de doutoramento em comunicação na Universidade de Cornell, que contribui para o blog da Society for Scholarly Publishing, recorda-se de uma ocasião, na década de 1990, quando estava mostrando para uma amiga como usar um browser. Ele diz ter ficado "surpreso" e "mesmo irritado" quando a mulher fazia uma pausa para ler os textos dos sites que encontrava. "Você não deve ler as páginas da web, apenas clique nas palavras com hiperlink", repreendeu-a. Agora, escreve Davis, "eu leio muito — ou, ao menos, deveria estar lendo muito —, porém não o faço. Corro os olhos. Rolo a página. Tenho muito pouca paciência para argumentos prolongados, com nuances, embora acuse os outros de apresentar o mundo de um modo muito simples".[5]

Karp, Friedman e Davis — todos homens bem-educados com gosto pela escrita — parecem ser muito incisivos sobre

[4] Bruce Friedman, "How Google Is Changing Our Information-Seeking Behavior", blog Lab Soft News, 6 de fevereiro de 2008, http://labsoftnews.typepad.com/lab_soft_news/2008/02/how-google-is-c.html.

[5] Philip Davis, "Is Google Making Us Stupid? Nope!", blog The Scholarly Kitchen, 16 de junho de 2008, http://scholarlykitchen.sspnet.org/2008/06/16/is-google--making-us-stupid-nope.

a deterioração de suas faculdades de leitura e concentração. Porém, levando em conta tudo, dizem, os benefícios que auferiram da net — rápido acesso a uma vastidão de informação, ferramentas potentes de busca e filtragem, um meio fácil de partilhar suas opiniões com uma audiência pequena porém interessada — compensam a perda da capacidade de se sentarem quietos e virarem as páginas de um livro ou uma revista. Friedman me contou, por e-mail, que ele "nunca foi tão criativo" quanto tem sido nos últimos tempos, e atribui isso "ao meu blog e à capacidade de sumarizar/escanear 'toneladas' de informação na web". Karp passou a acreditar que ler muitos fragmentos on-line, curtos, conectados por links, é um meio muito mais eficiente de expandir sua mente do que ler "livros de 250 páginas", embora, diga ele, "ainda não consigamos reconhecer a superioridade desse processo de pensamento em rede porque ainda o estamos avaliando seguindo os padrões do nosso antigo processo de pensamento linear".[6] Davis pondera: "A internet pode ter me transformado em um leitor menos paciente, mas acho que de muitos modos me tornou mais inteligente. Mais conexões com documentos, artefatos e pessoas significam mais influências externas no meu pensamento e também na minha escrita".[7] Todos os três sabem que sacrificaram algo importante, mas não retornariam ao modo como as coisas costumavam ser.

Para algumas pessoas, a ideia mesma de ler um livro tornou-se antiquada, até um pouco tola — como costurar as próprias roupas ou escrever com lapiseira. "Não leio livros", diz Joe O'Shea, que foi o presidente do grêmio estudantil da Universidade Estadual da Flórida e que recebeu em 2008 uma bolsa Rhodes. "Vou ao Google e posso absorver a informação relevante rapidamente." O'Shea, que se graduou

---

[6] Scott Karp, "Connecting the Dots of the Web Revolution", blog Publishing 2.0, 17 de junho de 2008, http://publishing2.com/2008/06/17/connecting-the-dots-of--the-web-revolution.

[7] Philip Davis, "Is Google Making Us Stupid? Nope!"

em filosofia, não vê qualquer razão para varrer capítulos de texto quando leva apenas um minuto ou dois para colher as passagens pertinentes, usando a busca do Google Book. "Sentar-se e ler um livro de cabo a rabo não faz sentido. Não é a melhor forma de se usar o tempo, quando se pode obter toda a informação necessária através da web." E, tão logo se aprende a ser um "caçador habilidoso" on-line, argumenta, os livros se tornam supérfluos.[8]

O'Shea parece ser antes a regra do que a exceção. Em 2008, uma firma de pesquisa e consultoria chamada nGenera lançou um estudo sobre o uso da internet entre os jovens. A empresa entrevistou cerca de 6 mil membros da chamada "geração net" — crianças que cresceram usando a web. "A imersão digital", escreve o líder da pesquisa, "tem mesmo afetado o modo como absorvem informação. Eles não necessariamente leem uma página da esquerda para a direita e do alto para baixo. Em vez disso, podem saltar de um ponto a outro, escaneando informações relevantes de interesse."[9] Em uma palestra durante um recente encontro da Phi Beta Kappa, a professora da Universidade de Duke, Katherine Hayles, confessou: "Não consigo mais fazer com que meus alunos leiam livros inteiros".[10] Hayles ensina inglês; os alunos dos quais está falando são de literatura.

As pessoas usam a internet de todos os modos possíveis. Alguns adotam com avidez ou mesmo compulsivamente as últimas tecnologias. Mantêm contas em uma dúzia ou mais de serviços on-line e se inscrevem em diversos provedores de informação. Outros escrevem blogs e criam tags, enviam mensagens de texto e tuítam. Outros não se importam muito

---

[8] Don Tapscott, "How Digital Technology Has Changed the Brain", *BusinessWeek* Online, 10 de novembro de 2008, www.businessweek.com/technology/content/nov2008/tc2008117_034517.htm.

[9] Don Tapscott, "How to Teach and Manage 'Generation Net'", *BusinessWeek* Online, 30 de novembro de 2008, www.businessweek.com/technology/content/nov2008/tc20081130_713563.htm.

[10] Citado em Naomi S. Baron, *Always On: Language in an Online and Mobile World* (Oxford: Oxford University Press, 2008), 204.

em estar superatualizados, mas, no entanto, permanecem on-line a maior parte do tempo, conectando-se a partir de seu desktop, de seu laptop ou de seu celular. A net tornou-se essencial para o seu trabalho, escola ou vida social, e, frequentemente, para todos os três. Outros ainda se logam apenas umas poucas vezes por dia — para checar o seu e-mail, acompanhar uma história no noticiário, pesquisar um tópico de interesse ou fazer alguma compra para a casa. E há, é claro, muitas pessoas que não usam a internet de modo algum, ou porque não têm os recursos para custear ou porque não desejam. O que é claro, contudo, é que, para a sociedade como um todo, a net se tornou, em apenas vinte anos, desde que o programador de software Tim Berners-Lee escreveu o código para a World Wide Web, o meio de comunicação e informação de predileção universal. O alcance do seu uso é sem precedentes, mesmo pelos padrões das mídias de massa de século XX. O alcance da sua influência é igualmente amplo. Quer por escolha, quer por necessidade, adotamos o modo praticamente instantâneo da net de coletar e distribuir informação.

Parece que chegamos, como McLuhan disse que chegaríamos, a um importante divisor de águas de nossa história intelectual e cultural, um momento de transição entre dois modos muito diferentes de pensamento. O que estamos dando em troca pelas riquezas da net — e somente um rabugento se recusaria a ver as riquezas — é o que Karp chama do nosso "antigo processo de pensamento linear". A mente linear, calma, focada, sem distrações, está sendo expulsa por um novo tipo de mente que quer e precisa tomar e aquinhoar informação em surtos curtos, desconexos, frequentemente superpostos — quanto mais rapidamente, melhor. John Battelle, um ex-editor de revistas e professor de jornalismo que agora dirige uma corporação de publicidade on-line, descreveu o frisson intelectual que ele experimenta enquanto navega pelas páginas da web: "Quando estou realizando uma série de atividades em tempo real durante horas seguidas, sinto o meu cérebro se acender, como se estivesse ficando mais inteligente".[11] A maioria de nós experimentou sensações semelhantes enquanto estávamos on-line. Os sentimentos são intoxicantes — tanto que eles podem nos distrair das consequências cognitivas mais profundas da net.

Durante os últimos cinco séculos, desde quando a prensa tipográfica de Gutenberg tornou a leitura dos livros uma atividade popular, a mente linear, literária, esteve no centro da arte, ciência e sociedade. Tão flexível quanto sutil foi a mente imaginativa do Renascimento, a mente racional do Iluminismo, a mente inventiva da Revolução Industrial, e mesmo a mente subversiva do Modernismo. Pode ser em breve a mente do passado.

O computador HAL 9000 nasceu, ou "tornou-se operacional", como ele mesmo humildemente colocou, no dia 12 de janeiro de 1992, em uma mítica instalação computacional de Urbana, em Illinois. Eu havia nascido quase exatamente trinta e três anos antes, em janeiro de 1959, em outra cidade do Meio Oeste, Cincinnati, em Ohio. A minha vida, como a vida da maioria dos *baby boomers* e da Geração X, se desenrolou como uma peça de dois atos. A sua abertura foi com uma "Juventude analógica" e, então, após uma mudança rápida mas radical do cenário, entrou na "Maturidade digital".

Quando conjuro imagens dos meus primeiros anos, parecem-me trazer conforto e ao mesmo tempo alheiamento, como *stills* de um filme de censura livre de David Lynch. Surge o volumoso telefone amarelo-mostarda pregado na parede com o seu disco de rodar e um longo cordão enrolado. Surge o meu pai rodando a antena em cima da TV, tentando em vão se livrar do chuvisco que encobria o jogo do Reds. Surge o jornal da manhã enrolado, molhado de orvalho, jogado na entrada

[11] John Battelle, "Google: Making Nick Carr Stupid, but It's Made This Guy Smarter", John Battelle's Searchblog, 10 de junho de 2008, http://battellemedia.com/archives/004494.php.

de carro coberta de cascalho. Surgem o console de hi-fi na sala de estar, umas poucas capas e envelopes de plástico de discos de vinil (alguns deles dos álbuns dos Beatles dos meus irmãos mais velhos) espalhados pelo tapete. E surgem, lá embaixo, na mofada sala de família do porão, os livros nas prateleiras — muitos, muitos livros — com seus dorsos multicoloridos, cada um com um título e o nome de um autor.

Em 1977, o ano em que apareceu *Guerra nas estrelas* e em que a empresa Apple Computer foi incorporada, fui para New Hampshire para fazer a faculdade na Dartmouth College. Eu não sabia na época da minha inscrição, mas Dartmouth já era, havia tempos, uma líder em computação acadêmica, desempenhando um papel central para tornar o poder das máquinas de processamento de dados facilmente disponível para alunos e professores. O reitor da universidade, John Kemeny, era um respeitado cientista computacional que havia, em 1972, escrito um influente livro chamado *Homem e computador*. Uma década antes, ele também tinha sido um dos inventores do BASIC, a primeira linguagem de programação a usar palavras comuns e a sintaxe do dia a dia. Próximo do centro do terreno da universidade, logo atrás da Biblioteca Baker, de estilo neogeorgiano, com a sua imponente torre de sino, se acocorava um edifício de concreto sem cor, vagamente futurístico, o Centro de Computação Kiewit, que abrigava o par de computadores da faculdade, dois computadores mainframe General Electric GE-635. Os mainframes rodavam o revolucionário Dartmouth Time-Sharing System, um tipo pioneiro de rede que permitia que dezenas de pessoas usassem os computadores simultaneamente. Time-sharing foi a primeira manifestação do que chamamos atualmente de computação pessoal. Tornou possível, como Kemeny escreveu no seu livro, "uma relação verdadeiramente simbiótica entre o homem e o computador".[12]

---

[12] John G. Kemeny, *Man and the Computer* (Nova York: Scribner, 1972), 21.

Eu fazia o curso de inglês e procurava evitar o máximo possível as disciplinas de matemática e ciências. Mas o Kiewit ocupava uma localização estratégica no campus, a meio caminho entre o meu alojamento e o Fraternity Row, e, nas noites de fim de semana, muitas vezes eu passava uma hora ou duas em um terminal na sala de teletipo pública enquanto aguardava que as festas do barril começassem a rolar. Em geral, eu fazia hora jogando um dos games bobos primitivos que os estudantes de graduação de programação — "sysprogs", eles se chamavam — haviam pirateado. Mas eu consegui aprender por conta própria a usar o desajeitado programa de processamento de texto do sistema e mesmo uns poucos comandos de BASIC.

Isso foi apenas um flerte digital. Para cada hora que eu passava no Kiewit, devia despender duas dúzias na Baker, ao lado. Eu me enfronhava, para os exames, na sala de leitura cavernosa da biblioteca, buscava por dados em volumes pesados nas prateleiras das obras de referência e trabalhava em tempo parcial no empréstimo de livros da biblioteca circulante. A maior parte do meu tempo na biblioteca, contudo, era dedicada a percorrer os longos, estreitos corredores, ladeados por estantes. Apesar de estar cercado por dezenas de milhares de livros, não me lembro de sentir a ansiedade que é sintomática do que chamamos hoje de "sobrecarga de informação". Havia algo de calmante na reticência de todos aqueles livros, na sua disposição para esperarem por anos, e mesmo décadas, para que o leitor certo viesse e os retirasse de seu local designado na estante. *Não se apresse*, murmuravam os livros para mim com suas vozes poeirentas. *Não vamos a lugar nenhum.*

Foi em 1986, cinco anos após eu concluir Dartmouth, que os computadores entraram de vez na minha vida. Para a consternação da minha mulher, gastei quase todas as nossas economias, uns 2 mil dólares, em um dos primeiros modelos Macintosh da Apple — um Mac Plus equipado com uma memória RAM de um único megabyte, um disco rígido de 20 megabytes e uma minúscula tela em branco e preto. Ainda me recordo da excitação que senti quando desembrulhei a pequena máquina bege. Coloquei-a na minha escrivaninha, conectei o teclado e o mouse, e liguei. Ela se iluminou, soou uma melodia de saudação e me sorriu enquanto me conduzia pelas misteriosas rotinas que trouxe à minha vida. Fiquei apaixonado.

O Plus fazia uma dupla jornada tanto como computador doméstico como de negócios. Todo dia, eu o carregava para o escritório da firma de consultoria em administração onde trabalhava como editor. Eu usava o Microsoft Word para revisar propostas, relatórios e apresentações e às vezes utilizava o Excel para fazer revisões na planilha de um consultante. Toda noite, eu o carregava de volta para casa, onde o usava para acompanhar as finanças da família, escrever cartas, jogar games (ainda bobos, mas menos primitivos) e — o mais divertido de tudo — fazer emendas entre bases de dados simples, usando o engenhoso aplicativo do HyperCard. Criado por Bill Atkinson, um dos mais inventivos programadores da Apple, o HyperCard incorporava um sistema de hipertextos que antecipou a aparência e a sensação da World Wide Web. Onde na web clicamos links nas páginas, no HyperCard clicamos botões em cartões — mas a ideia, com tudo o que tem de sedutora, é a mesma.

O computador, comecei a sentir, era mais do que apenas uma ferramenta que fazia o que eu lhe dizia para fazer. Era uma máquina, que, de um jeito sutil mas incontestável, exercia uma influência sobre mim. Quanto mais eu o usava, mais alterava o modo como eu trabalhava. No começo, eu achava impossível editar qualquer coisa na tela. Imprimia um documento, marcava-o com um lápis e digitava as revisões na versão digital. Então eu o imprimia novamente e fazia uma outra passada com o lápis. Às vezes eu refazia o ciclo uma dúzia de vezes por dia. Mas em determinado momento — e abruptamente — a minha rotina de editar mudou. Descobri que não conseguia mais escrever ou revisar qualquer coisa no papel. Sentia-me perdido sem a tecla Delete, a barra de rolar, sem as funções recortar e colar, sem o comando desfazer. Eu tinha que editar tudo na tela. Eu próprio havia me tornado um processador de texto.

Mudanças maiores vieram depois que adquiri um modem, por volta de 1990. Até então, o Plus havia sido uma máquina autocontida, com suas funções limitadas ao software que eu instalasse no seu disco rígido. Quando conectado a outros computadores através do modem, assumiu uma nova identidade e um novo papel. Não era mais apenas um canivete suíço high-tech. Era um meio de comunicação, um dispositivo para encontrar, organizar e partilhar informações. Experimentei todos os serviços on-line — CompuServe, Prodigy, e mesmo o efêmero eWorld da Apple — mas foi ao American Online que me fidelizei. A minha assinatura original no AOL me limitava a cinco horas on-line por semana, e eu dividiria com parcimônia os preciosos minutos para trocar e-mails com um pequeno grupo de amigos que também eram assinantes da AOL, para seguir conversas nos quadros de aviso e ler artigos reimpressos de jornais e revistas. De fato, passei a me deleitar com o som do meu modem se conectando por linha telefônica aos servidores da AOL. Escutar os apitos e estalidos era como bisbilhotar uma discussão amigável entre uma dupla de robôs.

No meio da década de 1990, fiquei prisioneiro, mas não com descontentamento, do "ciclo do upgrade". Aposentei o envelhecido Plus em 1994, substituindo-o pelo Macintosh Performa 550, com tela colorida, drive de CD-ROM, um disco rígido de 500 megabytes e um processador de 33 megahertz, que parecia miraculosamente rápido na época. O novo computador exigia versões atualizadas da maioria dos programas que eu usava e me permitia rodar todos os tipos de novos aplicativos com os últimos recursos de multimídia. Na época, quando instalei todo o novo software, o meu disco rígido ficou cheio. Tive que sair para comprar uma unidade de armazenagem externa como suplemento. Acrescentei também um Zip drive — e, após, um gravador de CD. Mais uns dois anos, e adquiri um outro desktop, com um monitor muito maior e um chip muito mais rápido, assim como um modelo portátil que poderia usar quando viajasse. O meu empregador, entrementes, havia banido os Macs em favor dos PCs com Windows, e assim eu estava usando dois diferentes sistemas, um em casa e outro no trabalho.

Foi mais ou menos na mesma época que comecei a ouvir falar de algo chamado internet, uma misteriosa "rede de redes" que prometia, segundo os conhecedores, "mudar tudo". Em 1994, um artigo na *Wired* declarou a minha amada AOL "repentinamente obsoleta". Uma nova invenção, o "browser gráfico", prometia uma experiência digital muito mais emocionante: "Ao seguir os links — clique e o documento linkado aparece —, podemos viajar pelo mundo on-line ao longo dos caminhos do capricho e da intuição".[13] Fiquei intrigado, e então fui fisgado. No final de 1995, havia instalado o novo browser Netscape no meu computador do trabalho e o estava utilizando para explorar as páginas aparentemente infinitas da World Wide Web. Em breve tinha uma conta SIP também em casa — e um modem muito mais rápido com ela. Cancelei o meu serviço da AOL.

Você conhece o resto da história, porque provavelmente é a sua história também. Chips cada vez mais rápidos. Modems cada vez mais velozes. DVDs e gravadores de DVDs. Discos rígidos com a capacidade de gigabytes. Yahoo e Amazon e eBay. MP3. Vídeos em streaming. Banda larga. Napster e Google. Blackberries e iPods. Redes de wi-fi. Blogs e microblogs. Smartphones, pen drives, netbooks. Quem poderia resistir? Certamente não eu.

[13] Gary Wolfe, "The (Second Phase of the) Revolution Has Begun", *Wired*, outubro de 1994.

Quando a web se tornou 2.0 por volta de 2005, tornei-me 2.0 com ela. Passei a trabalhar com redes sociais e me transformei em um gerador de conteúdos. Registrei um domínio, roughtype.com, e lancei um blog. Foi divertido, ao menos durante os primeiros anos. Tinha trabalhado como escritor freelance desde o começo da década, escrevendo principalmente sobre tecnologia, e sabia que publicar um artigo ou um livro era um negócio lento, complicado, e muitas vezes frustrante. Você labuta sobre um manuscrito, envia-o a uma editora, e, supondo que não seja devolvido com uma nota lacônica rejeitando-o, passa por várias rodadas de edição, verificação de fatos e leituras das provas. O produto finalizado não aparecerá antes de semanas ou meses. Se for um livro, você terá que esperar mais de um ano para vê-lo impresso. Os blogs jogaram fora todo o aparato tradicional de publicação. Você digita algo, insere alguns links, aperta o botão Publish, e o trabalho está lá, imediatamente, para que todo mundo o veja. Você também obtém algo que raramente viria com a escrita mais formal: respostas diretas dos leitores, na forma de comentários ou, se os leitores têm os seus próprios blogs, links. Traz uma sensação do novo e de liberação.

Ler on-line também traz a sensação do novo e de liberação. Hiperlinks e buscadores entregam um suprimento ilimitado de palavras na minha tela, em conjunto com imagens, sons e vídeos. À medida que se rompem os paywalls das editoras, as torrentes de conteúdos livres se transformam em pororocas. As manchetes são despejadas 24 horas por dia através da home page do Yahoo ou do meu leitor de feeds RSS. E-mails pipocam na minha caixa de entrada a cada minuto ou dois. Abri contas no MySpace e Facebook, Digg e Twitter. Comecei a deixar caducarem minhas assinaturas de jornais e revistas. Quem precisa delas? Quando chegam as edições impressas, molhadas de orvalho ou não, sinto como se já tivesse visto todas as histórias.

Em um dado momento em 2007, uma serpente da dúvida se infiltrou no meu infoparaíso. Comecei a perceber que a net estava exercendo uma influência muito mais forte e mais ampla sobre mim do que o meu velho PC solitário jamais tinha sido capaz. Não era apenas que eu estava despendendo muito mais tempo defronte a uma tela de computador. Não era apenas que tantos dos meus hábitos e rotinas estavam mudando porque me tornei mais acostumado com, e dependente dos, sites e serviços da net. O próprio modo como o meu cérebro funcionava parecia estar mudando. Foi então que comecei a me preocupar com a minha incapacidade de prestar atenção a uma coisa por mais do que uns poucos minutos. Primeiramente tinha imaginado que o problema era um sintoma de deterioração mental da meia-idade. Mas o meu cérebro, percebi, não estava apenas se distraindo. Estava faminto. Estava exigindo ser alimentado do modo como a net o alimenta — e, quanto mais era alimentado, mais faminto se tornava. Mesmo quando eu estava longe do meu computador, ansiava por checar os meus e-mails, clicar em links, fazer uma busca no Google. Queria estar *conectado*. Assim como o Word da Microsoft havia me transformado em um processador de texto de carne e osso, a internet, eu sentia, havia me transformado em algo como uma máquina de processamento de dados de alta velocidade, um HAL humano.

Sentia saudades do meu antigo cérebro.

Capítulo 2

Os caminhos vitais

Friedrich Nietzsche estava desesperado. Doente durante a infância, nunca se recuperara das lesões que sofrera quando tinha vinte e poucos anos, ao cair de um cavalo enquanto servia em uma unidade de artilharia montada do exército prussiano. Em 1880, seus problemas de saúde pioraram e foi forçado a renunciar a sua posição de professor de filologia na Universidade da Basileia. Com apenas trinta e quatro anos de idade, começou a perambular pela Europa, buscando alívio para as suas muitas enfermidades. Ia para o sul, para as praias do Mediterrâneo, quando o clima tornava-se frio a partir do outono, e voltava ao norte, para os Alpes suíços ou para a casa de sua mãe, próxima de Leipzig, na primavera. No final de 1881, alugou um quarto no sótão de uma casa da cidade portuária italiana de Gênova. Sua visão estava declinando e manter os seus olhos com o foco em uma página havia se tornado exaustivo e doloroso, frequentemente provocando esmagadoras dores de cabeça. Havia sido forçado a restringir a sua escrita, e temia que em breve tivesse que desistir dela.

Sem saber o que mais fazer, encomendou uma máquina de escrever — uma Bola de Escrever Malling-Hansen —, que foi entregue em sua moradia durante as primeiras semanas de 1882. Inventada poucos anos antes, por Hans Rasmus Johann Malling-Hansen, o diretor do Instituto Real dos Surdos-Mudos de Copenhague, a bola de escrever era um instrumento de uma beleza singular. Assemelhava-se a uma almofada dourada ornamentada. Cinquenta e duas teclas, para letras minúsculas e maiúsculas, assim como para numerais e sinais de pontuação, projetavam-se do alto de uma bola com uma disposição cientificamente projetada para permitir a datilografia mais eficiente possível. Logo abaixo das teclas situava-se uma placa curvada onde se colocava uma folha de papel para escrever. Usando um engenhoso sistema de engrenagens, a placa avançava como o mecanismo de um relógio a cada toque de uma tecla. Com suficiente prática, uma pessoa poderia datilografar tanto quanto oitocentos caracteres por minuto com a máquina, o que fazia dela a mais rápida máquina de escrever jamais construída.[1]

A bola de escrever socorreu Nietzsche, ao menos por um tempo. Uma vez tendo dominado a datilografia, era capaz de escrever com os olhos fechados, usando apenas as pontas dos dedos. Novamente as palavras podiam passar da sua mente para a página. Ele estava tão enlevado com a criação de Malling-Hansen que datilografou uma pequena ode para ela:

> A bola de escrever é algo semelhante a mim: feita de ferro.
> Contudo, facilmente retorcida durante as viagens.
> Paciência e tato se exigem em abundância,
> Assim como dedos hábeis, para nos usarem.

Em março, um jornal de Berlim noticia que Nietzsche "se sente melhor do que nunca" e que, graças a sua máquina de escrever, "retornou às suas atividades de escritor".

Mas o dispositivo teve um efeito mais sutil sobre o seu trabalho. Um dos amigos de Nietzsche, o escritor e compositor Heinrich Köselitz, percebeu uma mudança no seu estilo de escrita. A prosa de Nietzsche tornou-se mais concisa,

---

[1] Sverre Avnskog, "Who Was Rasmus Malling-Hansen?", Malling-Hansen Society, 2006, www.malling-hansen.org/fi leadmin/biography/biography.pdf.

mais telegráfica. Havia também um novo vigor nela, como se o poder da máquina — o seu "ferro" — estivesse sendo, por meio de um misterioso mecanismo metafísico, transferido às palavras que ela imprimia na página. "Talvez você venha, através desse instrumento mesmo, a adquirir um novo idioma", escreveu Köselitz em uma carta, observando que, no seu próprio trabalho, "os meus 'pensamentos' em música e na linguagem muitas vezes dependem da qualidade da caneta e do papel".

"Você tem razão", respondeu Nietzsche. "Nosso equipamento participa na formação dos nossos pensamentos."[2]

ENQUANTO NIETZSCHE ESTAVA aprendendo a datilografar com a sua bola de escrever em Gênova, oitocentos quilômetros ao nordeste, um jovem estudante de medicina chamado Sigmund Freud estava trabalhando como pesquisador de neurofisiologia em um laboratório de Viena. A sua especialidade era dissecar os sistemas nervosos de peixes e crustáceos. Através de seus experimentos, chegou à conclusão de que o cérebro, do mesmo modo que outros órgãos do corpo, era constituído por células separadas. Posteriormente, estendeu a sua teoria para sugerir que os espaçamentos entre as células — as "barreiras de contato", como as denominava — desempenhavam um papel essencial ao governar as funções da mente, moldando nossas memórias e pensamentos. No seu tempo, as conclusões de Freud situavam-se fora das correntes dominantes da opinião científica. A maioria dos médicos e pesquisadores acreditava que o cérebro não possuía uma

[2] A história de Nietzsche e de sua máquina de escrever é baseada em Friedrich A. Kittler, *Gramophone, Film, Typewriter* (Stanford: Stanford University Press, 1999), 200–203; J. C. Nyíri, "Thinking with a Word Processor", in: *Philosophy and the Cognitive Sciences*, ed. R. Casati (Vienna: Hölder-Pichler-Tempsky, 1994), 63–74; Christian J. Emden, *Nietzsche on Language, Consciousness, and the Body* (Champaign: University of Illinois Press, 2005), 27–29; e Curtis Cate, *Friedrich Nietzsche* (Woodstock, NY: Overlook, 2005), 315–318.

construção celular mas, em vez disso, era constituído por um tecido de fibras único e contínuo. E, mesmo entre aqueles que partilhavam o ponto de vista de Freud, de que o cérebro era composto por células, poucos prestavam qualquer atenção ao que poderia estar acontecendo nos espaços entre essas células.[3]

Em virtude do casamento próximo e necessitando de um meio de sustento mais substancial, Freud logo abandonou sua carreira como pesquisador e se dedicou à clínica particular como psicanalista. Mas estudos posteriores corroboraram as especulações de sua juventude. Armados com microscópios cada vez mais poderosos, os cientistas confirmaram a existência de células nervosas individuais. Também descobriram que essas células — os nossos neurônios — tinham tanto semelhanças quanto diferenças em relação às outras células do nosso corpo. Os neurônios tinham regiões centrais, ou corpos celulares, que partilhavam todas as funções comuns das outras células, mas também tinham dois tipos de apêndices em forma de tentáculos — os axônios e os dendritos —, que transmitiam e recebiam impulsos elétricos. Quando um neurônio está ativo, um pulso flui do corpo celular até a extremidade de um axônio, onde dispara a liberação de substâncias químicas denominadas neurotransmissores. Os neurotransmissores atravessam a barreira de contato de Freud — a sinapse, como agora a chamamos — e se ligam a um dendrito de um neurônio vizinho, disparando (ou suprimindo) um novo impulso elétrico nessa célula. É através do fluxo de neurotransmissores pelas sinapses que os neurônios se comunicam entre si, direcionando a transmissão de sinais elétricos ao longo de complexas vias celulares. Pensamentos, memórias, emoções — todos emergem das interações eletroquímicas dos neurônios, mediadas pelas sinapses.

[3] Joseph LeDoux, *Synaptic Self: How Our Brains Become Who We Are* (Nova York: Penguin, 2002), 38-39.

Durante o século XX, os neurocientistas e psicólogos foram elaborando um quadro mais completo da assombrosa complexidade do cérebro humano. Descobriram que dentro do nosso crânio se alojam cerca de 100 bilhões de neurônios, que assumem muitos formatos diversos e que têm comprimentos que vão de uns poucos décimos de milímetro até cerca de um metro.[4] Um neurônio individual típico tem muitos dendritos (embora um único axônio), e dendritos e axônios têm miríades de ramificações e terminações sinápticas. Um neurônio faz em média aproximadamente mil conexões sinápticas e alguns deles podem fazer cem vezes esse número. Os milhões de bilhões de sinapses dentro dos nossos crânios unem os neurônios em uma densa rede de circuitos que, de um modo que ainda estamos longe de compreender, dão origem ao que pensamos, a como sentimos e a quem somos.

Mesmo com os avanços do conhecimento sobre o funcionamento físico do cérebro durante o século XX, uma antiga suposição permanecia inalterada: a maioria dos biólogos e neurologistas continuava a acreditar, como tinham feito por centenas de anos, que a estrutura de um cérebro adulto jamais mudava. Nossos neurônios se conectariam em circuitos durante a infância, quando nosso cérebro é maleável, e, quando tivéssemos alcançado a maturidade, a rede de circuitos teria se fixado. O cérebro, segundo a visão dominante, era como uma estrutura de concreto. Após ter sido despejado e moldado durante a nossa juventude, ele se endureceria rapidamente na sua forma final. Uma vez tivéssemos entrado nos vinte anos,

[4] Além dos 100 bilhões de neurônios do nosso cérebro, há cerca de 1 trilhão de células gliais, ou glias. Antigamente se supunha que as glias eram inertes, essencialmente proporcionando suporte aos neurônios (*glia* significa "cola" em grego). Nas últimas duas décadas, no entanto, os neurocientistas encontraram evidências de que as glias podem desempenhar um papel importante no funcionamento do cérebro. Uma espécie particularmente abundante de glia, chamada de astrócito, parece liberar átomos de carbono e produzir neurotransmissores em resposta a sinais de outras células. Descobertas posteriores sobre as glias podem aprofundar a nossa compreensão do funcionamento do cérebro. Para uma boa visão geral, ver Carl Zimmer, "The Dark Matter of the Human Brain", *Discover*, setembro de 2009.

não seriam criados novos neurônios e nem forjados novos circuitos. Continuaríamos, é claro, a armazenar novas informações ao longo da nossa vida (e a perder algumas das antigas), mas a única mudança estrutural que o cérebro sofreria durante a idade adulta seria um lento processo de decomposição à medida que o corpo envelhece e as células nervosas morrem.

Embora a crença na imutabilidade do cérebro adulto fosse amplamente aceita e profundamente arraigada, havia uns poucos heréticos. Um punhado de biólogos e psicólogos via no rápido e crescente fluxo de pesquisa cerebral indicações de que mesmo o cérebro de um adulto era maleável, ou "plástico". Novos circuitos neurais poderiam se formar ao longo de nossa vida, sugeriam, e os antigos poderiam se fortalecer, se enfraquecer ou desaparecer inteiramente. O biólogo britânico J. Z. Young, em uma série de palestras transmitidas pela BBC em 1950, sustentava que a estrutura do cérebro de fato poderia estar em um constante estado de fluidez, adaptando-se a qualquer tarefa que lhe fosse solicitada. "Há evidências de que as células de nosso cérebro literalmente se desenvolvem e tornam-se maiores com o uso, e se atrofiam e são descartadas com o desuso", disse. "Portanto, pode ser que toda ação deixe alguma impressão permanente no tecido nervoso."[5]

Young não foi o primeiro a propor tal ideia. Setenta anos antes, o psicólogo americano William James exprimiu uma intuição similar sobre a adaptabilidade do cérebro. O "tecido nervoso", escreveu na sua obra fundamental, *Princípios de psicologia*, "parece dotado de um grau muito extraordinário de plasticidade". Como com qualquer outro composto físico, "ou forças externas ou tensões internas podem, de uma hora para outra, transformar aquela estrutura em algo inteiramente diferente do que era antes". James cita, dando o seu aval, uma analogia que o cientista francês Leon Dumont, em um ensaio

[5] J. Z. Young, *Doubt and Certainty in Science: A Biologist's Reflections on the Brain* (Londres: Oxford University Press, 1951), 36.

anterior sobre as consequências biológicas do hábito, traçou entre as ações da água sobre a terra e os efeitos da experiência no cérebro: "Água corrente escava por si mesma um canal que se torna mais largo e fundo; e quando, mais tarde, flui novamente, segue o caminho traçado por ela própria anteriormente. Do mesmo modo, as impressões dos objetos externos modelam, elas próprias, os caminhos mais apropriados no sistema nervoso, e esses caminhos vitais recorrem sob estimulação externa, mesmo se tiverem sido interrompidos por algum tempo".[6] Freud, também, acabou adotando posição semelhante. Em "Project for a Scientific Psychology", um manuscrito que escreveu em 1895 mas que jamais foi publicado, defendia que o cérebro, e, em particular, as barreiras de contato entre os neurônios, poderiam se alterar em resposta às experiências de uma pessoa.[7]

Tais especulações foram contestadas, frequentemente com desprezo, pela maioria dos cientistas e médicos do cérebro. Permaneciam convictos de que a plasticidade do cérebro terminava com a infância e que os "caminhos vitais", uma vez estabelecidos, não poderiam ser alargados ou estreitados, e, muito menos, terem o seu traçado alterado. Eles se alinhavam com Santiago Ramón y Cajal, o eminente médico e neuroanatomista espanhol, laureado com o Nobel, que declarou em 1913, com um tom que deixava pouco espaço para o debate: "Nos centros [cerebrais] do adulto, os caminhos nervosos são algo fixo, acabado e imutável. Tudo pode morrer, nada pode ser regenerado".[8] Quando jovem, o próprio Ramón y Cajal

[6] William James, *The Principles of Psychology*, vol. 1 (Nova York: Holt, 1890), 104–106. A tradução do ensaio de Dumont é de James E. Black e William T. Greenough, "Induction of Pattern in Neural Structure by Experience: Implications for Cognitive Development", in: *Advances in Developmental Psychology*, vol. 4, ed. Michael E. Lamb, Ann L. Brown e Barbara Rogoff (Hillsdale, NJ: Erlbaum, 1986), 1.

[7] Ver Norman Doidge, *The Brain That Changes Itself: Stories of Personal Triumph from the Frontiers of Brain Science* (Nova York: Penguin, 2007), 223.

[8] Citado em Jeffrey M. Schwartz e Sharon Begley, *The Mind and the Brain: Neuroplasticity and the Power of Mental Force* (Nova York: Harper Perennial, 2003), 130.

exprimia dúvidas sobre a visão ortodoxa — tinha sugerido, em 1894, que o "órgão do pensamento é, dentro de certos limites, maleável e aperfeiçoável pelo exercício mental bem direcionado"[9] —, mas no fim abraçou o ponto de vista convencional e se tornou um de seus defensores mais eloquentes e com maior autoridade.

A concepção do cérebro adulto como um aparato físico imutável se desenvolveu a partir de, e foi ancorada por, uma metáfora da Idade Industrial que representava o cérebro como um maquinismo mecânico. Como uma máquina a vapor ou um dínamo elétrico, o sistema nervoso era composto por muitas partes, e cada uma tinha um propósito específico e predeterminado que contribuía de um modo essencial à operação bem-sucedida do todo. As partes não poderiam mudar, nem em sua forma nem em sua função, porque isso levaria, imediata e inexoravelmente, à avaria da máquina. Diferentes regiões do cérebro, e mesmo circuitos individuais, desempenhavam papéis perfeitamente definidos no processamento de insumos sensoriais, em dirigir os movimentos dos músculos e em formar memórias e pensamentos; e esses papéis, estabelecidos na infância, não eram susceptíveis de alteração. Quando se tratava do cérebro, a criança era, de fato, como Wordsworth escrevera, o pai do homem.

A concepção mecânica da mente tanto refletia como refutava a famosa teoria do dualismo que René Descartes havia estabelecido em seu *Meditações*, de 1641. Descartes afirmava que o cérebro e a mente existiam em duas esferas separadas: uma material e outra etérea. O cérebro físico, como o resto do corpo, era um instrumento puramente mecânico que, como um relógio ou uma bomba, atuava conforme os movimentos das suas partes componentes. Mas a atividade do cérebro, explicava Descartes, não explicava a atividade da mente consciente. Como a essência do *self*, a mente existia fora do espaço, além

[9] Citado em Doidge, *The Brain That Changes Itself*, 201.

das leis da matéria. Mente e cérebro podiam influenciar um ao outro (através, como Descartes via, de uma misteriosa ação da glândula pineal), mas permaneciam substâncias inteiramente separadas. Numa época de rápidos avanços científicos e de convulsões sociais, o dualismo de Descartes surgiu como um conforto. A realidade tinha um lado material, que era o reino da ciência, mas também tinha um lado espiritual, que era o reino da teologia — e os dois nunca se encontrariam.

Quando a razão se tornou a nova religião do Iluminismo, a noção de uma mente imaterial fora do alcance da observação e da experimentação parecia cada vez mais tênue. Os cientistas rejeitaram a metade "mente" do dualismo cartesiano, embora tenham abraçado a ideia de Descartes do cérebro como uma máquina. Pensamento, memória e emoção, em vez de serem emanações de um mundo espiritual, passaram a ser vistos como os resultados lógicos e predeterminados das operações físicas do cérebro. A consciência era simplesmente um subproduto dessas operações. "A palavra mente está obsoleta", declarou por fim um proeminente neurologista.[10] A metáfora da mente foi estendida, e ainda mais reforçada, pelo surgimento do computador digital — uma "máquina de pensar" — no meio do século XX. Foi quando cientistas e filósofos começaram a se referir a nossos circuitos cerebrais, e mesmo a nossos comportamentos, como sendo *hardwired* (ou seja, fisicamente conectados de um modo fixo, inscritos em hardware), do mesmo modo que os circuitos microscópicos gravados no substrato de silício de um chip de computador.

À medida que a ideia de um cérebro adulto imutável se enrijecia em um dogma, ela se tornava uma espécie de "niilismo neurológico", segundo o psiquiatra e pesquisador Norman Doidge. Porque criou "uma sensação de que o tratamento de muitos problemas cerebrais era ineficaz ou injustificado", ex-

[10] O laureado com o Nobel, David Hubel, fez essa observação ao neurocirurgião Joseph Boden, relatam Schwartz e Begley em *Mind and the Brain*, 25.

ica Doidge, deixou pouca esperança para os portadores de doenças mentais ou lesões cerebrais de que pudessem ser tratados e muito menos curados. E como essa ideia "se espalhou na nossa cultura", ela acabou "sustando o desenvolvimento de nossa visão geral da natureza humana. Como o cérebro não poderia mudar, a natureza humana, que dele emerge, parecia necessariamente fixa e inalterável também".[11] Não havia regeneração, havia apenas degradação. Nós, também, estávamos aprisionados no concreto endurecido de nossas células cerebrais — ou ao menos no concreto endurecido do saber recebido.

É 1968. TENHO oito anos de idade. Sou um simples garoto do subúrbio brincando em um trecho de mata perto da casa da minha família. Marshall McLuhan e Norman Miller estão no horário nobre da TV, debatendo as implicações intelectuais e morais do que Miller descreve como a "aceleração do homem rumo a um mundo supertecnológico".[12] *2001* está tendo a sua primeira exibição nas telas, deixando os frequentadores dos cinemas estonteados, confusos ou simplesmente incomodados. E em um calmo laboratório da Universidade de Wisconsin, em Madison, Michael Merzenich está abrindo um buraco no crânio de um macaco.

Com vinte e seis anos de idade, Merzenich tinha acabado de concluir o seu doutorado em fisiologia na John Hopkins, onde estudou sob a orientação de Vernon Mountcastle, um pioneiro das neurociências. Foi para Wisconsin para fazer um trabalho de pós-doutoramento em mapeamento cerebral. Havia anos se sabia que cada área do corpo de uma pessoa era representada por uma área correspondente no córtex cerebral, a camada exterior enrugada do cérebro. Quando certas células

[11] Doidge, *The Brain That Changes Itself*, xviii.

[12] Um vídeo do debate entre Mailer e McLuhan pode ser visto no Google Vídeos: http://video.google.com/videoplay?docid=5470443898801103219.

nervosas da pele eram estimuladas — ou tocadas ou beliscadas —, enviavam um pulso elétrico através da espinha a um particular aglomerado de neurônios do córtex, que traduzia o toque ou o beliscão em uma sensação consciente. Na década de 1930, o neurocirurgião canadense Wilder Penfield havia utilizado sondas elétricas para traçar os primeiros mapas sensoriais do cérebro humano. Mas as sondas de Penfield eram instrumentos grosseiros, e os seus mapas, embora revolucionários para a sua época, eram carentes de precisão. Merzenich estava usando um novo tipo de sonda, microeletrodos com a espessura de um fio de cabelo, para criar mapas muito mais detalhados que ele esperava que trouxessem novos *insights* sobre a estrutura do cérebro.

Após remover um pedaço do crânio do macaco e deixar exposta uma pequena porção do seu cérebro, ele introduziu um microeletrodo na área do cérebro que registra sensações de uma das mãos do animal. Ele começou a tocar aquela mão em diferentes lugares até o neurônio na extremidade do eletrodo disparar. Depois de metodicamente inserir e reinserir o eletrodo milhares de vezes ao longo de alguns dias, ele acabou com um "micromapa" mostrando em diminutos detalhes, até o nível de cada célula nervosa individual, como o cérebro do macaco processava o que a sua mão sentia. Ele repetiu o meticuloso exercício com mais cinco macacos.

Merzenich passou para o segundo estágio do experimento. Usando um bisturi, fez incisões nas mãos do macaco, cortando o nervo sensorial. Ele queria saber como o cérebro reage quando o sistema nervoso periférico é danificado e então se permite que se cure. O que descobriu deixou-o assombrado. Os nervos das mãos dos macacos voltavam a crescer a esmo, como esperado, e os seus cérebros, também como esperado, ficavam confusos. Quando, por exemplo, Merzenich tocava a junta inferior de um dedo da mão de um macaco, o cérebro do macaco dizia ao animal que a sensação era proveniente da ponta do dedo. Os sinais haviam se cruzado, e o mapa cerebral ficara embaralhado. Mas quando Merzenich realizou os mesmos testes sensoriais meses mais tarde, descobriu que a confusão mental havia sido esclarecida. O que os cérebros dos macacos lhe diziam agora casava com o que realmente estava acontecendo. Os cérebros, percebeu Merzenich, haviam se reorganizado. As vias neurais dos animais haviam sido tecidas em um novo mapa, que correspondia ao novo arranjo de nervos nas suas mãos.

Primeiramente, ele não conseguiu acreditar no que estava vendo. Como todos os outros neurocientistas, havia aprendido que a estrutura do cérebro adulto é fixa. Contudo, no seu laboratório, tinha acabado de ver que os cérebros de seis macacos haviam sofrido uma rápida e extensa reestruturação no nível celular. "Eu sabia que era uma reorganização espantosa, mas não conseguia explicá-la", diria Merzenich mais tarde. "Olhando em retrospectiva, percebi que havia visto a evidência da neuroplasticidade. Mas eu não sabia na época. Eu simplesmente não sabia o que estava vendo. E, além disso, na neurociência dominante, ninguém acreditaria que a plasticidade estivesse ocorrendo naquela escala."[13]

Merzenich publicou os resultados do seu experimento em uma revista acadêmica.[14] Ninguém lhe prestou muita atenção. Mas ele sabia que havia descoberto alguma coisa de importante, e, durante as três décadas seguintes, realizou muito mais testes com muito mais macacos, todos eles indicando a existência de uma ampla plasticidade no cérebro de primatas maduros. Em um artigo de 1983, documentando um desses experimentos, Merzenich declara com todas as palavras: "Esses resultados são completamente contrários à visão de que os sistemas nervosos consistem de uma série de máquinas

[13] Schwartz e Begley, *Mind and the Brain*, 175.

[14] R. L. Paul, H. Goodman e M. Merzenich, "Alterations in Mechanoreceptor Input to Brodmann's Areas 1 and 3 of the Postcentral Hand Area of *Macaca mulatta* after Nerve Section and Regeneration", *Brain Research*, 39, n. 1 (abril de 1972): 1–19.

hardwired".[15] Inicialmente ignorado, o trabalho meticuloso de Merzenich finalmente começou a ser considerado seriamente pela comunidade neurológica. Acabou por desencadear uma reavaliação integral das teorias aceitas sobre o funcionamento do cérebro. Os pesquisadores desenterraram uma série de experimentos, remontando à época de William James e Sigmund Freud, que documentavam exemplos de plasticidade. Por muito tempo ignoradas, agora as antigas pesquisas eram levadas a sério.

À medida que a ciência do cérebro continua a avançar, as evidências em favor da neuroplasticidade ganham força. Usando novos, sensíveis equipamentos de esquadrinhamento cerebral, assim como microeletrodos e outras sondas, os neurocientistas realizam mais experimentos, não apenas com animais de laboratório, mas também com seres humanos. Todos eles confirmam a descoberta de Merzenich. Eles também revelam algo mais: a plasticidade cerebral não é limitada ao córtex somatossensorial, a área que governa o sentido do tato. É universal. Virtualmente, todos os nossos circuitos neurais — quer estejam envolvidos em sentir, ver, ouvir, mover-se, pensar, aprender, perceber ou lembrar-se — são passíveis de mudança. O saber recebido foi posto de lado.

O CÉREBRO ADULTO, acabou-se por perceber, não é apenas plástico, mas, como coloca James Olds, um professor de neurociência que é diretor do Instituto Krasnow de Estudos Avançados da Universidade George Mason, "muito plástico".[16] Ou, como Merzenich diz, "maciçamente plástico".[17] A plasticidade diminui quando envelhecemos — os cérebros ficam presos a

---

[15] Citado em Schwartz e Begley, *Mind and the Brain*, 177.

[16] James Olds, entrevista para o autor, 1º de fevereiro de 2008.

[17] Graham Lawton, "Is It Worth Going to the Mind Gym?", *New Scientist*, 12 de janeiro de 2008.

seu modo de ser —, mas nunca desaparece. Nossos neurônios sempre estão rompendo antigas conexões e formando novas, e novas células nervosas estão sempre sendo criadas. "O cérebro", observa Olds, "tem a capacidade de se reprogramar na hora, alterando o modo como funciona."

Ainda não conhecemos todos os detalhes de como o cérebro se reprograma, mas tornou-se claro que, como Freud propunha, o segredo está principalmente no rico caldo químico de nossas sinapses. O que ocorre nos espaços microscópicos entre os nossos neurônios é extremamente complicado, mas, em termos simples, envolve várias reações químicas que registram e gravam experiências em vias neurais. Toda vez que realizamos uma tarefa ou experimentamos uma sensação, física ou mental, um conjunto de neurônios do nosso cérebro é ativado. Se estão próximos entre si, esses neurônios conectam-se através da troca de neurotransmissores sinápticos, como o aminoácido glutamato.[18] Quando a mesma experiência se repete, os enlaces sinápticos entre os neurônios se fortalecem e tornam-se mais numerosos, tanto através de mudanças fisiológicas, tais como a liberação de concentrações mais altas de neurotransmissores, como anatômicas, como a geração de novos neurônios ou crescimento de novos terminais sinápticos nos axônios e dendritos existentes. Enlaces sinápticos podem também se enfraquecer em resposta a experiências, de novo como resultado de alterações fisiológicas e anatômicas. O que aprendemos enquanto vivemos é incrustado nas conexões celulares em perpétua mudança dentro das nossas cabeças. As cadeias de neurônios conectados formam

[18] O funcionamento das sinapses é extraordinariamente complicado, influenciado por uma ampla gama de substâncias químicas, inclusive neurotransmissores como o glutamato (que encoraja a transferência dos sinais elétricos entre os neurônios) e o GABA (o ácido gama-aminobutírico, que inibe a transferência de sinais) e vários moduladores, como a serotonina, a dopamina, a testosterona e o estrógeno, que alteram a eficácia dos neurotransmissores. Em casos raros, as membranas dos neurônios se fundem, permitindo a passagem de sinais elétricos sem a mediação das sinapses. Ver LeDoux, *Synaptic Self: How Our Brains Become Who We Are*, particularmente 49–64.

os verdadeiros "caminhos vitais" da nossa mente. Hoje, os cientistas resumem a dinâmica essencial da neuroplasticidade em uma frase conhecida como a regra de Hebb: "Células que disparam juntas conectam-se juntas".

Uma das mais simples e, contudo, mais poderosas demonstrações de como as conexões sinápticas se alteram provém de uma série de experimentos que o biólogo Eric Kandel realizou no início dos anos 1970 com um tipo grande de lesma marinha chamada *Aplysia*. (Criaturas marinhas fornecem elementos particularmente bons para testes neurológicos, porque elas tendem a ter sistemas nervosos simples e grandes células nervosas.) Kandel, que foi agraciado com um prêmio Nobel pelo seu trabalho, descobriu que, quando se toca a guelra de uma lesma, mesmo que muito gentilmente, a lesma imediatamente apresenta um recuo reflexo. Mas, se você tocar a guelra repetidamente sem causar qualquer mal ao animal, o instinto de recuo diminuirá constantemente. A lesma se tornará habituada ao toque e aprenderá a ignorá-lo. Ao monitorar os sistemas nervosos das lesmas, Kandel descobriu que "essa mudança de comportamento é acompanhada por um progressivo enfraquecimento das conexões sinápticas" entre os neurônios sensoriais, que "sentem" o toque, e os neurônios motores, que dizem à guelra que se retraia. No estado comum de uma lesma, cerca de noventa por cento dos neurônios sensoriais de sua guelra têm conexões com os neurônios motores. Mas após sua guelra ser tocada apenas quarenta vezes, apenas dez por cento das células sensoriais continuam a manter ligações com as células motoras. A pesquisa "demonstrou dramaticamente", escreve Kandel, que "as sinapses sofrem grandes e duradouras mudanças de intensidade após apenas uma quantidade relativamente pequena de treinamento".[19]

[19] Eric R. Kandel, *In Search of Memory: The Emergence of a New Science of Mind* (Nova York: Norton, 2006), 198–207. Ver também Bruce E. Wexler, Brain and Culture: Neurobiology, Ideology, and Social Change (Cambridge, MA: MIT Press, 2006), 27–29.

A plasticidade de nossas sinapses harmoniza duas filosofias da mente que por séculos estiveram em conflito: o empirismo e o racionalismo. Segundo o ponto de vista dos empiristas, como John Locke, a mente com a qual nascemos está em branco, uma "tábula rasa". O que conhecemos provém inteiramente das nossas experiências, do que aprendemos ao longo da nossa vida. Colocando em termos mais familiares (da dicotomia natureza *versus* cultura), somos o produto da cultura, e não da natureza.

Segundo o ponto de vista dos racionalistas, como Immanuel Kant, nascemos com "modelos" mentais inatos que determinam como percebemos e conhecemos o mundo. Todas as nossas experiências são filtradas por esses modelos. A natureza predomina.

Os experimentos com a *Aplysia* revelaram, como relata Kandel, "que ambos os pontos de vista têm o seu mérito — de fato eles se complementam mutuamente". Os nossos genes "especificam" muitas das "conexões entre neurônios — isto é, quais neurônios formam conexões com quais outros neurônios, e quando". Essas conexões geneticamente determinadas formam os modelos inatos de Kant, a arquitetura básica do cérebro. Mas as nossas experiências regulam a intensidade, ou a "efetividade de longo prazo", dessas conexões, permitindo, como Locke sustentava, o remodelamento continuado da mente e a "expressão de novos padrões de comportamento".[20] As filosofias em oposição dos empiristas e dos racionalistas encontraram o seu fundamento comum na sinapse. Joseph LeDoux, neurocientista da Universidade de Nova York, explica em seu livro *Synaptic Self: How Our Brains Become Who We Are* que a natureza e a cultura "na realidade falam a mesma língua. Ambas, no fim, produzem os seus efeitos mentais e comportamentais, moldando a organização sináptica do cérebro".[21]

---

[20] Kandel, *In Search of Memory*, 202–203.

[21] LeDoux, *Synaptic Self*, 3.

O cérebro não é a máquina que antigamente pensávamos que era. Embora diferentes regiões do cérebro estejam associadas com diferentes funções mentais, os componentes celulares não formam estruturas permanentes ou desempenham papéis rígidos. Mudam com as experiências, circunstâncias e necessidades. Algumas das mudanças mais extensas e notáveis ocorrem em resposta a danos do sistema nervoso. Experimentos mostram, por exemplo, que quando uma pessoa fica cega, a parte do cérebro que era dedicada ao processamento de estímulos visuais — o córtex visual — não se apaga simplesmente. Ela é rapidamente requisitada pelos circuitos usados para o processamento auditivo. E se a pessoa apreende a ler Braille, o córtex visual terá a nova atribuição de processar informação transmitida pelo sentido do tato.[22] "Os neurônios parecem 'querer' receber insumos", explica Nancy Kanwisher, do Instituto McGovern de Pesquisa do Cérebro do MIT: "Quando o seu estímulo habitual desaparece, começam a responder à melhor coisa seguinte".[23] Graças à pronta adaptabilidade dos neurônios, os sentidos da audição e do tato podem se aguçar para mitigar os efeitos da perda de visão. Alterações semelhantes ocorrem nos cérebros das pessoas que são atingidas pela surdez: seus outros sentidos se intensificam para compensar a perda de audição. A área do cérebro que processa a visão periférica, por exemplo, torna-se maior, permitindo que eles vejam o que antes teriam ouvido.

Testes em pessoas que perderam braços ou pernas em acidentes também revelam qual pode ser a extensão da reorganização da qual o cérebro é capaz. As áreas dos cérebros das vítimas que haviam registrado as sensações dos seus membros amputados são prontamente requisitadas pelos circuitos que

---

[22] O uso do córtex visual para ler em Braille foi documentado em um experimento conduzido por Álvaro Pascual-Leone em 1993. Ver Doidge, *The Brain That Changes Itself*, 200.

[23] Instituto McGovern para Pesquisa do Cérebro, "What Drives Brain Changes in Macular Degeneration?", nota à imprensa de 4 de março de 2009.

registram sensações de outras partes do corpo. No estudo de um adolescente que havia perdido o seu braço esquerdo em um acidente de automóvel, o neurologista V. S. Ramachandran, que dirige o Centro do Cérebro e Cognição da Universidade da Califórnia em San Diego, descobriu que quando o jovem fechava seus olhos e ele então tocava diferentes partes do seu rosto, o paciente acreditava que era o seu braço faltante que estava sendo tocado. Em um determinado ponto, Ramachandran pincelou um ponto debaixo do nariz do garoto e perguntou: "Onde você sente isso?". O rapaz respondeu: "No meu dedinho esquerdo. Faz cócegas". O mapa cerebral do garoto estava no processo de reorganização, os neurônios sendo designados para novos usos.[24] Como resultado de tais experimentos, atualmente se acredita que as sensações de um "membro fantasma" experimentadas pelos amputados é em grande parte uma consequência de mudanças neuroplásticas do cérebro.

A expansão do nosso entendimento da adaptabilidade cerebral tem levado ao desenvolvimento de novas terapias para condições que antes eram consideradas intratáveis.[25] Doidge, em seu livro de 2007, *The Brain That Changes Itself*, relata a história de um homem chamado Michael Bernstein, que sofreu um grave derrame quando tinha cinquenta e quatro anos, lesionando uma área na metade direita do seu cérebro que controlava os movimentos da metade esquerda do corpo. Seguindo um programa convencional de terapia física, recuperou algumas de suas habilidades motoras, mas a sua mão esquerda permanecia paralisada e ele tinha que usar uma ben-

[24] Sandra Blakesley, "Missing Limbs, Still Atingle, Are Clues to Changes in the Brain", *The New York Times*, 10 de novembro de 1992.

[25] Alguns dos mais promissores tratamentos da síndrome de Alzheimer, atualmente sendo testados com considerável sucesso em ratos, utilizam drogas para promover mudanças sinápticas plásticas que fortalecem a formação de memórias. Ver J. S. Guan, S. J. Haggarty, E. Giacometti et al., "HDAC2 Negatively Regulates Memory Formation and Synaptic Plasticity", *Nature*, 459 (7 de maio de 2009): 55–60.

gala para caminhar. Até recentemente, esse teria sido o fim da história. Mas Bernstein se submeteu a um programa de terapia experimental, conduzido na Universidade do Alabama por um pesquisador pioneiro da neuroplasticidade chamado Edward Taub. Durante oito horas por dia, seis dias por semana, Bernstein usava a sua mão esquerda e a sua perna direita para realizar tarefas rotineiras repetidamente. Um dia ele deveria lavar a vidraça de uma janela. No dia seguinte deveria traçar as letras do alfabeto. As ações repetidas constituíam um meio de recabear seus neurônios e sinapses para formar novos circuitos que pudessem assumir as funções outrora desempenhadas pelos circuitos da área danificada do seu cérebro. Em questão de semanas, ele recuperou quase todo o movimento da sua mão e da sua perna, permitindo que retomasse suas atividades cotidianas e jogasse fora a sua bengala. Muitos dos outros pacientes de Taub experimentaram recuperações de intensidade semelhante.

Muitas das primeiras evidências da neuroplasticidade vieram do estudo da reação do cérebro a lesões — quer o corte dos nervos das mãos dos macacos de Merzenich, quer a perda de visão, audição ou um membro por seres humanos. Isso levou alguns cientistas a se perguntar se a maleabilidade do cérebro adulto não estaria limitada a situações extremas. Talvez, teorizavam, a plasticidade seja um mecanismo de cura, disparado por um trauma do cérebro ou dos órgãos sensoriais. Experimentos posteriores demonstraram que esse não era o caso. Plasticidade extensa e perpétua foi documentada em sistemas nervosos saudáveis, com funcionamento normal, levando os neurocientistas a concluir que o nosso cérebro está sempre em fluxo, adaptando-se mesmo a alterações menores das nossas circunstâncias e hábitos. "Descobrimos que a neuroplasticidade não somente é possível mas que está constantemente ativa", escreve Mark Hallet, chefe da Divisão de Neurologia Médica dos Institutos Nacionais da Saúde. "É o modo como nos adaptamos a condições mutáveis, o modo como aprendemos novos fatos e o modo como desenvolvemos novas habilidades."[26]

"Plasticidade", diz Álvaro Pascual-Leone, um pesquisador de ponta em neurologia da Escola Médica de Harvard, "é o estado normal corrente do sistema nervoso ao longo da nossa vida." Nosso cérebro está constantemente se modificando em resposta às nossas experiências e comportamentos, remodelando os seus circuitos a "cada estímulo sensorial, ação motora, associação, sinal de recompensa, plano de ação, ou [deslocamento da] consciência". A neuroplasticidade, defende Pascual-Leone, é um dos mais importantes produtos da evolução, uma característica que permite que o sistema nervoso "escape das restrições do nosso genoma e assim se adapte a pressões ambientais, mudanças psicológicas e experiências".[27] O genial da estrutura de nosso cérebro não é que ele contém uma grande quantidade de fiações, mas que não contém. A seleção natural, escreve o filósofo David Buller em *Adapting Minds: Evolutionary Psychology and the Persistent Quest for Human Nature*, sua crítica da psicologia evolutiva, "não projetou um cérebro constituído de numerosas adaptações pré-fabricadas", mas, antes, que é capaz de "se adaptar às exigências ambientais locais ao longo da vida de um indivíduo, e, algumas vezes, em um período de dias, formando estruturas especializadas para lidar com essas exigências".[28] A evolução nos deu um cérebro que literalmente pode mudar de ideia — de novo e de novo.

Nossos modos de pensar, perceber e agir, agora sabemos, não são inteiramente determinados pelos nossos genes. Nem são inteiramente determinados pelas experiências da nossa in-

[26] Mark Hallett, "Neuroplasticity and Rehabilitation", *Journal of Rehabilitation Research and Development*, 42, n. 4 (julho-agosto de 2005): xvii–xxii.

[27] A. Pascual-Leone, A. Amedi, F. Fregni e L. B. Merabet, "The Plastic Human Brain Cortex", *Annual Review of Neuroscience*, 28 (2005): 377–401.

[28] David J. Buller, *Adapting Minds: Evolutionary Psychology and the Persistent Quest for Human Nature* (Cambridge, MA: MIT Press, 2005), 136–142.

fância. Nós os mudamos através do modo como vivemos — e, como Nietzsche sentia, através dos instrumentos que usamos. Anos antes de Edward Taub abrir a sua clínica de reabilitação na Universidade do Alabama, realizou um experimento famoso com um grupo de violinistas destros. Usando uma máquina que monitorava a sua atividade neural, mediu as áreas do seu córtex sensorial que processavam sinais de sua mão esquerda, a mão que costumavam utilizar para dedilhar as cordas dos seus instrumentos. Ele também mediu as mesmas áreas corticais de um grupo de voluntários destros que nunca haviam tocado um instrumento musical. Descobriu que as áreas cerebrais dos violonistas eram significativamente maiores do que as dos que não eram músicos. Então mediu o tamanho das áreas corticais que processavam sensações da mão direita dos sujeitos. Nesse caso, não encontrou diferenças entre os músicos e os não músicos. Tocar um violino, um instrumento musical, havia provocado uma alteração física substancial do cérebro. Isso era verdadeiro mesmo para os músicos que tiveram o primeiro contato com seus instrumentos na idade adulta.

Quando os cientistas treinaram primatas e outros animais para usarem ferramentas simples, descobriram quão profundamente o cérebro pode ser influenciado pela tecnologia. Ensinou-se aos macacos, por exemplo, como usar ancinhos e alicates para apanhar porções de comida que de outro modo estariam fora do seu alcance. Quando os cientistas monitoraram a atividade neural no transcorrer do treinamento, encontraram um aumento significativo nas áreas motoras e visuais envolvidas em controlar as mãos que seguravam as ferramentas. Mas descobriram algo ainda mais impressionante: os ancinhos e os alicates na realidade haviam sido incorporados aos mapas cerebrais das mãos dos animais. As ferramentas, segundo o referencial dos cérebros dos animais, haviam se tornado parte dos seus corpos. Como os pesquisadores que conduziram o experimento com os alicates relataram, o cérebro dos macacos começou agir "como se os alicates fossem agora os dedos das mãos".[29]

Não são apenas as ações físicas que podem refazer a fiação de nosso cérebro. A atividade puramente mental também pode alterar os nossos circuitos neurais, às vezes com profundas consequências. Na década de 1990, um grupo de pesquisadores britânicos fez o esquadrinhamento dos cérebros de dezesseis taxistas londrinos que tinham de dois a quarenta e dois anos de experiência ao volante. Quando compararam com os resultados de um grupo de controle, descobriram que o hipocampo posterior dos taxistas, uma parte do cérebro que desempenha um papel crucial na armazenagem e manipulação das representações visuais das cercanias de uma pessoa, era muito maior do que o normal. Além disso, quanto mais tempo o taxista tinha de profissão, maior tendia a ser o seu hipocampo posterior. Os pesquisadores também descobriram que uma porção do hipocampo anterior era menor do que a média, aparentemente um resultado da necessidade de acomodar o aumento da área posterior. Testes subsequentes indicaram que a diminuição do hipocampo anterior poderia ter reduzido as aptidões dos taxistas para outras tarefas de memorização. O constante processamento espacial requerido para navegar pelo intricado sistema viário de Londres, concluíram os pesquisadores, é "associado com uma redistribuição relativa da massa cinzenta do hipocampo".[30]

---

[29] M. A. Umiltà, L. Escola, I. Instkirveli et al., "When Pliers Become Fingers in the Monkey Motor System", *Proceedings of the National Academy of Sciences*, 105, n. 6 (12 de fevereiro de 2008): 2209–2213. Ver também Angelo Maravita e Atsushi Iriki, "Tools for the Body (Schema)", *Trends in Cognitive Science*, 8, n. 2 (fevereiro de 2004): 79–86.

[30] E. A. Maguire, D. G. Gadian, I. S. Johnsrude et al., "Navigation-Related Structural Change in the Hippocampi of Taxi Drivers", *Proceedings of the National Academy of Sciences*, 97, n. 8 (11 de abril de 2000): 4398–4403. Ver também E. A. Maguire, H. J. Spiers, C. D. Good et al., "Navigation Expertise and the Human Hippocampus: A Structural Brain Imaging Analysis", *Hippocampus*, 13, n. 2 (2003): 250–259; e Alex Hutchinson, "Global Impositioning Systems", *Walrus*, novembro de 2009.

Outro experimento, realizado por Pascual-Leone quando era pesquisador dos Institutos Nacionais da Saúde, forneceu ainda mais evidências notáveis em relação ao modo como nossos padrões de pensamento afetam a anatomia de nosso cérebro. Pascual-Leone recrutou pessoas que não tinham experiência em tocar piano, e ensinou-as a tocar uma melodia simples constituída por uma série curta de notas. Ele então dividiu os participantes em dois grupos. Os membros de um dos grupos praticaram a melodia em um teclado por duas horas diárias pelos cincos dias seguintes. Ele fez com que os membros do outro grupo sentassem na frente de um teclado pela mesma extensão de tempo, mas que apenas imaginassem que tocavam a música — sem sequer tocar nas teclas. Usando uma técnica chamada Estimulação Magnética Transcraniana, ou EMT, Pascual-Leone mapeou a atividade cerebral de todos os participantes antes, durante e depois do teste. Descobriu que as pessoas que apenas imaginaram tocar as notas exibiam precisamente as mesmas mudanças no cérebro que aquelas pessoas que tinham de fato tocado as teclas.[31] Seu cérebro havia mudado em resposta a ações que tiveram lugar puramente na sua imaginação, isto é, em resposta aos seus pensamentos. Descartes pode ter errado em relação ao dualismo, mas parece ter acertado ao acreditar que nossos pensamentos podem exercer uma influência física sobre nosso cérebro, ou ao menos causar nele uma reação física. Tornamo-nos, neurologicamente, o que pensamos.

[31] A. Pascual-Leone, D. Nguyet, L. G. Cohen et al., "Modulation of Muscle Responses Evoked by Transcranial Magnetic Stimulation during the Acquisition of New Fine Motor Skills", *Journal of Neurophysiology*, 74, n. 3 (1995): 1037–1045. Ver também Doidge, *The Brain That Changes Itself*, 200–202.

MICHAEL GREENBERG, EM um ensaio de 2008 na *New York Review of Books*, descobriu a poesia na neuroplasticidade. Observou que o nosso sistema neurológico, "com suas ramificações, transmissores e hiatos engenhosamente transpostos, tinha uma qualidade improvisada que parecia refletir a imprevisibilidade do próprio pensamento". É "um local efêmero que muda à medida que o nosso pensamento muda".[32] Há muitas razões para ser gratos pelo fato de nosso hardware mental ser capaz de se adaptar tão prontamente à experiência; mesmo os cérebros velhos podem aprender truques novos. A adaptabilidade do cérebro não trouxe apenas novos tratamentos e novas esperanças para aqueles com lesões ou doenças cerebrais. Ela fornece a todos nós uma flexibilidade mental, uma elasticidade intelectual que nos permite adaptarmo-nos a novas situações, aprender novas habilidades e expandir nossos horizontes de um modo geral.

Mas as notícias não são tão boas assim. Embora a neuroplasticidade ofereça um escape ao determinismo genético, uma brecha para o pensamento livre e o livre-arbítrio, ela também impõe a sua própria forma de determinismo ao nosso comportamento. Quando circuitos particulares do nosso cérebro se fortalecem através da repetição de uma atividade física ou mental, eles começam a transformar essa atividade em um hábito. O paradoxo da neuroplasticidade, observa Doidge, é que, apesar de toda a flexibilidade mental que nos propicia, acaba nos prendendo em "comportamentos rígidos".[33] As sinapses quimicamente disparadas que conectam nossos neurônios nos programam, na verdade, para querermos manter em exercício constante os circuitos que elas formaram. Uma vez que tenhamos criado uma nova rede de circuitos no nosso

[32] Michael Greenberg, "Just Remember This", *The New York Review of Books*, 4 de dezembro de 2008.

[33] Doidge, *The Brain That Changes Itself*, 317.

cérebro, escreve Doidge, "ansiamos por mantê-la ativada".[34] Esse é o modo como o cérebro realiza a sintonia fina das suas operações. As atividades rotineiras são realizadas cada vez mais rápida e eficientemente, enquanto os circuitos não utilizados são podados.

Plástico não significa elástico, em outras palavras. Nossos enlaces neurais não retornam repentinamente ao seu estado anterior do mesmo modo que um elástico de borracha; eles se fixam no seu estado alterado. E nada garante que o novo estado seja desejável. Maus hábitos ficam arraigados em nossos neurônios tão facilmente quanto os bons hábitos. Pascual-Leone observa que "alterações plásticas podem não necessariamente representar um ganho comportamental para um dado sujeito". Além de ser "um mecanismo para o desenvolvimento e o aprendizado", a plasticidade pode ser "uma causa de patologia".[35]

Portanto, não é nenhuma surpresa que a neuroplasticidade tenha sido relacionada a aflições mentais, indo da depressão à desordem obsessiva compulsiva e ao zumbido. Quanto mais o sofredor se concentra no seu sintoma, mais profundamente ele é gravado nos seus circuitos neurais. Nos piores casos, a mente se treina a ficar doente. Muitos vícios, também, são reforçados pelo fortalecimento das vias plásticas do cérebro. Mesmo doses muito pequenas de drogas aditivas podem alterar dramaticamente o fluxo de neurotransmissores nas sinapses de uma pessoa, resultando em alterações duradouras nos circuitos e funções cerebrais. Em alguns casos, o acúmulo de certos neurotransmissores, tais como a dopamina, uma substância produtora de prazer afim da adrenalina, parece de fato disparar o ligar ou o desligar de genes particulares, proporcio-

---

[34] Ibid., 108.

[35] Pascual-Leone et al., "Plastic Human Brain Cortex". Ver também Sharon Begley, *Train Your Mind, Change Your Brain: How a New Science Reveals Our Extraordinary Potential to Transform Ourselves* (Nova York: Ballantine, 2007), 244.

nando uma ânsia ainda mais forte pela droga. Os caminhos vitais tornam-se mortais.

O potencial para adaptações neuroplásticas indesejáveis também existe no funcionamento normal, cotidiano, das nossas mentes. Experimentos mostram que, assim como o cérebro pode construir circuitos novos e mais fortes através da prática física ou mental, esses circuitos podem enfraquecer ou se dissolver com a negligência. "Se pararmos de exercitar nossas habilidades mentais", escreve Doidge, "nós não apenas as esquecemos: o espaço do mapa cerebral dessas habilidades é transferido para as habilidades que praticamos no seu lugar".[36] Jeffrey Schwartz, um professor de psiquiatria da faculdade de medicina da UCLA (Universidade da Califórnia, Los Angeles), denomina esse processo como "sobrevivência do mais ocupado".[37] As habilidades mentais que sacrificamos podem ser tão valiosas, ou mesmo mais valiosas, do que aquelas que ganhamos. Quando se trata da *qualidade* do nosso pensamento, nossos neurônios e sinapses são inteiramente indiferentes. A possibilidade da decadência intelectual é inerente à maleabilidade do nosso cérebro.

Isso não significa que, com esforço concentrado, não possamos mais uma vez redirecionar os sinais neurais e reconstruir as habilidades que perdemos. O que isso significa é que os caminhos vitais do nosso cérebro se tornam, como compreendeu *Monsieur* Dumont, os caminhos de menor resistência. Eles são os caminhos que a maioria de nós percorre a maior parte do tempo, e, quanto mais longe nos embrenhamos por eles, mais difícil fica voltar atrás.

---

[36] Doidge, *The Brain That Changes Itself*, 59.

[37] Schwartz e Begley, *Mind and the Brain*, 201.

UMA DIGRESSÃO

Sobre o que o cérebro pensa quando pensa em si mesmo

A função do cérebro, acreditava Aristóteles, era evitar o superaquecimento do corpo. Um "composto de terra e água", a matéria do cérebro "tempera o calor e a ebulição do coração", escreveu em *As partes dos animais,* um tratado sobre anatomia e fisiologia. O sangue sobe da região "ígnea" do peito até que alcance a cabeça, onde o cérebro reduz a sua temperatura "até a moderação". O sangue resfriado então flui para baixo até o resto do corpo. O processo, sugeria Aristóteles, era similar ao que "ocorre na produção das chuvas, pois, quando o vapor emana da terra sob a influência do calor e é transportado até as regiões superiores — e tão logo ele alcance o ar frio que está acima da terra —, se condensa novamente em água devido à refrigeração, e se precipita de volta à terra como chuva". A razão de o homem ter "o maior cérebro em proporção ao seu tamanho" é que "a região do coração e do pulmão é mais quente e mais rica em sangue do que a de qualquer outro animal". Parecia óbvio para Aristóteles que o cérebro não poderia ser "o órgão da sensação", como Hipócrates e outros haviam conjeturado, já que "quando tocado, não produz nenhuma sensação". Pela sua insensibilidade, "assemelha-se", escreveu, "ao sangue dos animais e seu excremento".

Atualmente, é fácil caçoar do erro de Aristóteles. Mas também é fácil compreender como ele se enganou tanto. O cérebro, perfeitamente acondicionado dentro da caixa óssea do crânio, não dá o menor sinal sensorial da sua existência. Sentimos o batimento de nosso coração, nossos pulmões se expandindo, a queimação dos nossos estômagos, mas o nosso cérebro, privado de mobilidade e sem quaisquer terminações nervosas sensoriais, permanece impenetrável a nós. A fonte da consciência situa-se além do alcance da consciência. Médicos e filósofos, dos tempos clássicos ao Iluminismo, tiveram que deduzir a função do cérebro examinando e dissecando as porções do tecido cinzento que removiam dos crânios dos cadáveres e de outros animais mortos. O que viam em geral habitualmente refletia as suas suposições sobre a natureza humana ou, mais geralmente, sobre a natureza do cosmos. Eles, como Robert Martensen descreve em seu *The Brain Takes Shape: An Early History*, ajustavam a estrutura visível do cérebro à sua metáfora metafísica predileta, dispondo as partes físicas do órgão "de modo a representar uma imagem dos seus próprios termos".[1]

Escrevendo cerca de 2 mil anos depois de Aristóteles, Descartes invocou outra metáfora aquática para explicar a função do cérebro. Para ele, o cérebro era um componente de uma elaborada "máquina" hidráulica cujo funcionamento era semelhante àquele das "fontes dos jardins reais". O coração bombearia sangue ao cérebro, onde, na glândula pineal, seria transformado, por meio da pressão e calor, em "espíritos animais", que então se deslocariam através dos "canos" dos nervos. "As cavidades e os poros" do cérebro funcionariam como "aberturas", regulando o fluxo dos espíritos animais através do resto do corpo.[2] A explicação do papel do cérebro por Des-

[1] Robert L. Martensen, *The Brain Takes Shape: An Early History* (Nova York: Oxford University Press, 2004), 50.

[2] René Descartes, *The World and Other Writings*, ed. Stephen Gaukroger (Cambridge: Cambridge University Press, 1998), 106–140.

cartes se encaixava perfeitamente dentro da sua cosmologia mecanicista, na qual, como escreve Martensen, "todos os corpos operavam dinamicamente conforme propriedades ópticas e geométricas", dentro de sistemas autocontidos.[3]

Nossos modernos microscópios, scanners e sensores desmentiram a maioria das antigas noções fantasiosas sobre a função do cérebro. Mas a qualidade estranhamente remota do cérebro — ele parece tanto parte de nós como fora de nós — ainda influencia de modos sutis as nossas percepções. Temos a sensação de que nosso cérebro existe em um estado de isolamento esplêndido e que sua natureza fundamental é impenetrável aos caprichos do dia a dia de nossas vidas. Ao mesmo tempo em que sabemos que nosso cérebro é um monitor maravilhosamente sensível de experiências, queremos acreditar que se situa além da influência da experiência. Queremos acreditar que as impressões que o nosso cérebro registra como sensações e armazena como memórias não deixam qualquer traço físico na sua própria estrutura. Acreditar de outro modo, sentimos, seria colocar em questão a integridade do *self*.

Era certamente assim que eu sentia quando comecei a me preocupar com a possibilidade de que o meu uso da internet estaria mudando o modo como o meu cérebro estava processando informação. Primeiramente resisti a essa ideia. Parecia ridículo pensar que mexer com um computador, uma mera ferramenta, pudesse alterar de qualquer maneira profunda ou duradoura o que estava acontecendo dentro da minha cabeça. Mas eu estava errado. Como muitos neurocientistas haviam descoberto, o cérebro — e a mente à qual dá origem — está permanentemente em construção. Isso é verdadeiro não apenas para cada um de nós enquanto indivíduos. É verdadeiro para todos nós enquanto espécie.

---

[3] Martensen, *The Brain Takes Shape: An Early History*, 66.

Capítulo 3

Ferramentas da mente

Uma criança apanha um lápis de cor numa caixa e rabisca um círculo amarelo no canto de uma folha de papel: é o sol. Ela pega outro lápis de cor e desenha um risco verde no meio da página: é o horizonte. Cortando o horizonte, ela desenha duas linhas marrons que se juntam num pico denteado: é uma montanha. Perto da montanha, ela desenha um retângulo preto torto coberto por um triângulo vermelho: é a sua casa. A criança cresce, vai à escola, e na sala de aula ela traça em uma página, de memória, um esboço do formato do seu país. Ela o divide, por alto, em uma série de formas que representam os estados. E, dentro de um desses estados, desenha uma estrela de cinco pontas para assinalar a cidade onde ela vive. A criança cresce. Ela estuda para se tornar uma agrimensora. Compra um conjunto de excelentes instrumentos e os usa para medir as fronteiras e os contornos de uma propriedade. Com a informação, ela desenha um mapa preciso do terreno, que então serve para se fazer uma planta para o uso de terceiros.

A nossa maturação intelectual como indivíduos pode ser acompanhada através do modo como desenhamos retratos ou mapas dos nossos arredores. Começamos com versões primitivas, literais, dos acidentes da terra ao nosso redor, e que se aperfeiçoam em representações mais acuradas e mais abstratas do espaço geográfico e topográfico. Progredimos, em outras palavras, do desenhar o que vemos para o desenhar o que sabemos. Vincent Virga, um especialista em cartografia, membro da Biblioteca do Congresso, observou que os estágios de desenvolvimento de nossas habilidades de construção de mapas espelham de perto os estágios gerais do desenvolvimento cognitivo infantil delineado pelo psicólogo suíço Jean Piaget. Progredimos da percepção infantil egocêntrica, puramente sensorial, do mundo para a análise mais abstrata e objetiva das experiências do jovem adulto. "Primeiramente", escreve Virga, ao descrever como progridem os desenhos de mapas pelas crianças, "as percepções e as capacidades representativas não estão casadas; somente as relações topográficas mais simples são representadas, sem consideração por perspectiva ou distâncias. Então evolui um 'realismo' intelectual, que representa tudo o que se conhece com florescentes relações proporcionais. E finalmente surge um 'realismo' visual, [empregando] cálculos científicos para atingi-lo".[1]

À medida que passamos por esse processo de maturação intelectual, estamos também recapitulando toda a história da confecção de mapas. Os primeiros mapas da humanidade, riscados na poeira com um graveto ou gravados em uma pedra com outra pedra, eram tão rudimentares quanto os rabiscos de criancinhas. Por fim, os desenhos se tornaram mais realísticos, delineando as proporções reais do espaço, um espaço que frequentemente se estende muito além do que pode ser visto com o olho. Com o transcorrer do tempo, o realismo tornou-se mais científico tanto em termos de precisão como de abstração. O cartógrafo começou a utilizar instrumentos sofisticados como a bússola, para achar a direção, e o teodolito, para medir ângulos, e a se basear em cálculos e fórmulas matemáticas. Finalmente, em mais um salto intelectual, os mapas passaram a ser usados não somente para representar vastas regiões da terra ou dos céus

[1] Vincent Virga e Livraria do Congresso, *Cartographia* (Nova York: Little, Brown, 2007), 5.

em minúsculos detalhes, mas para exprimir ideias — um plano de batalha, uma análise da propagação de uma epidemia, uma previsão do crescimento de uma população. "O processo intelectual de transformar a experiência com o espaço em uma abstração *do* espaço é uma revolução dos modos do pensamento", escreve Virga.[2]

Os avanços históricos não espelham simplesmente o desenvolvimento da mente humana. Eles auxiliam a impulsionar e guiar os próprios avanços intelectuais que documentam. O mapa é um meio que não apenas armazena e transmite informações, mas também incorpora um modo particular de ver e de pensar. À medida que a confecção de mapas progredia, a difusão dos mapas também disseminava o modo característico do cartógrafo perceber e compreender o mundo. Quanto mais frequente e intensamente as pessoas usavam os mapas, mais as suas mentem passavam a apreender a realidade em termos dos mapas. A influência dos mapas foi muito além do seu emprego prático para estabelecer fronteiras de propriedades e traçar rotas. "O uso de um substituto espacial, reduzido, da realidade", explica o historiador da cartografia Arthur Robinson, "é um ato impressionante por si só." Mas ainda mais impressionante é como o mapa "promoveu a evolução do pensamento abstrato" em toda a sociedade. "A combinação da redução da realidade e a construção de um espaço analógico é, de fato, uma conquista do pensamento abstrato do mais alto grau", escreve Robinson, "pois permite descobrir estruturas que permaneceriam desconhecidas se não fossem mapeadas."[3] A tecnologia do mapa deu ao homem uma nova mente capaz de uma maior compreensão, mais apta a entender as forças invisíveis que moldam seus arredores e a sua existência.

---

[2] Ibid.

[3] Arthur H. Robinson, *Early Thematic Mapping in the History of Cartography* (Chicago: University of Chicago Press, 1982), 1.

O que o mapa fez com o espaço — traduzir um fenômeno natural em uma conceitualização artificial e intelectual daquele fenômeno —, outra tecnologia, o relógio mecânico, fez com o tempo. Durante a maior parte da história humana, as pessoas experimentaram o tempo como um fluxo contínuo, cíclico. Na medida em que aquele tempo era "marcado", a marcação era realizada por instrumentos que enfatizavam seu processo natural: relógios de sol nos quais as sombras giravam, ampulhetas nas quais a areia caía, clepsidras nas quais a água escorria. Não havia uma necessidade particular de medir o tempo com precisão ou dividir um dia em pequenos pedaços. Para a maioria das pessoas, as estrelas forneciam os únicos relógios dos quais precisavam. A vida era, nas palavras do medievalista francês Jacques Le Goff, "dominada por ritmos agrários, livre de pressa, sem preocupação com a exatidão, sem interesse na produtividade".[4]

Isso começou a mudar na segunda metade da Idade Média. As primeiras pessoas a exigirem uma mensuração mais precisa do tempo foram os monges cristãos, cujas vidas revolviam em torno de uma rigorosa programação de orações. No século VI, São Bento ordenou que seus seguidores observassem sete serviços de oração em tempos especificados durante o dia. Seiscentos anos mais tarde, os cistercienses deram uma nova ênfase à pontualidade, dividindo o dia segundo uma sequência estrita de atividades e vendo qualquer atraso ou desperdício de tempo como uma afronta a Deus. Pressionados pela necessidade de exatidão temporal, os monges assumiram a liderança no avanço das tecnologias de marcação de tempo. Foi no monastério que os primeiros relógios mecânicos foram montados, seus movimentos governados pelo balanço de pesos, e foram os sinos das torres da igreja que soaram pela primeira vez as horas pelas quais as pessoas começaram a parcelar suas vidas.

[4] Jacques Le Goff, Time, *Work and Culture in the Middle Ages* (Chicago: University of Chicago Press, 1980), 44.

O desejo de uma marcação de tempo acurada se espalhou para fora do monastério. As cortes dos reis e dos príncipes da Europa, transbordando com riquezas e apreciando os últimos e mais engenhosos dispositivos, começaram a cobiçar relógios e a investir no seu desenvolvimento e manufatura. À medida que as pessoas se deslocavam dos campos para as cidades e começavam a trabalhar nos mercados, moinhos e fábricas em vez de na terra, seus dias passaram a ser retalhados em segmentos cada vez mais finamente fatiados, cada um anunciado pelo repicar de um sino. Como David Landes descreve em *Revolution in Time: Clocks and the Making of the Modern World*, "sinos anunciavam o início do trabalho, os intervalos das refeições, o final do trabalho, o fechamento dos portões, a abertura do mercado, o encerramento do mercado, reuniões, emergências, assembleias municipais, o final do serviço de bebidas, a hora da limpeza das ruas, toques de recolher, e assim por diante, com uma extraordinária variedade de repiques especiais em cada vila e cidade".[5]

A necessidade de um maior rigor da programação e da sincronização no trabalho, transporte, devoção e mesmo lazer forneceu o impulso para um rápido progresso da tecnologia do relógio. Não era mais suficiente que cada vila ou paróquia seguisse o seu próprio relógio. Agora, o tempo teria que ser o mesmo em toda parte — senão o comércio e a indústria seriam prejudicados. Unidades de tempo se tornaram padronizadas — segundos, minutos, horas — e os mecanismos do relógio sofreram um ajuste fino para medirem essas unidades com precisão muito maior. No século XIV, o relógio mecânico havia se tornado um lugar-comum, uma ferramenta quase universal para coordenar o intrincado funcionamento da sociedade urbana. As cidades competiam umas com as outras para instalar os relógios mais elaborados nas torres de suas câmaras municipais,

[5] David S. Landes, *Revolution in Time: Clocks and the Making of the Modern World* (Cambridge, MA: Harvard University Press, 2000), 76.

igrejas ou palácios. "Nenhuma comunidade da Europa", observou o historiador Lynn White, "sentia que poderia manter a cabeça erguida a não ser que no meio dela os planetas girassem em ciclos e epiciclos, enquanto os anjos trombeteassem, os galos cantassem, e os apóstolos, reis e profetas marchassem para a frente e para trás ao ribombar das horas."[6]

Os relógios não se tornaram apenas mais precisos e ornamentados. Tornaram-se menores e mais baratos. Os avanços da miniaturização levaram ao desenvolvimento de relógios acessíveis que poderiam caber nas salas das casas ou mesmo serem levados pela própria pessoa. Se a proliferação dos relógios públicos alterou o modo como as pessoas trabalhavam, faziam compras, se divertiam ou, de um modo geral, se comportavam como membros de uma sociedade cada vez mais regulada, a difusão de ferramentas cronométricas cada vez mais pessoais — relógios de sala, relógios de bolso e, um pouco mais tarde, relógios de pulso — teve consequências mais íntimas. O relógio pessoal tornou-se, como escreve Landes, "um monitor e um companheiro sempre visível e sempre audível". Ao lembrar continuamente o seu proprietário "do tempo usado, do tempo gasto, do tempo desperdiçado, do tempo perdido", tornou-se ao mesmo tempo "um incentivo e uma chave para a realização pessoal e para a produtividade". A "personalização" do tempo precisamente medido "foi um grande estímulo para o individualismo que sempre foi um aspecto marcante da civilização ocidental".[7]

O relógio mecânico mudou o modo como vemos a nós mesmos. E, como o mapa, mudou o modo como pensamos. Uma vez que o relógio tenha redefinido o tempo como uma série de unidades de igual duração, nossas mentes começaram a enfatizar o trabalho mental da divisão e mensuração. Come-

---

[6] Lynn White Jr., *Medieval Technology and Social Change* (Nova York: Oxford University Press, 1964), 124.

[7] Landes, *Revolution in Time*, 92–93.

çamos a ver, em todas as coisas e em todos os fenômenos, as partes que compõem o todo, e então começamos a ver as partes das quais as partes são feitas. Nosso pensamento tornou-se aristotélico em sua ênfase em discernir padrões abstratos por detrás das superfícies visíveis do mundo material. O relógio desempenhou um papel essencial em nos impulsionar da Idade Média ao Renascimento, e então ao Iluminismo. Em *Technics and Civilization*, sua meditação de 1934 sobre as consequências humanas da tecnologia, Lewis Mumford descreveu como o relógio "ajudou a criar a crença em um mundo independente de sequências matematicamente mensuráveis". O "quadro abstrato do tempo dividido" tornou-se o "ponto de referência tanto para a ação como para o pensamento".[8] Independente das razões de ordem prática que inspiraram a criação da máquina de marcação do tempo e governaram o seu uso no dia a dia, o tique-taque metódico do relógio ajudou o surgimento da mente científica e do homem científico.

TODA TECNOLOGIA É uma expressão da vontade humana. Através de nossas ferramentas, procuramos expandir o nosso poder e controle sobre as circunstâncias — sobre a natureza, sobre o tempo e a distância, sobre o outro. Nossas tecnologias podem ser classificadas, a grosso modo, conforme a forma como suplementam ou amplificam as nossas capacidades naturais. Um conjunto que inclui o arado, a agulha de costura e o caça a jato estende a nossa força física, destreza ou resiliência. Um segundo conjunto, que inclui o microscópio, o amplificador, o contador Geiger, estende a faixa ou a sensibilidade dos nossos sentidos. Um terceiro grupo, abarcando tecnolo-

[8] Lewis Mumford, *Technics and Civilization* (Nova York: Harcourt Brace, 1963), 15. O renomado cientista da computação Danny Hillis observa que "o computador, com os seus procedimentos mecanicistas baseados em regras predeterminadas, é o descendente direto do relógio", W. Daniel Hillis, "The Clock", in: *The Greatest Inventions of the Past 2,000 Years*, ed. John Brockman (Nova York: Simon & Schuster, 2000), 141.

gias tais como o reservatório, a pílula anticoncepcional e o milho geneticamente modificado, permitem-nos remodelar a natureza para servir melhor a nossas necessidades ou desejos.

O mapa e o relógio pertencem à quarta categoria, que seria melhor descrita, para emprestar um termo usado com um significado ligeiramente diferente pelo antropólogo social Jack Goody e pelo sociólogo Daniel Bell, como a das "tecnologias intelectuais". Estas incluem todas as ferramentas que usamos para estender ou dar suporte aos nossos poderes mentais — encontrar e classificar informação, formular e articular ideias, partilhar know-how e experiência, fazer medidas e realizar cálculos, expandir a capacidade da nossa memória. A máquina de escrever é uma tecnologia intelectual. E do mesmo modo o ábaco e a régua de cálculo, o sextante e o globo, o livro e o jornal, a escola e a biblioteca, o computador e a internet. Embora o uso de qualquer tipo de ferramenta possa influenciar nossos pensamentos e perspectivas — o arado mudou a visão do fazendeiro, o microscópio abriu novos mundos de exploração mental para o cientista —, são as nossas tecnologias intelectuais que têm o maior e mais duradouro poder sobre o que e como pensamos. São as ferramentas mais íntimas, as que usamos para a autoexpressão, para moldar a nossa identidade pública e pessoal e para cultivar relações com os outros.

O que Nietzsche sentia quando datilografava suas palavras no papel preso em sua bola de escrever — que as ferramentas que usamos para escrever, ler ou manipular de algum modo informação trabalham com nossas mentes mesmo enquanto nossas mentes trabalham com elas — é um tema central da história cultural e intelectual. Como ilustram as histórias do mapa e do relógio mecânico, as tecnologias intelectuais, quando se tornam de uso popular, muitas vezes promovem novos modos de pensar e estendem à população geral modos estabelecidos de pensamento que estiveram restritos a um pequeno grupo de elite. Toda tecnologia intelectual, colocando de um outro modo, incorpora uma ética intelectual, um conjunto de suposições sobre como a mente humana funciona ou deveria funcionar. O mapa e o relógio partilham uma ética semelhante. Ambos colocaram uma nova ênfase na mensuração e na abstração, na percepção e definição de formas e processos além daqueles aparentes aos sentidos.

A ética intelectual de uma tecnologia raramente é reconhecida pelos seus inventores. Em geral estão tão envolvidos na resolução de um problema particular, ou desfazendo algum espinhoso dilema científico ou de engenharia, que não veem as implicações mais amplas do seu trabalho. Também os usuários da tecnologia costumeiramente não estão cônscios da sua ética. Eles, ademais, estão ocupados com os benefícios práticos que obtêm com o emprego da ferramenta. Nossos ancestrais não desenvolveram ou usaram mapas para ampliar sua capacidade de pensamento conceitual ou trazer à luz as estruturas ocultas do mundo. Nem manufaturaram relógios mecânicos para estimular a adoção de um modo mais científico de pensamento. Esses foram subprodutos das tecnologias. Mas que subprodutos! É a ética intelectual de uma invenção que tem o efeito mais profundo sobre nós. A ética intelectual é a mensagem que um meio ou outro instrumento transmite às mentes e cultura de seus usuários.

Por séculos, historiadores e filósofos têm discernido e debatido sobre o papel da tecnologia na formação da civilização. Alguns têm defendido o que o sociólogo Thorstein Veblen denominou "determinismo tecnológico"; sustentaram que o progresso tecnológico, que veem como uma força autônoma fora do controle do homem, foi o fator primário influenciando o curso da história humana. Karl Marx deu voz a essa visão quando escreveu "O moinho de vento nos dá a sociedade com o senhor feudal; a máquina a vapor, a sociedade com o capitalista industrial".[9] Ralph Waldo Emerson repetiu

[9] Karl Marx, *The Poverty of Philosophy* (Nova York: Cosimo, 2008), 119.

isso mais grosseiramente: "As coisas sentam na sela/ E montam a humanidade".[10] Na expressão mais extremada da visão determinística, os seres humanos se tornam pouco mais do que os "órgãos sexuais do mundo máquina", como Marshall McLuhan memoravelmente escreveu no capítulo "O amante de gadgets", em *Os meios de comunicação*.[11] Nosso papel essencial é produzir ferramentas cada vez mais sofisticadas — "fecundar" máquinas como abelhas fecundam plantas —, até a tecnologia desenvolver a capacidade de se reproduzir por conta própria. Nesse ponto, tornamo-nos dispensáveis.

No outro extremo estão os instrumentalistas — as pessoas que, como David Sarnoff, minimizam o poder da tecnologia, acreditando que as ferramentas são artefatos neutros, inteiramente subservientes aos desejos conscientes dos seus usuários. Os instrumentos são os meios que usamos para alcançar os nossos fins; eles não têm fins em si mesmos. O instrumentalismo é a visão da tecnologia mais amplamente defendida, e de modo algum porque é a visão que as pessoas prefeririam que fosse verdadeira. A ideia de que somos de algum modo controlados por nossas ferramentas é uma heresia para a maioria das pessoas. "Tecnologia é tecnologia", declarou o crítico de comunicação James Carey: "é um meio para a comunicação e para o transporte no espaço, e nada mais".[12]

O debate entre deterministas e instrumentalistas é esclarecedor. Ambos os lados recorrem a fortes argumentos. Se considerarmos uma tecnologia específica em um momento específico do tempo, certamente parecerá que, como os ins-

---

[10] Ralph Waldo Emerson, "Ode, Inscribed to W. H. Channing", in: *Collected Poems and Translations* (Nova York: Library of America, 1994), 63.

[11] Marshall McLuhan, *Understanding Media: The Extensions of Man*, edição crítica, ed. W. Terrence Gordon (Corte Madera, CA: Gingko, 2003), 68. Para uma abordagem mais recente dessa visão, ver Kevin Kelly, "Humans Are the Sex Organs of Technology", blog The Technium, 16 de fevereiro de 2007, www.kk.org/thetechnium/archives/2007/02/humans_are_the.php.

[12] James W. Carey, *Communication as Culture: Essays on Media and Society* (Nova York: Routledge, 2008), 107.

trumentalistas afirmam, nossas ferramentas estão firmemente sob o nosso controle. Todos os dias, cada um de nós toma decisões conscientes sobre quais ferramentas usar e como usá-las. As sociedades, ademais, fazem escolhas deliberadas sobre como empregar diferentes tecnologias. Os japoneses, procurando preservar a cultura samurai tradicional, efetivamente baniram o uso das armas de fogo no seu país por dois séculos. Algumas comunidades religiosas, como as fraternidades da Antiga Ordem Amish da América do Norte, proíbem motores a explosão e outras tecnologias modernas. Todos os países impõem restrições legais ao uso de certas ferramentas.

Mas se adotarmos uma visão histórica ou social mais ampla, as teses dos deterministas ganham credibilidade. Embora indivíduos e comunidades possam tomar decisões muito diferentes sobre quais ferramentas usar, isso não significa que como espécie tenhamos muito controle sobre o caminho ou o ritmo do progresso tecnológico. Seria excesso de credulidade argumentar que "escolhemos" usar mapas e relógios (como se pudéssemos ter escolhido não usá-los). É ainda mais difícil aceitar que "escolhemos" as miríades de efeitos colaterais dessas tecnologias, muitos dos quais, como vimos, eram completamente imprevisíveis quando essas tecnologias passaram a ser usadas. "Se a experiência da sociedade moderna nos mostrou alguma coisa", observa o cientista político Langdon Winner, "é que essas tecnologias não são meramente auxílios à atividade humana, mas também forças poderosas agindo para remodelar essa atividade e seu significado."[13] Embora raramente estejamos conscientes do fato, muitas das rotinas de nossas vidas seguem caminhos que foram traçados por tecnologias que passaram a ser empregadas muito tempo depois de nascermos. É um exagero dizer que a tecnologia progride autonomamente — nossa adoção e uso das ferramentas foram fortemente influenciados

[13] Langdon Winner, "Technologies as Forms of Life", in: *Readings in the Philosophy of Technology*, ed. David M. Kaplan (Lanham, MD: Rowman & Littlefield, 2004), 105.

por considerações econômicas, políticas e demográficas —, mas não é um exagero dizer que o progresso tem a sua própria lógica, que nem sempre é consistente com as intenções ou desejos dos fabricantes e usuários de ferramentas. Algumas vezes, nossas ferramentas realmente fazem o que lhes dizemos para fazer. Outras vezes, nos adaptamos às exigências das ferramentas.

O conflito entre os deterministas e os instrumentalistas nunca será resolvido. Ele envolve, no final das contas, duas visões radicalmente diferentes da natureza e do destino da humanidade. O debate é tanto a respeito da fé como da razão. Mas há uma coisa sobre a qual deterministas e instrumentalistas concordam: os avanços tecnológicos frequentemente assinalam momentos cruciais da história. Novas ferramentas de caça e de agricultura trouxeram mudanças nos padrões de crescimento populacional, povoamento e trabalho. Novos modos de transporte levaram a expansões e realinhamentos dos negócios e do comércio. Novos armamentos alteraram o balanço de poder entre os estados. Outras inovações, em campos tão variados como medicina, metalurgia e magnetismo, mudaram o modo de vida das pessoas de inúmeras maneiras — e continuam a mudar hoje. Em grande medida, a civilização assumiu a sua forma presente como resultado das tecnologias que as pessoas vieram a usar.

O que tem sido difícil discernir é qual a influência dessas tecnologias, particularmente das tecnologias intelectuais, no funcionamento dos cérebros das pessoas. Podemos ver os produtos do pensamento — obras de arte, descobertas científicas, símbolos preservados em documentos —, mas não o próprio pensamento. "De bom grado desdobraria em calmos degraus uma história natural do intelecto", escreveu Emerson em 1841, "mas que homem já foi capaz de assinalar os passos e fronteiras dessa essência transparente?"[14]

[14] Ralph Waldo Emerson, "Intellect", in: *Emerson: Essays and Lectures* (Nova York: Library of America, 1983), 417.

Hoje, finalmente, começam a se dissipar as brumas que obscureciam a inter-relação entre a tecnologia e a mente. As recentes descobertas da neuroplasticidade tornam mais visível a essência do intelecto, e mais fáceis de assinalar seus passos e fronteiras. Elas nos dizem que as ferramentas que o homem usou para apoiar ou estender seu sistema nervoso — aquelas tecnologias que ao longo da história influenciaram como encontramos, armazenamos e interpretamos informação, como direcionamos a nossa atenção e ocupamos os nossos sentidos, como nos lembramos e como esquecemos — modelaram a estrutura física e o funcionamento do cérebro humano. Seu uso fortaleceu alguns circuitos neurais e enfraqueceu outros, reforçou certos traços mentais enquanto deixou esmaecer outros. A neuroplasticidade fornece o elo perdido para compreendermos como os meios informacionais e outras tecnologias intelectuais exerceram sua influência sobre o desenvolvimento da civilização e ajudaram a guiar, em um nível biológico, a história da consciência humana.

Sabemos que a forma básica do cérebro não mudou muito nos últimos 40 mil anos.[15] A evolução no nível genético ocorreu com uma lentidão extraordinária, ao menos quando aferida pela concepção humana de tempo. Mas também sabemos que as maneiras como os seres humanos pensam e agem mudaram a ponto de quase serem irreconhecíveis ao longo desses milênios. Como H. G. Wells observou sobre a humanidade em seu livro de 1938, *World Brain*, "sua vida social, seus hábitos, mudaram completamente, sofreram mesmo reversões e inversões, enquanto sua hereditariedade parece ter mudado muito pouco, se é que mudou, desde a Idade da Pedra".[16] Nosso novo conhecimento da neuroplasticidade resolve esse enigma. Dentro dos limites intelectuais e comportamentais estabelecidos

[15] See Maryanne Wolf, *Proust and the Squid: The Story and Science of the Reading Brain* (Nova York: Harper, 2007), 217.

[16] H. G. Wells, *World Brain* (Nova York: Doubleday, Doran, 1938), vii.

pelo nosso código genético, a estrada é larga e nós seguramos o volante. Através do que fazemos e do como fazemos — momento a momento, dia a dia, consciente ou inconscientemente —, alteramos os fluxos químicos nas nossas sinapses e modificamos nosso cérebro. E quando transmitimos nossos hábitos de pensamento a nossos filhos, através dos exemplos que damos, a escolaridade que providenciamos e as mídias que usamos, transmitimos também as modificações da estrutura do nosso cérebro.

Embora o funcionamento da nossa massa cinzenta ainda esteja além do alcance das ferramentas do arqueólogo, agora sabemos que não somente é provável que o uso das tecnologias intelectuais modelou e remodelou a rede de circuitos dentro de nossas cabeças, mas que tinha que ser assim. Qualquer experiência repetida influencia nossas sinapses; as mudanças induzidas pelo uso recorrente de ferramentas que estendem ou suplementam nosso sistema nervoso deveriam ser particularmente definidas. E embora não possamos documentar, no nível físico, as mudanças do pensamento que ocorreram no passado distante, podemos usar alguns indicadores do presente. Vemos, por exemplo, evidências diretas do processo em andamento de regeneração e degeneração das alterações cerebrais que ocorrem quando uma pessoa cega aprende a ler em braile. Braile é, em última instância, uma tecnologia, um meio informacional.

Sabendo o que sabemos sobre os taxistas londrinos, podemos postular que, à medida que as pessoas se tornaram mais dependentes dos mapas em vez das suas memórias para navegar nos seus arredores, quase que certamente experimentaram mudanças tanto anatômicas como funcionais no hipocampo e em outras áreas do cérebro envolvidas com a modelagem espacial e a memória. Os circuitos dedicados à manutenção de representações do espaço provavelmente se encolheram, enquanto áreas empregadas em decifrar informações visuais complexas e abstratas provavelmente se expandiram ou se fortaleceram. Agora também sabemos se as mudanças cerebrais induzidas pelo uso dos mapas poderiam ser empregadas para outros propósitos, o que ajuda a explicar como o pensamento abstrato em geral poderia ser promovido pela difusão do ofício do cartógrafo.

O processo de nossa adaptação mental e social às novas tecnologias intelectuais se reflete nas metáforas que usamos para descrever e explicar o funcionamento da natureza e é reforçado por elas. Uma vez que os mapas se tornaram comuns, as pessoas começaram a representar todos os tipos de relações naturais e sociais como cartográficas, como um conjunto de arranjos delimitados, fixos, no espaço real ou figurativo. Começamos a "mapear" nossas vidas, nossas esferas sociais e mesmo nossas ideias. Sob o balanço do relógio mecânico, as pessoas começaram a pensar nos seus cérebros e nos seus corpos — no universo todo, de fato — como operando "do modo de um relógio". Nas engrenagens intimamente conectadas do relógio, rodando de acordo com as leis da física e formando uma cadeia longa e rastreável de causa e efeito, encontramos uma metáfora mecanicista que parece descrever o funcionamento de todas as coisas, assim como as relações entre elas. Deus se torna o Grande Relojoeiro. Sua criação não é mais um mistério a ser aceito. Torna-se um quebra-cabeça a ser resolvido. Escrevia Descartes em 1646: "Indubitavelmente, quando as andorinhas aparecem na primavera, elas operam como relógios".[17]

O MAPA E O RELÓGIO mudaram a linguagem indiretamente, sugerindo novas metáforas para descrever os fenômenos naturais. Outras tecnologias intelectuais mudaram a linguagem mais diretamente e mais profundamente, alterando de fato o modo como falamos e escutamos ou lemos e escrevemos.

[17] René Descartes, *The Philosophical Writings of Descartes*, vol. 3, The Correspondence (Cambridge: Cambridge University Press, 1991), 304.

Elas poderiam ampliar ou comprimir o nosso vocabulário, modificar as normas da dicção ou a ordem das palavras, ou encorajar sintaxes mais simples ou mais complexas. Por ser a linguagem, para os seres humanos, o reservatório primário do pensamento consciente, particularmente das formas mais elevadas de pensamento, as tecnologias que tendem a reestruturá-la acabam por exercer a influência mais forte sobre nossas vidas intelectuais. Como coloca o estudioso clássico Walter J. Ong: "As tecnologias não são meros auxílios exteriores, mas também transformações interiores da consciência, e estas são as maiores possíveis quando afetam a palavra".[18] A história da linguagem também é uma história da mente.

A linguagem em si mesma não é uma tecnologia. É natural à nossa espécie. Nosso cérebro e corpo evoluíram para falar e ouvir palavras. Uma criança aprende a falar sem instruções, como o filhote de um pássaro aprende a voar. Visto que a leitura e a escrita se tornaram tão centrais para a nossa identidade e cultura, é fácil assumir que elas, também, são talentos inatos. Mas não são. Leitura e escrita são atos não naturais, que se tornaram possíveis pelo desenvolvimento proposital do alfabeto e de muitas outras tecnologias. Nossas mentes têm que ser ensinadas a traduzir os caracteres simbólicos que vemos na linguagem que entendemos. Leitura e escrita exigem ensino e prática, o modelamento deliberado do cérebro.

A evidência do processo de modelamento do cérebro pode ser vista em muitos estudos neurológicos. Experimentos revelaram que os cérebros dos alfabetizados diferem dos cérebros dos analfabetos em muitos pontos — não somente em como compreendem a linguagem, mas também em como processam os sinais visuais, como raciocinam, e como formam memórias. Foi demonstrado que "aprender como ler", relata o psicólogo mexicano Feggy Ostrosky-Solis, "molda poderosamente os

[18] Walter J. Ong, *Orality and Literacy* (Nova York: Routledge, 2002), 82.

sistemas neuropsicológicos do adulto".[19] Exames cerebrais também revelaram que pessoas cuja linguagem escrita utiliza símbolos logográficos, como o chinês, desenvolvem circuitos mentais para a leitura que são consideravelmente diferentes daqueles encontrados em pessoas cuja linguagem escrita emprega um alfabeto fonético. A psicóloga do desenvolvimento da Universidade de Tufts, Maryanne Wolf, explica em seu livro sobre a neurociência da leitura, *Proust and the Squid*: "Embora toda leitura faça uso de algumas porções dos lobos temporais e frontal para planejamento e análise dos sons e significados das palavras, os sistemas logográficos parecem ativar partes muito distintas dessas áreas, particularmente regiões envolvidas em habilidades de memória motora".[20] Diferenças de atividade cerebral foram constatadas mesmo entre leitores de diferentes línguas alfabéticas. Descobriu-se, por exemplo, que leitores de inglês se baseiam muito mais em áreas do cérebro associadas com decifrar formas visuais do que leitores de italiano. A diferença tem origem, acredita-se, no fato de que as palavras em inglês muitas vezes parecem ser muito diferentes do seu som, enquanto em italiano as palavras tendem a ser soletradas exatamente como são faladas.[21]

Os primeiros exemplos de leitura e escrita remontam a muitos milhares de anos. Antes mesmo de 8000 a.C., utilizavam-se pequenos sinetes de argila com símbolos simples para manter registro das quantidades de animais nos rebanhos e outros bens. Mesmo interpretar tais marcas rudimentares exigia o desenvolvimento de novas e extensivas vias neurais nos cérebros das pessoas, conectando o córtex visual a áreas cere-

[19] F. Ostrosky-Solís, Miguel Arellano García e Martha Pérez, "Can Learning to Read and Write Change the Brain Organization? An Electrophysiological Study", *International Journal of Psychology*, 39, n. 1 (2004): 27–35.

[20] Maryanne Wolf, *Proust and the Squid*, 36.

[21] E. Paulesu, J.-F. Démonet, F. Fazio et al., "Dyslexia: Cultural Diversity and Biological Unity", *Science*, 291 (16 de março de 2001): 2165–67. Ver também Maggie Jackson, *Distracted: The Erosion of Attention and the Coming Dark Age* (Amherst, NY: Prometheus, 2008), 168–169.

brais próximas com função significadora. Estudos modernos mostram que a atividade neural ao longo dessas vias dobra ou triplica quando olhamos para símbolos significativos em vez de para garatujas sem sentido. Como Wolf descreve: "Nossos ancestrais podiam ler sinetes porque eram capazes de conectar suas regiões visuais básicas a áreas adjacentes dedicadas ao processamento visual e conceitual mais sofisticado".[22] Essas conexões, que as pessoas conferiam às crianças quando as ensinavam a como usar os sinetes, formaram a fiação básica para a leitura.

A tecnologia da escrita deu um importante passo adiante por volta do final do quarto milênio a.C. Foi quando os sumérios, vivendo entre o Tigre e o Eufrates, na região onde é o atual Iraque, começaram a escrever em um sistema de símbolos em forma de cunhas, chamados de cuneiformes, enquanto, algumas centenas de quilômetros a oeste, os egípcios desenvolveram hieróglifos cada vez mais abstratos para representar objetos e ideias. Como os sistemas cuneiforme e hieroglífico incorporavam muitos caracteres logossilábicos, denotando não apenas coisas mas também sons da fala, impuseram exigências ainda maiores ao cérebro do que os simples sinetes de contagem. Antes que os leitores pudessem interpretar o significado de um caractere, tinham que analisá-lo para saber como estava sendo usado. Os sumérios e os egípcios tinham que desenvolver circuitos neurais que, segundo Wolf, literalmente "esquadrinhavam" o córtex, ligando áreas envolvidas não somente na visão e na significação, mas também na audição, análise espacial e tomada de decisões.[23] Quando esses sistemas logossilábicos se expandiram para incluir várias centenas de caracteres, sua memorização e interpretação tornaram-se tão pesadas mentalmente que o seu uso provavelmente se restringia a uma elite intelectual

[22] Maryanne Wolf, *Proust and the Squid*, 29.

[23] Ibid., 34.

abençoada com muito tempo e capacidade cerebral. Para que a tecnologia da escrita progredisse além dos modelos sumerianos e egípcios, para que se tornasse uma ferramenta usada por muitos em vez de por poucos, tinha que se tornar muito mais simples.

Isso não aconteceu até muito recentemente — cerca de 750 a.C. —, quando os gregos inventaram o primeiro alfabeto completo. O alfabeto grego teve muitos precursores, particularmente o sistema de letras desenvolvido pelos fenícios uns poucos séculos antes, mas os linguistas geralmente concordam que foi ele o primeiro a incluir caracteres representando sons de vogais, assim como de consoantes. Os gregos analisaram todos os sons, ou fonemas, usados na linguagem oral e foram capazes de representá-los com apenas vinte e quatro caracteres, tornando o seu alfabeto um sistema abrangente e eficiente de escrita e leitura. A "economia de caracteres", escreve Wolf, reduziu "o tempo e a atenção necessárias para um rápido reconhecimento" dos símbolos e assim exigia "menos recursos perceptuais e de memória". Recentes estudos do cérebro revelaram que consideravelmente menos do cérebro é ativado na leitura de palavras formadas com letras fonéticas do que interpretando logogramas ou outros símbolos pictóricos.[24]

O alfabeto grego se tornou o modelo para os subsequentes alfabetos ocidentais, incluindo o alfabeto romano que usamos ainda hoje. Sua chegada marcou o começo de uma das revoluções de maior alcance da história intelectual: o deslocamento de uma cultura oral, na qual o conhecimento era trocado principalmente pela fala, para uma cultura literária, na qual a escrita se tornou o meio dominante de exprimir o pensamento. Foi uma revolução que acabou por mudar as nossas vidas e os cérebros de quase todos da Terra, mas a transformação não foi bem recebida por todos, ao menos no início.

---

[24] Ibid., 60–65.

No começo do século IV a.C, quando a prática da escrita ainda era nova e controversa na Grécia, Platão escreveu *Fedro*, seu diálogo sobre o amor, a beleza e a retórica. No conto, o personagem do título, um cidadão de Atenas, faz um passeio com o grande orador Sócrates pelo campo, onde os dois amigos se sentam debaixo de uma árvore junto a um riacho e se entregam a uma longa e tortuosa conversa. Discutem os pontos mais delicados da preparação de um discurso, a natureza do desejo, as variedades da loucura e a jornada da alma imortal, antes de dirigirem sua atenção para a palavra escrita. "Resta a questão", pondera Sócrates, "da propriedade e da impropriedade da escrita."[25] Fedro concorda, e Sócrates embarca em uma história sobre um encontro entre o multitalentoso deus egípcio Thoth, cujas muitas invenções incluíam o alfabeto, e um dos reis do Egito, Tamus.

Thoth descreve a arte da escrita para Tamus e defende que se deveria permitir que os egípcios usufruíssem suas bênçãos. Ele diz que ela "tornará o povo do Egito mais sábio e melhorará a sua memória", pois ela "fornece um remédio para a memória e sabedoria". Tamus discorda. Ele lembra ao deus que um inventor não é o árbitro mais confiável do valor da sua invenção: "Oh homem pleno das artes, a um é dado criar as coisas das artes e a outro julgar qual medida de prejuízo e de benefício têm para aqueles que as empregarão. E assim é por isso que vós, em razão do terno cuidado que tendes pela escrita, que é o vosso fruto, declarastes o exato oposto do seu verdadeiro efeito". Se os egípcios aprenderem a escrita, prossegue Tamus, "ela implantará o esquecimento nas suas almas: eles cessarão de exercer a sua memória porque confiarão apenas no que está escrito, trazendo as coisas à lembrança não mais de dentro de si, mas com o auxílio de sinais exteriores". A palavra escrita é "um remédio não para a memória mas

[25] As citações de *Fedro* foram retiradas das populares traduções de Reginald Hackforth e Benjamin Jowett para o inglês.

apenas para o lembrete. E não é a verdadeira sabedoria que ofereceis aos vossos discípulos, mas apenas a sua aparência". Aqueles que se baseiam na leitura para o seu conhecimento "parecerão conhecer muito, embora não venham a saber nada em relação à maior parte das coisas". Eles serão "repletos não da sabedoria mas da pretensão da sabedoria".

Sócrates, é claro, partilha da opinião de Tamus. Somente um "simplório", diz a Fedro, pensaria que um relato escrito "seria melhor de algum modo do que o conhecimento e a rememoração dos mesmos assuntos". Muito melhor do que uma palavra escrita na "água" da tinta é "uma palavra gravada na alma do aprendiz" através do discurso falado. Sócrates reconhece que há benefícios práticos em capturar os pensamentos de alguém na escrita — "memoriais contra o esquecimento da velhice" —, mas defende que a dependência da tecnologia do alfabeto alterará a mente de uma pessoa e não para melhor. Ao substituir memórias internas por símbolos externos, a escrita ameaça nos tornar pensadores mais superficiais, diz ele, evitando que alcancemos a profundidade intelectual que leva à sabedoria e à verdadeira felicidade.

Ao contrário do orador Sócrates, Platão era um escritor e enquanto podemos supor que partilhava a preocupação de Sócrates com a possibilidade de a leitura substituir a lembrança, levando a uma perda de profundidade interna, também é claro que reconhecia as vantagens que a palavra escrita tinha sobre a falada. Em uma passagem famosa e reveladora no final de *A República*, um diálogo que se acredita ter sido escrito por volta da mesma época que *Fedro*, Platão faz Sócrates se desviar do seu caminho habitual ao atacar a "poesia", declarando que ela baniria os poetas do seu estado perfeito. Hoje pensamos na poesia como fazendo parte da literatura, uma forma de escrita, mas esse não era o caso na época de Platão. Declamada em vez de escrita, escutada em vez de lida, a poesia representava a antiga tradição da expressão oral, que permanecia no centro do sistema educacional grego, assim como da cultura grega geral. A poesia e a literatura representavam ideais opostos da vida intelectual. A argumentação de Platão contra os poetas, canalizada através da voz de Sócrates, era um argumento não contra o verso mas contra a tradição oral — a tradição do bardo Homero, mas também a tradição do próprio Sócrates — e os modos de pensar que ela tanto refletia como encorajava. O "estado oral da mente", escreve o estudioso britânico Eric Havelock em *Preface to Plato*, era o "maior inimigo" de Platão.[26]

Implícita na crítica da poesia por Platão estava, como Havelock, Ong e outros classicistas mostraram, uma defesa da nova tecnologia da escrita e do estado mental que ela encorajava no leitor: lógico, rigoroso, autoconfiante. Platão via os grandes benefícios intelectuais que o alfabeto poderia trazer à civilização — benefícios que já eram evidentes na época em que escrevia. "O pensamento analiticamente filosófico de Platão", escreve Ong, "somente era possível devido aos efeitos que a escrita estava começando a ter nos processos mentais."[27] Nas visões sutilmente conflitantes do valor da escrita expressas em *Fedro* e em *A República*, vemos as evidências das tensões criadas pela transição da cultura oral para a literária. Era, como tanto Platão como Sócrates reconheceram de modos distintos, um deslocamento provocado pela invenção de um instrumento, o alfabeto, e que teria profundas consequências na nossa linguagem e nas nossas mentes.

Em uma cultura puramente oral, o pensamento é governado pela capacidade da memória humana. O conhecimento é o que lembramos, e o que lembramos é limitado pelo que conseguimos guardar em nossa mente.[28] Ao longo dos milênios da

[26] Eric A. Havelock, *Preface to Plato* (Cambridge, MA: Harvard University Press, 1963), 41.

[27] Walter J. Ong, *Orality and Literacy*, 80.

[28] Walter J. Ong, *Orality and Literacy*, 33.

história do homem antes da escrita, a linguagem evoluiu para auxiliar a armazenagem de informações complexas na memória individual e facilitar a troca dessas informações com outros através do discurso. "O pensamento crítico", escreve Ong, era necessariamente "entrelaçado com sistemas de memória."[29] A dicção e a sintaxe tornaram-se altamente rítmicas, afinadas ao ouvido, e a informação era codificada em frases de efeito comuns — o que hoje em dia chamamos de clichês — para auxiliar a memorização. O conhecimento era imerso na "poesia", como Platão a definia, e os eruditos-poetas, uma classe especial, se tornaram os dispositivos humanos, as tecnologias intelectuais de carne e osso, de armazenagem, recuperação e transmissão de informação. Leis, registros, transações, decisões, tradições — tudo o que hoje em dia seria "documentado" —, teriam que ser, nas culturas orais, como diz Havelock, "compostos em rimas padronizadas" e distribuídos "sendo cantados ou entoados em voz alta".[30]

O mundo oral dos nossos distantes ancestrais pode muito bem ter tido profundidades emocionais e intuitivas que não mais podemos apreciar. McLuhan acredita que povos pré-letrados devem ter gozado um "envolvimento sensual" particularmente intenso com o mundo. Quando aprendemos a ler, sofremos um "considerável corte em relação aos sentimentos e ao envolvimento emocional que um homem ou sociedade pré-letrados experimentariam".[31] Mas, intelectualmente, a cultura oral dos nossos ancestrais era de muitos modos mais superficial que a nossa. A palavra escrita liberou o conhecimento dos limites da memória individual e libertou a linguagem das estruturas rítmicas e padronizadas exigidas para apoiar a memorização e a recitação. Abriu à mente novas e

---

[29] Ibid., 34.

[30] Eric A. Havelock, *The Muse Learns to Write: Reflections on Orality and Literacy from Antiquity to the Present* (New Haven, CT: Yale University Press, 1986), 74.

[31] McLuhan, *Understanding Media*, 112-113.

amplas fronteiras do pensamento e expressão. "As conquistas do mundo ocidental, é óbvio, dão um testemunho dos tremendos valores do ato de ler e escrever", escreve McLuhan.[32]

Ong, em seu influente estudo de 1982, *Orality and Literacy*, adotou uma visão semelhante. "As culturas orais", observou, poderiam "produzir poderosas e belas performances verbais de alto valor artístico e humano, que não mais são possíveis uma vez que a escrita tenha tomado posse da psique." Mas o ato de ler e escrever "é absolutamente necessário para o desenvolvimento não apenas da ciência, mas também da história, da filosofia e da compreensão explicativa da literatura e de qualquer arte, e, de fato, da explicação da própria linguagem (incluindo o discurso oral)".[33] A capacidade de escrever é "sumamente valiosa e de fato essencial para a realização mais plena, interior, dos potenciais humanos", concluiu Ong. "A escrita eleva a consciência."[34]

Na época de Platão, e por muitos séculos depois, essa consciência elevada era reservada a uma elite. Antes que os benefícios cognitivos do alfabeto pudessem se espalhar para as massas, outro conjunto de tecnologias intelectuais — aquele envolvido na transcrição, produção e distribuição de trabalhos escritos — teria que ser inventado.

[32] Ibid., 120.

[33] Ong, *Orality and Literacy*, 14–15.

[34] Ibid., 82.

Capítulo 4

O aprofundamento da página

Quando as pessoas começaram a escrever as coisas, riscavam as suas marcas em qualquer coisa que estivesse à mão — as paredes lisas das rochas, lascas de madeira, cascas de cortiça, retalhos de pano, fragmentos de ossos, pedaços de cerâmica quebrada. Tais entes efêmeros eram os meios originais da palavra escrita. Tinham a vantagem de ser baratos e abundantes, mas a desvantagem de ser pequenos, com formato irregular, fáceis de se perder e de se quebrar ou de se danificar de qualquer outra maneira. São adequados para inscrições e rótulos, talvez uma breve nota ou notícia, mas não muito mais. Ninguém pensaria em confiar um pensamento profundo ou um longo argumento a um pedregulho ou a um caco.

Os sumérios foram os primeiros a usar um meio especializado para a escrita. Eles gravavam seus cuneiformes em tabuletas cuidadosamente preparadas, feitas de argila, um recurso abundante na Mesopotâmia. Eles deveriam colher um punhado de argila, formar com ele uma placa fina, inscrevê-la com um caniço apontado e então secá-la ao sol ou em um forno. Registros governamentais, correspondências de negócios, recibos comerciais e acordos legais eram todos escritos em tabuletas duráveis, assim como o eram trabalhos mais longos, mais literários, tais como contos históricos e religiosos e relatos de eventos contemporâneos. Para acomodar os textos mais longos, os sumérios muitas vezes numerariam suas tabuletas, criando uma sequência de "páginas" de argila que anteciparam a forma do livro moderno. As tabuletas de argila continuaram a ser um meio de escrita popular por séculos, mas, visto que era difícil prepará-las, carregá-las e armazená-las, tendiam a ser reservadas para documentos formais escritos por escribas oficiais. Escrever e ler permaneciam talentos ocultos.

Por volta de 2500 a.C., os egípcios começaram a manufaturar rolos das plantas de papiro que cresciam em todo o delta do Nilo. Eles extraíam as fibras das plantas e estendiam em um padrão cruzado, umedecendo-as a seguir para liberar a seiva. A resina grudava as fibras, formando uma superfície, que então era martelada para formar uma base lisa, branca, para escrita, não muito diferente do papel que usamos hoje. Até vinte folhas poderiam ser grudadas uma com a outra, em longos rolos, e os rolos, como as primeiras tabuletas de argila, algumas vezes eram arranjados em sequências numeradas. Flexíveis, portáteis e fáceis de armazenar, os rolos apresentavam uma vantagem considerável sobre as tabuletas muito mais pesadas. Os gregos e os romanos adotaram os rolos como o meio de escrita primário, embora o pergaminho, feito de couro de cabra ou de carneiro, acabasse substituindo o papiro como material predileto para a escrita.

Os rolos eram caros. O papiro tinha que ser trazido do Egito, e transformar peles em pergaminho era um trabalho que consumia muito tempo e exigia um certo nível de habilidade. À medida que a escrita se tornava mais comum, cresceu a demanda por uma opção mais barata, alguma coisa que os garotos da escola pudessem usar para tomar notas e escrever composições. A necessidade estimulou o desenvolvimento de um novo instrumento de escrita, a tabuleta de cera. Consistia de uma simples prancha de madeira coberta com uma camada de cera. As letras eram riscadas na cera com um novo tipo de estilete, que tinha, além de uma ponta afiada para escrever, uma extremidade cega para raspar a cera. Como as palavras podiam ser facilmente apagadas das tabuletas, os estudantes e outros escritores podiam usá-las repetidamente, tornando-as muito mais econômicas que os rolos. Embora não fosse uma ferramenta muito sofisticada, a tabuleta de cera desempenhou um papel central na transformação da escrita e da leitura, de um ofício formal e especializado, em atividades corriqueiras e cotidianas — mesmo que fosse apenas para cidadãos letrados.

A tabuleta de cera foi importante por outra razão. Quando os antigos queriam um meio barato de armazenar ou distribuir um texto longo, eles amarravam algumas tabuletas juntas com uma fita de couro ou de tecido. Essas tabuletas unidas, legitimamente populares, serviram como modelo para um desconhecido artífice romano que, logo após o início da Era Cristã, costurou diversas folhas de pergaminho entre um par de retângulos rígidos de couro para criar o primeiro livro verdadeiro. Embora tenham se passado alguns séculos antes de o livro costurado, ou códice, suplantar o rolo, os benefícios da tecnologia devem ter sido claros mesmo para os primeiros usuários. Já que um copista poderia escrever em ambos os lados de uma página de um códice, um livro exigia muito menos papiro ou pergaminho do que um rolo, escrito de um lado só, reduzindo substancialmente o custo da produção. Os livros também eram muito mais compactos, tornando-se mais fáceis de transportar e de guardar. Eles rapidamente se tornaram o formato preferido para a publicação das primeiras bíblias e outros trabalhos controversos. Os livros também eram mais fáceis de consultar. Encontrar uma passagem particular, tarefa desajeitada com um longo rolo de papiro, tornou-se uma mera questão de virar para a frente e para trás um conjunto de folhas.

Embora a tecnologia do livro avançasse, o legado da palavra oral continuava a moldar o modo como eram escritas e lidas as palavras na página. A leitura silenciosa era quase que inteiramente desconhecida no mundo antigo. Os novos códices, assim como as tabuletas e os rolos que os precederam, eram quase sempre lidos em voz alta, quer o leitor estivesse em um grupo, quer sozinho. Em uma famosa passagem do seu *Confissões*, Santo Agostinho descreve a surpresa que experimentou quando, por volta do ano 380 d.C., viu Ambrósio, o bispo de Milão, lendo silenciosamente para si mesmo. "Quando ele lia, seus olhos varriam a página e seu coração explorava o significado, mas sua voz era silenciosa, e sua língua, imóvel", escreveu Agostinho. "Muitas vezes, quando eu chegava para vê-lo, encontrava-o lendo desse modo em silêncio, pois ele nunca lia em voz alta." Estupefato com esse comportamento particular, Agostinho se perguntou se Ambrósio "precisava poupar sua voz, porque enrouquecia muito facilmente".[1]

Hoje é difícil imaginar, mas não havia espaços separando as palavras nos primeiros escritos. Nos livros escritos pelos copistas, as palavras juntavam-se umas às outras sem qualquer quebra ao longo de todas as linhas e páginas, no que agora se diz *scriptura continua*. A falta da separação das palavras refletia as origens da linguagem na fala. Quando falamos, não inserimos pausas entre cada palavra — longos trechos de sílabas fluem dos nossos lábios sem quebras. Jamais teria passado pelas mentes dos primeiros escritores colocar espaços em branco entre as palavras. Eles estavam simplesmente transcrevendo a fala, escrevendo o que seus ouvidos lhes diziam para escrever. (Hoje, quando crianças pequenas começam a escrever, elas também juntam suas palavras. Como os primeiros copistas, escrevem o que ouvem.) Os copistas também não prestavam muita atenção à ordem das palavras numa sentença. Na linguagem falada, o significado sempre foi transmitido principalmente pela inflexão, o padrão de acentuação que um orador coloca nas sílabas, e sob esse aspecto a tradição oral continuava a governar a escrita. Ao interpretar a escrita nos livros da

[1] Santo Augostinho, *Confessions*, trad. R. S. Pine-Coffin (Londres: Penguin, 1961), 114.

Alta Idade Média, os leitores não conseguiriam usar a ordem das palavras como um sinal do significado. As regras ainda não haviam sido inventadas.[2]

A falta da separação de palavras, combinada com a ausência de convenções da ordem das palavras, colocava uma "carga cognitiva extra" nos antigos leitores, explica John Saenger em *Space between Words*, sua história do livro manuscrito.[3] Os olhos dos leitores tinham que se mover lentamente e parando ao longo das linhas do texto, pausando frequentemente e muitas vezes voltando ao início da sentença, enquanto suas mentes se esforçavam para descobrir onde acabava uma palavra e começava uma nova e qual o papel que cada palavra desempenhava no significado da sentença. A leitura era como resolver um quebra-cabeça. Todo o córtex cerebral, incluindo as áreas frontais associadas com a resolução de problemas e tomada de decisões, estaria zunindo com atividade neural.

A análise lenta, de grande intensidade cognitiva, tornava a leitura de livros laboriosa. Esse também era o motivo pelo qual ninguém, exceto o caso ímpar de Ambrósio, lia silenciosamente. Ressoar as sílabas era crucial para decifrar a escrita. Essas restrições, que pareceriam intoleráveis hoje em dia, não importavam muito em uma cultura ainda enraizada na oralidade. "Como aqueles que liam fruíam os padrões métricos e de acentuação melífluos do texto pronunciado", escreve Saenger, "a ausência do espaço interpalavras no grego e no latim não era percebida como um impedimento à leitura efetiva, como seria para o leitor moderno, que busca ler velozmente."[4] Ademais, a maioria dos alfabetizados gregos e romanos estava mais do que contente com o fato de seus escravos lerem para eles.

---

[2] Paul Saenger, *Space between Words: The Origins of Silent Reading* (Palo Alto, CA: Stanford University Press, 1997), 14.

[3] Ibid., 7.

[4] Ibid., 11.

NÃO FOI SENÃO BEM depois do colapso do Império Romano que a forma da linguagem escrita finalmente rompeu com a tradição oral e começou a acomodar as necessidades únicas dos leitores. Enquanto avançava a Idade Média, o número de alfabetizados — cenobitas, estudantes, mercadores, aristocratas — crescia continuamente e a disponibilidade de livros se expandiu. Muitos dos livros eram de natureza técnica, direcionados não apenas à leitura de lazer ou acadêmica, mas para atividades práticas. As pessoas começaram a desejar e a necessitar ler rápida e privadamente. A leitura tornou-se menos um ato de performance e mais um meio de instrução e aprimoramento pessoal. Essa mudança levou à mais importante transformação desde a invenção do alfabeto fonético. No começo do segundo milênio, os leitores começaram a impor regras para o ordenamento das palavras no seu trabalho, encadeando as palavras em um sistema de sintaxe previsível, padronizado. Ao mesmo tempo, começando na Irlanda e na Inglaterra e então se espalhando para o resto da Europa ocidental, os copistas começaram a dividir as sentenças em palavras individuais, separadas por espaços. No século XIII, a *scriptura continua* estava em grande parte obsoleta, tanto para os textos em latim como para aqueles escritos na língua vernácula. Os sinais de pontuação, que facilitaram ainda mais o trabalho do leitor, começaram também a se tornar comuns. A escrita, pela primeira vez, estava dirigida tanto ao olho como ao ouvido.

Seria difícil superestimar a importância dessas mudanças. A emergência da ordem das palavras despertou uma revolução na estrutura da linguagem — que, como observa Saenger, "era inerentemente contraditória à antiga busca pela eloquência métrica e rítmica".[5] A inserção de espaços entre as palavras aliviou a pressão cognitiva envolvida em decifrar o texto, tornando possível que as pessoas lessem rapida e

[5] Ibid., 15.

silenciosamente e com maior compreensão. Tal fluência tinha que ser aprendida. Exigia mudanças complexas nos circuitos do cérebro, como revelam estudos contemporâneos com jovens leitores. O leitor proficiente, explica Maryanne Wolf, desenvolve regiões cerebrais especializadas voltadas para decifrar rapidamente um texto. As áreas são conectadas "para representar as informações visuais, fonológicas e semânticas e recuperar essas informações numa velocidade relâmpago". O córtex visual, por exemplo, desenvolve "uma verdadeira colagem" de conjuntos de neurônios dedicados a reconhecer, em questão de milissegundos, "imagens visuais de letras, configurações de letras e palavras".[6] À medida que o cérebro se torna mais apto a decodificar um texto, transformando o que envolvia um exercício de resolução de problemas em um processo essencialmente automático, pode dedicar mais recursos à interpretação do significado. Torna-se possível o que chamamos atualmente de "leitura profunda". Ao "alterar o processo neurofisiológico da leitura", a separação de palavras "liberava as faculdades intelectuais do leitor", escreve Saenger; "mesmo leitores com uma modesta capacidade intelectual poderiam ler mais velozmente e poderiam compreender um número crescente de textos inerentemente difíceis".[7]

Os leitores não se tornaram apenas mais eficientes. Eles também se tornaram mais atentos. Ler um longo livro silenciosamente exigia uma capacidade de se concentrar intencionalmente por um longo período de tempo, para "se perder" nas páginas do livro, como agora dizemos. Desenvolver tal disciplina mental não é fácil. O estado natural da mente humana, como aquele dos cérebros dos nossos parentes do reino animal, é de desatenção. Nossa predisposição é deslocar o nos-

[6] Maryanne Wolf, *Proust and the Squid: The Story and Science of the Reading Brain* (Nova York: Harper, 2007), 142–146.

[7] Saenger, *Space between Words*, 13.

so olhar, e assim nossa atenção, de um objeto para outro, ser cônscios do máximo possível que está acontecendo ao nosso redor. Os neurocientistas descobriram mecanismos de virada primitivos no nosso cérebro que, como colocam os autores de um artigo de 2004 na *Current Biology*, "operam com o insumo sensorial bruto, deslocando a atenção rápida e involuntariamente para características visuais proeminentes de potencial importância".[8] O que atrai a nossa atenção acima de tudo é qualquer indício de mudança nos nossos arredores. "Os nossos sentidos têm uma sintonia fina para a mudança", explica Maya Pines, do Instituto Médico Howard Hughes. "Objetos estacionários ou imutáveis tornam-se parte do cenário e quase não são vistos." Mas tão logo "algo do ambiente muda, precisamos nos dar conta porque pode representar perigo — ou oportunidade".[9] Nossas mudanças de foco reflexas, rápidas, já foram cruciais para a nossa sobrevivência. Elas reduzem as chances de que um predador possa nos pegar de surpresa ou que deixemos passar uma fonte próxima de comida. Na maior parte da história, o caminho normal do pensamento humano era tudo, exceto linear.

Ler um livro era experimentar um processo não natural de pensamento, que exigia atenção continuada, ininterrupta, a um único objeto estático. Exigia leitores que se colocavam no que T. S. Eliot, em *Quatro quartetos*, chamaria "o ponto fixo do mundo em revolução". Tinham que treinar seus cérebros para ignorar tudo o mais que estava ocorrendo ao seu redor, para resistir ao ímpeto de deixar o seu foco saltar de um sinal sensorial para outro. Tinham que forjar ou fortalecer as ligações neurais necessárias para contrabalançar o seu estado de desatenção instintivo, aplicando um maior controle sobre a

[8] Charles E. Connor, Howard E. Egeth e Steven Yantis, "Visual Attention: Bottom--Up versus Top-Down", *Cognitive Biology*, 14 (5 de outubro de 2004): 850–852.

[9] Maya Pines, "Sensing Change in the Environment", in: *Seeing, Hearing, and Smelling in the World: A Report from the Howard Hughes Medical Institute*, fevereiro de 1995, www.hhmi.org/senses/a120.html.

sua atenção.[10] "A capacidade de se focar em uma única tarefa relativamente sem interrupções", escreve Vaughan Bell, um psicólogo pesquisador do King's College de Londres, representa uma "uma estranha anomalia na história do nosso desenvolvimento psicológico".[11]

Muitas pessoas tinham, é claro, desenvolvido a capacidade de atenção continuada muito antes do advento do livro ou mesmo do alfabeto. O caçador, o artífice, o asceta — todos tinham treinado seus cérebros para controlar e concentrar a atenção. O que era tão notável em relação à leitura do livro é que a concentração profunda estava combinada com a decifração altamente ativa e eficiente do texto e a interpretação do significado. A leitura de uma sequência de páginas impressas era valiosa não apenas pelo conhecimento que os leitores adquiriam das palavras do autor, mas também pelo modo como essas palavras despertavam vibrações intelectuais no interior das suas mentes. Nos silenciosos espaços abertos pela leitura prolongada, sem distrações, de um livro, as pessoas criavam as suas próprias associações, faziam suas próprias inferências e analogias, e cultivavam suas próprias ideias. Pensavam profundamente enquanto liam profundamente.

Mesmo os primeiros leitores silenciosos reconheceram a formidável mudança que ocorria em suas consciências enquanto estavam imersos nas páginas de um livro. O bispo medieval Isaac da Síria descreve assim o ato de ler para si mesmo: "Como em um sonho, entrava em um estado onde o meu entendimento e pensamentos estavam concentrados. Então, quando, com o prolongamento desse silêncio, o tumulto das memórias se acalmava

---

[10] A manutenção pelo cérebro do controle de cima para baixo sobre a atenção parece exigir o disparo sincronizado de neurônios do córtex pré-frontal. "Você precisa de muita força no seu cérebro pré-frontal para forçá-lo a não processar um forte estímulo [de distração]", diz o neurocientista do MIT, Robert Desimone. Ver John Tierney, "Ear Plugs to Lasers: The Science of Concentration", *The New York Times*, 5 de maio de 2009.

[11] Vaughan Bell, "The Myth of the Concentration Oasis", blog *Mind Hacks*, 11 de fevereiro de 2009, www.mindhacks.com/blog/2009/02/the_myth_of_the_conc.html.

em meu coração, ondas de bem-aventurança me eram enviadas por pensamentos internos, surgindo repentinamente para deliciar meu coração".[12] Ler um livro era um ato meditativo, mas não envolvia um esvaziamento da mente. Envolvia um preenchimento, ou um reabastecimento da mente. Os leitores desligavam sua atenção do fluxo externo dos estímulos passageiros de modo a se conectarem mais profundamente com um fluxo interno de palavras, ideias e emoções. Essa era — e é — a essência do processo mental único da leitura profunda. Foi a tecnologia do livro que tornou possível essa "estranha anomalia" da nossa história psicológica. O cérebro de um leitor de livros era mais do que um cérebro letrado. Era um cérebro literário.

As mudanças da linguagem escrita liberaram o escritor assim como o leitor. A *scriptura continua* não era apenas incômoda de ser decifrada, era uma provação para a escrita. Para escapar ao trabalho enfadonho, os escritores em geral ditavam as suas obras para um copista profissional. Tão logo a introdução dos espaços entre as palavras tornou a escrita mais fácil, os autores pegaram as penas e começaram a colocar suas palavras nas páginas eles mesmos, privadamente. Suas obras imediatamente se tornaram mais pessoais e mais aventurosas. Começaram a dar voz a ideias não convencionais, céticas e mesmo heréticas e sediciosas, estendendo os limites do conhecimento e da cultura. Trabalhando sozinho em sua cela, o monge beneditino Gilberto de Nogent foi tão confiante a ponto de compor interpretações heterodoxas da escritura, relatos vívidos de seus sonhos e mesmo poesia erótica — coisas que nunca teria escrito se fosse preciso ditar a um copista. Quando, mais tarde, perdeu sua visão e teve que retornar ao ditado, queixava-se de que tinha que escrever "apenas pela voz, sem a mão, sem os olhos".[13]

---

[12] Citado em Alberto Manguel, *A History of Reading* (Nova York: Viking, 1996), 49. Os primeiros cristãos praticavam uma forma de leitura da Bíblia chamada *lectio divina*, ou leitura divina. A leitura profundamente meditativa era vista como um meio de se aproximar do divino.

[13] Ver Saenger, *Space between Words*, 249–250.

Os autores também começaram a revisar e editar seus livros com mais intensidade, algo que o ditado muitas vezes teria impedido. Isso também alterou a forma e o conteúdo da escrita. Pela primeira vez, explica Saenger, um escritor "podia ver o seu manuscrito como um todo e, por meio de referências cruzadas, desenvolver relações internas e eliminar a redundância comum à literatura ditada" da Idade Média.[14] Os argumentos dos livros se tornaram mais longos e mais claros, assim como mais complexos e desafiadores, à medida que os escritores procuravam autoconscientemente refinar suas ideias e sua lógica. No final do século XIV, as obras escritas começaram a ser divididas em parágrafos e capítulos e às vezes incluíam sumários para guiar o leitor pelas suas estruturas cada vez mais elaboradas.[15] Existiram, é claro, estilistas de verso e prosa sensíveis e autoconscientes no passado, como demonstram, elegantemente, os diálogos de Platão, mas as novas convenções de escrita expandiram tremendamente a produção de obras literárias, particularmente daquelas compostas no vernáculo.

Os avanços da tecnologia do livro mudaram a experiência pessoal de leitura e escrita. Também tiveram consequências sociais. A cultura mais ampla começou a moldar a si mesma, de maneiras tanto sutis quanto óbvias, em torno da leitura silenciosa do livro. A natureza da educação e da erudição mudou, à medida que as universidades começaram a enfatizar a leitura privada como um complemento essencial das palestras na sala de aula. As bibliotecas começaram a desempenhar um papel muito mais importante na vida universitária, e, de um modo geral, na vida urbana. A arquitetura da livraria também

[14] Ibid., 258. Walter J. Ong observa que a intensidade editorial cresceu ainda mais à medida que o setor de publicações se tornou mais sofisticado. "A imprensa envolvia muitas pessoas além do autor na produção de uma obra — editores, agentes literários, revisores, copidesques e outros. O escrutínio antes e depois do escrito para a impressão frequentemente exige revisões meticulosas pelo autor de uma ordem de magnitude virtualmente desconhecida em uma cultura do manuscrito." *Ong, Orality and Literacy* (Nova York: Routledge, 2002), 122.

[15] Saenger, *Space between Words*, 259-260.

mudou. Claustros e recantos privados, projetados para acomodar a leitura vocal, vieram abaixo e foram substituídos por amplos salões públicos onde os estudantes, professores e patronos sentavam-se juntos em longas mesas, lendo silenciosamente para si mesmos. Livros de referência, como dicionários, glossários e guias, tornaram-se importantes auxílios para a leitura. Cópias dos textos preciosos eram muitas vezes presas por correntes às mesas de leitura da biblioteca. Para satisfazer à demanda crescente por livros, uma indústria de edição começou a tomar forma. A produção de livros, por muito tempo reino do copista religioso trabalhando no *scriptorium* de um monastério, começou a ser centralizada em oficinas seculares, onde copistas profissionais recebiam salário para trabalhar sob a direção de um proprietário. Materializou-se um animado mercado de livros usados. Pela primeira vez na história, fixaram-se preços para os livros.[16]

Por séculos, a tecnologia da escrita havia refletido, e reforçado, a ética intelectual da cultura oral da qual se originou. A escrita e leitura das tabuletas, dos rolos de papiro e dos primeiros códices haviam enfatizado o desenvolvimento e propagação pública do conhecimento. A criatividade individual permanecia subordinada às necessidades do grupo. A escrita havia permanecido um meio de registro antes de um método de composição. Agora, a escrita começava a assumir e a disseminar uma nova ética intelectual: a ética do livro. O desenvolvimento do conhecimento se tornou um ato cada vez mais privado, com cada leitor criando, em sua própria mente, uma síntese pessoal das ideias e informações transmitidas pelos escritos de outros pensadores. O senso de individualismo se fortaleceu. "A leitura silenciosa", observou o romancista e historiador James Carroll, é "tanto o sinal como um meio de autoconsciência, com o conhecedor assumindo a responsabi-

[16] Ver Christopher de Hamel, "Putting a Price on It", introdução a Michael Olmert, *The Smithsonian Book of Books* (Washington, DC: Smithsonian Books, 1992), 10.

lidade pelo que é conhecido".[17] A pesquisa quieta, solitária, tornou-se um pré-requisito para a realização intelectual. A originalidade do pensamento e a criatividade da expressão se tornaram as marcas distintivas da mente moderna. O conflito entre o orador Sócrates e o escritor Platão finalmente foi decidido — em favor do último.

Mas a vitória era incompleta. Como os códices manuscritos permaneciam custosos e escassos, a ética intelectual do livro e a mente do leitor profundo continuavam restritas a um grupo relativamente pequeno de cidadãos privilegiados. O alfabeto, uma forma de linguagem, havia encontrado o seu próprio meio ideal no livro, um meio de escrita. Os livros, todavia, ainda tinham que encontrar o seu meio ideal — a tecnologia que permitisse que fossem produzidos e distribuídos a baixo custo, com rapidez e em abundância.

EM ALGUM MOMENTO POR VOLTA DE 1445, um ourives alemão de nome Johannes Gutenberg deixou Estrasburgo, onde estivera vivendo por muitos anos, e seguiu o rio Reno de volta a sua cidade natal, Mainz. Ele levava um segredo — e dos grandes. Ao menos pelos últimos dez anos estivera trabalhando secretamente em várias invenções que ele acreditava que, em combinação, formariam a base de um tipo inteiramente novo de negócio de edição. Ele via uma oportunidade de automatizar a produção de livros e de outras obras escritas, substituindo o venerável copista por uma máquina de impressão totalmente moderna. Depois de conseguir dois empréstimos consideráveis de Johann Fust, um próspero vizinho, estabe-

[17] James Carroll, "Silent Reading in Public Life", *Boston Globe*, 12 de fevereiro de 2007.

lece uma loja em Mainz, compra algumas ferramentas e materiais e põe mãos à obra. Fazendo uso de suas habilidades com o trabalho de metais, criou pequenos moldes ajustáveis para fundir letras alfabéticas de altura uniforme mas largura variável, com uma liga de metal derretido. As letras fundidas, ou tipos móveis, seriam rapidamente arranjadas em uma caixa de texto para impressão, e então, quando o trabalho estivesse concluído, seriam desmontadas e remontadas em uma nova caixa.[18] Gutenberg também desenvolveu uma versão refinada de uma prensa de parafuso de madeira, usada naquela época para prensar uvas para o vinho, que podia transferir a imagem do tipo para uma folha de pergaminho ou papel sem borrar as letras. E inventou um terceiro elemento crítico para o seu sistema de impressão, uma tinta à base de óleo que aderiria ao tipo de metal.

Após construir a prensa tipográfica, Gutenberg prontamente a colocou em uso, imprimindo indulgências para a Igreja Católica. O trabalho era lucrativo, mas não era o que Gutenberg tinha em mente para a sua nova máquina. Suas ambições eram muito maiores. Utilizando-se dos fundos de Fust, começou a preparar o seu primeiro grande trabalho: a magnífica edição de dois volumes da bíblia que viria a levar o seu nome. Constando de 1.200 páginas, cada uma delas composta por duas colunas de quarenta e duas linhas, a Bíblia de Gutenberg foi impressa com pesados tipos góticos esmeradamente desenhados para imitar a caligrafia dos melhores copistas alemães. A bíblia, que levou ao menos três anos para ser produzida, era o triunfo de Gutenberg. E seria também a sua ruína. Em 1445,

[18] Gutenberg não foi o primeiro a inventar os tipos móveis. Por volta de 1050, um artesão chinês chamado Pi Sheng começou a fazer pequenos moldes de argila dos ideogramas chineses. Os tipos de argila foram usados para imprimir páginas pressionando manualmente, o mesmo método usado para fazer impressões usando pranchas de madeira. Como os chineses não inventaram uma prensa tipográfica (talvez porque o grande número de ideogramas não permitiria que a máquina fosse prática), não foram capazes da produção em massa de impressos, e o uso dos tipos móveis de Pi Sheng permaneceu limitado. Ver Olmert, *Smithsonian Book of Books*, 65.

após haver impresso apenas duzentos exemplares, acabou o seu dinheiro. Sem a possibilidade de pagar os juros sobre os seus empréstimos, foi forçado a entregar sua prensa, tipos e tinta para Fust e abandonar o negócio da tipografia. Fust, que havia feito sua fortuna com uma bem-sucedida carreira de comerciante, provou ser tão apto para o negócio da tipografia como Gutenberg foi para a sua mecânica. Junto com um dos mais talentosos empregados de Gutenberg, Peter Schoeffer (ele próprio um ex-copista), Fust deu um rumo lucrativo a toda a operação, organizando uma equipe de vendas e publicando uma variedade de livros que venderam em quantidade em toda a Alemanha e França.[19]

Embora Gutenberg não tenha auferido suas recompensas, sua prensa tipográfica se tornou uma das mais importantes invenções da história. Com uma velocidade notável, ao menos pelos padrões medievais, a prensa de tipos móveis "mudou a face e as condições das coisas no mundo todo", escreve Francis Bacon em seu livro de 1620, *Novum Organum*, "de tal modo que nenhum império ou seita ou estrela parece ter exercido um maior poder e influência sobre os assuntos humanos".[20] (As únicas outras invenções que Bacon acreditava que tiveram um impacto tão grande quanto a tipografia foram a pólvora e a bússola.) Ao transformar um ofício manual em uma indústria mecânica, Gutenberg mudou a economia da impressão e da edição. Grandes edições de cópias perfeitas podiam ser produzidas em massa rapidamente por uns poucos operários. Os livros passaram de bens caros e escassos a acessíveis e abundantes.

Em 1482, uma tipografia em Florença, dirigida por freiras do Convento de San Jacopo di Ripoli, cobrava três florins para imprimir 1.025 exemplares de uma nova tradução dos *Diálogos de Platão*. Um copista teria cobrado cerca de um florim

[19] Ver Frederick G. Kilgour, *The Evolution of the Book* (Nova York: Oxford University Press, 1998), 84–93.

[20] Francis Bacon, *The New Organon*, ed. Lisa Jardine e Michael Silverthorne (Cambridge: Cambridge University Press, 2000), 100.

para copiar o trabalho, mas teria produzido apenas um único exemplar.[21] A drástica redução do custo de manufaturar livros foi amplificada pelo uso crescente do papel, uma invenção importada da China, em lugar do mais custoso pergaminho. À medida que os preços dos livros caíam, a demanda estourava, estimulando, por sua vez, uma rápida expansão do fornecimento. Novas edições inundaram os mercados da Europa. Segundo uma estimativa, o número de livros produzidos nos cinquenta anos seguintes à invenção de Gutenberg igualou o número daqueles produzidos pelos copistas europeus durante os mil anos anteriores.[22] A súbita proliferação de livros antes raros pareceu às pessoas da época "como suficientemente notável, sugerindo intervenção sobrenatural", relata Elizabeth Eisenstein em *The Printing Press as an Agent of Change*.[23] Quando Johann Fust levou um grande suprimento de livros impressos a Paris em uma das primeiras viagens de venda, conta-se que foi expulso da cidade pelos gendarmes sob a suspeita de ter feito aliança com o demônio.[24]

Os temores da influência satânica rapidamente foram dissipados à medida que as pessoas correram para comprar e ler os produtos baratos das prensas tipográficas. Quando, em 1501, o tipógrafo italiano Aldus Martinus introduziu o livro de bolso, em formato de oitavo, consideravelmente menor que os tradicionais folio e quarto, os livros se tornaram ainda mais acessíveis, portáteis e pessoais. Assim como a miniaturização do relógio tornou a todos marcadores do tempo, a miniaturização do livro costurou a leitura do livro no tecido da vida cotidiana. Não eram mais apenas os monges e eruditos

---

[21] Elizabeth L. Eisenstein, *The Printing Press as an Agent of Change*, edição de capa mole de um único volume (Cambridge: Cambridge University Press, 1980), 46.

[22] Michael Clapham, "Printing", in *A History of Technology*, vol. 3, *From the Renaissance to the Industrial Revolution*, c. 1500–c. 1750, ed. Charles Singer et al. (Londres: Oxford University Press, 1957), 37.

[23] Eisenstein, *The Printing Press as an Agent of Change*, 50.

[24] Ibid., 49.

que se sentavam lendo palavras em salas silenciosas. Mesmo uma pessoa com recursos bastante modestos poderia começar a reunir uma biblioteca de vários volumes, sendo possível não somente ter um maior horizonte de leituras, mas também fazer comparações entre diferentes obras. "O mundo todo é cheio de homens de saber, dos mais eruditos mestres e de vastas bibliotecas", exclamou o personagem título do best-seller de Rabelais de 1534, *Gargantua*, "e me parece uma verdade que nem no tempo de Platão, nem no de Cícero, nem no de Papínio, jamais houve tamanha conveniência para estudar como vemos que há hoje em dia".[25]

Um círculo virtuoso tinha sido posto em movimento. A disponibilidade crescente de livros despertou o desejo público de ler e escrever, e a expansão da alfabetização estimulou ainda mais a demanda por livros. A indústria tipográfica explodiu. No final do século XV, cerca de 250 cidades da Europa tinham tipografias, e uns 12 milhões de volumes já haviam saído de suas prensas. O século XVI viu a tecnologia de Gutenberg saltar da Europa para a Ásia, para o Oriente Médio e, quando os espanhóis estabeleceram uma tipografia na Cidade do México em 1539, para a América. No começo do século XVII, as prensas tipográficas estavam em toda parte, produzindo não só livros, mas também jornais, revistas científicas e uma variedade de outros periódicos. Houve o primeiro grande florescimento da literatura impressa, com as obras de mestres como Shakespeare, Cervantes, Molière e Milton, para não mencionar Bacon e Descartes, entrando nos inventários das livrarias e bibliotecas dos leitores.

Não eram somente obras contemporâneas que estavam saindo das prensas. O editores, procurando satisfazer a demanda do público por material de baixo custo, produziam grandes edições dos clássicos, tanto nos originais grego e latim como

---

[25] François Rabelais, *Gargantua and Pantagruel*, trad. Sir Thomas Urquhart e Pierre Le Motteux (Nova York: Barnes & Noble, 2005), 161.

em traduções. Embora a maioria dos editores fosse motivada pelo desejo de obter lucro fácil, a distribuição dos textos mais antigos ajudou a dar profundidade intelectual e continuidade histórica à emergente cultura centrada no livro. Como escreve Eisenstein, o editor que "duplicava uma lista de títulos aparentemente antiquada" podia estar enchendo seus próprios bolsos, mas ao mesmo tempo ele dava aos leitores "uma dieta mais rica, mais variada do que a que era proporcionada pelo copista".[26]

Junto com as alturas do espírito vieram também as baixezas. Novelas de mau gosto, teorias malucas, jornalismo marrom, propaganda e, é claro, montes de pornografia foram derramados no mercado e encontraram ávidos compradores em cada um dos segmentos da sociedade. Religiosos e políticos começaram a se questionar, como colocou o primeiro censor oficial de livros da Inglaterra em 1660, se "mais malefício do que vantagem não foi ocasionado ao mundo cristão pela invenção da tipografia".[27] O famoso dramaturgo espanhol Lope de Vega exprimiu os sentimentos de muitas pessoas eminentes quando, em sua peça de 1612, *Todos os cidadãos são soldados*, escreveu:

> Tantos livros — tanta confusão!
> Ao nosso redor, um oceano de publicações
> E na maior parte coberto de frivolidade.[28]

Mas a própria frivolidade era vital. Longe de refrear a transformação intelectual trazida pelo livro impresso, ela a ampliou. Ao acelerar a difusão dos livros na cultura popular e torná-los um dos esteios do tempo de lazer, as obras mais cruentas, crassas e insignificantes divulgaram a ética do livro de uma leitura profunda, atenta. "O mesmo silêncio, solidão e atitu-

[26] Eisenstein, *Printing Press as an Agent of Change*, 72.

[27] Citado em Joad Raymond, *The Invention of the Newspaper: English Newsbooks, 1641–1649* (Oxford: Oxford University Press, 2005), 187.

[28] Ver Olmert, *Smithsonian Book of Books*, 301.

des contemplativas anteriormente associados com a devoção espiritual pura", escreve Einsenstein, "também acompanham a leitura cuidadosa dos folhetins escandalosos, 'baladas lascivas', 'livros joviais da Itália', 'contos corrompidos em Papel e Tinta'."[29] Quer alguém esteja mergulhado em um romancezinho apimentado, quer em um salmo, os efeitos sinápticos são mais ou menos os mesmos.

Nem todo mundo se tornou um leitor de livros, é claro. Uma infinidade de pessoas — os pobres, os analfabetos, os isolados, os sem curiosidade — nunca participou, ao menos não diretamente, da revolução de Gutenberg. E, mesmo entre os mais ávidos leitores de livros, muitas das antigas práticas orais de trocas de informações permaneciam populares. As pessoas continuaram a conversar e a discutir, a ouvir palestras, discursos, debates e sermões.[30] Tais qualificações merecem ser notadas — quaisquer generalizações sobre a adoção e uso de uma nova tecnologia serão imperfeitas —, mas não mudam o fato de que a chegada da tipografia de tipos móveis foi um evento central na história da cultura ocidental e do desenvolvimento da mente ocidental.

"Para o cérebro do tipo medieval", escreve J. Z. Young, "fazer afirmações verdadeiras dependia da experiência sensorial com os símbolos da religião." A prensa tipográfica mudou essa situação. "Quando os livros se tornaram comuns, os homens começaram a olhar mais diretamente as observações de cada um, com um grande aumento da precisão e do conteúdo da informação transmitida."[31] Os livros permitiram que os leitores comparassem seus pensamentos e experiências não ape-

[29] Eisenstein, *Printing Press as an Agent of Change*, 130.

[30] Observa Eisenstein: "A leitura em voz alta para públicos ouvintes não apenas persistiu após a imprensa, mas, na realidade, foi facilitada pela nova abundância de textos". Elizabeth L. Eisenstein, *The Printing Revolution in Early Modern Europe*, 2. ed. (Nova York: Cambridge University Press, 2005), 328.

[31] J. Z. *Young, Doubt and Certainty in Science: A Biologist's Reflections on the Brain* (Londres: Oxford University Press, 1951), 101.

nas com preceitos religiosos, ou embutidos nos símbolos ou expressos pelo clero, mas também com os pensamentos e experiências dos outros.[32] As consequências sociais e culturais foram tão amplas quanto profundas, indo desde as convulsões políticas e religiosas até a ascensão do método científico como o meio central de definir a verdade e compreender a existência. Surgiu o que foi visto por muitos como a "República das Letras", aberta ao menos teoricamente para qualquer um capaz de exercitar, como colocou o historiador de Harvard, Robert Darnton, "os dois principais atributos da cidadania, a escrita e a leitura".[33] A mente literária, outrora confinada ao claustro do monastério e às torres da universidade, tornou-se a mente geral. O mundo, como Bacon reconheceu, fora refeito.

HÁ MUITOS tipos de leitura. David Levy, em *Scrolling Forward*, um livro sobre a nossa atual transição dos documentos impressos para os eletrônicos, notou que as pessoas letradas "leem o dia todo, a maior parte das vezes inconscientemente". Relanceamos os olhos sobre sinais de trânsito, manchetes, lis-

[32] Os livros também introduziram um novo conjunto de ferramentas para a organização e transmissão de informações. Como Jack Goody mostrou, listas, tabelas, fórmulas e receitas tornaram-se um lugar comum quando os livros proliferaram. Tais recursos literários aprofundaram ainda mais o nosso pensamento, proporcionando novos meios para classificar e explicar fenômenos com precisão cada vez maior. Goody escreve que "não é necessária muita reflexão sobre os conteúdos de um livro para perceber a transformação nas comunicações que trouxe a escrita, não simplesmente no sentido mecânico, mas também no cognitivo, no que podemos fazer com as nossas mentes e no que nossas mentes podem fazer conosco". *Goody, The Domestication of the Savage Mind* (Cambridge: Cambridge University Press, 1977), 160.

[33] Darnton assinala que a República das Letras, radicalmente democrática e meritocrática, foi um ideal nunca plenamente realizado, mas que teve uma grande força em moldar a concepção das pessoas sobre si mesmas e sobre sua cultura. Robert Darnton, "Google and the Future of Books", *The New York Review of Books*, 12 de fevereiro de 2009.

tas de compras, rótulos de produtos nas lojas. "Essas formas de leitura", diz ele, "tendem a ser superficiais e de curta duração." São os tipos de leitura que partilhamos com nossos ancestrais distantes, que decifravam as marcas riscadas em pedregulhos e cacos. Mas também há momentos, continua Levy, "quando lemos com maior intensidade e duração, quando ficamos absorvidos no que lemos por lapsos mais longos de tempo. Alguns de nós, de fato, não apenas leem desse modo, mas pensam em si mesmos como *leitores*".[34]

Wallace Stevens, nos primorosos dísticos de "A casa estava quieta e o mundo estava calmo", fornece um retrato particularmente memorável e comovente de tipo de leitura do qual Levy está falando:

> A casa estava quieta e o mundo estava calmo.
> O leitor tornou-se o livro; e a noite de verão
>
> Era como o ser consciente do livro.
> A casa estava quieta e o mundo estava calmo.
>
> As palavras eram ditas como se não houvesse livro,
> Exceto que o leitor debruçado sobre a página
>
> Queria debruçar-se, queria mais que tudo ser
> O estudioso para quem esse livro é verdadeiro, para quem
>
> A noite de verão é como uma perfeição do pensamento.
> A casa estava quieta porque tinha que estar.
>
> O quieta era parte do significado, parte da mente:
> O acesso à perfeição da página.

[34] David M. Levy, *Scrolling Forward: Making Sense of Documents in the Digital Age* (Nova York: Arcade, 2001), 104. Os destaques são de Levy.

O poema de Stevens não apenas descreve a leitura profunda. Exige leitura profunda. A apreensão do poema exige a mente que o poema descreve. O "quieta" e o "calmo" da atitude de atenção do leitor profundo torna-se "parte do significado" do poema, formando a via pela qual a "perfeição" do pensamento e expressão alcança a página. Na "noite de verão" metafórica do intelecto integralmente engajado, o escritor e o leitor se fundem, juntos criando e partilhando "o ser consciente do livro".

Pesquisas recentes sobre os efeitos neurológicos da leitura profunda acrescentam um verniz científico à lírica de Stevens. Em um estudo fascinante, conduzido no Laboratório de Cognição Dinâmica da Universidade de Washington e publicado na revista *Psychological Science* em 2009, os pesquisadores usaram tomografias cerebrais para examinar o que acontecia dentro da cabeça das pessoas quando liam ficção. Descobriram que "os leitores simulavam mentalmente cada nova situação encontrada em uma narrativa. Detalhes sobre ações e sensações eram capturados do texto e integrados ao conhecimento pessoal de experiências passadas". As regiões cerebrais que eram ativadas muitas vezes "espelhavam aquelas ativadas quando as pessoas realizam, imaginam ou observam atividades semelhantes no mundo real". A leitura profunda, diz o pesquisador chefe do estudo, Nicole Speer, "não é de modo algum uma atividade passiva".[35] O leitor se torna o livro.

A ligação entre o leitor do livro e o escritor do livro sempre foi profundamente simbiótica, um meio de fertilização cruzada intelectual e artística. As palavras do escritor atuam como um catalisador na mente do leitor, inspirando novos *insights*, e associações e percepções, e às vezes epifanias. E a existência do leitor atento e crítico gera o estímulo para o trabalho de

[35] Nicole K. Speer, Jeremy R. Reynolds, Khena M. Swallow e Jeffrey M. Zacks, "Reading Stories Activates Neural Representations of Visual and Motor Experiences", *Psychological Science*, 20, n. 8 (2009): 989–999. Gerry Everding, "Readers Build Vivid Mental Simulations of Narrative Situations, Brain Scans Suggest", site da Washington University (St. Louis), 26 de janeiro de 2009, http://news-info.wustl.edu/tips/page/normal/13325.html.

escritor. Dá ao escritor a confiança para explorar novas formas de expressão, para percorrer vias de pensamento difíceis e árduas, aventurar-se em territórios ignotos e às vezes perigosos. "Todos os grandes homens escreveram com altivez, sem se preocupar em explicar", disse Emerson. "Sabiam que finalmente surgiria o leitor inteligente e lhes agradeceria."[36]

A nossa rica tradição literária é impensável sem as íntimas trocas que têm lugar entre o leitor e o escritor dentro do cadinho de um livro. Depois da invenção de Gutenberg, os limites da linguagem se expandiram rapidamente à medida que os escritores, competindo pelos olhos de leitores cada vez mais sofisticados e exigentes, esforçavam-se para exprimir ideias e emoções com clareza, elegância e originalidade superiores. O vocabulário da língua inglesa, antigamente limitado a apenas umas poucas milhares de palavras, se expandiu para mais de 1 milhão de palavras quando os livros proliferaram.[37] Muitas das novas palavras capturavam conceitos abstratos que simplesmente não existiam antes. Os escritores experimentavam com a sintaxe e a dicção, abrindo novas vias de pensamento e imaginação. Os leitores viajavam ansiosamente por essas vias, tornando-se aptos a seguir prosa e verso fluidos, elaborados, idiossincráticos. As ideias que os escritores podiam exprimir e que os leitores podiam interpretar tornaram-se mais complexas e sutis, à medida que os argumentos traçavam seu caminho linear pelas muitas páginas de texto. Conforme a linguagem se expandia, a consciência se aprofundava.

O aprofundamento se estendeu para muito além da página. Não é exagero dizer que a escrita e a leitura dos livros intensificou e refinou a experiência das pessoas com a vida e a natureza. "O notável virtuosismo exibido pelos novos artistas literários que conseguiram simular gosto, tato, cheiro ou som em meras palavras exige uma consciência intensificada

[36] Ralph Waldo Emerson, "Thoughts on Modern Literature", *Dial*, outubro de 1840.

[37] *Ong, Orality and Literacy*, 8.

e uma observação mais próxima da experiência sensorial que foi passada por sua vez ao leitor", escreve Eisenstein. Como os pintores e os compositores, os escritores são capazes de "alterar a percepção" de um modo "que enriqueceu, em vez de sustar, a resposta sensual aos estímulos externos, expandiu, ao invés de contrair, a resposta simpática às variedades da experiência humana".[38] As palavras nos livros não apenas fortalecem a capacidade das pessoas de pensarem abstratamente; enriquecem sua experiência do mundo físico, do mundo fora do livro.

Uma das mais importantes lições que aprendemos dos estudos da neuroplasticidade é que as capacidades mentais, os próprios circuitos neurais que desenvolvemos para um propósito, podem ser destinados a outros usos também. Quando nossos ancestrais imbuíram suas mentes da disciplina para seguir uma linha de argumentação ou uma narrativa, através de uma sucessão de páginas impressas, tornaram-se mais contemplativos, reflexivos, imaginativos. "Novos pensamentos surgiam mais rapidamente em um cérebro que já havia aprendido como rearranjar a si mesmo para ler", diz Maryanne Wolf; "as habilidades intelectuais cada vez mais sofisticadas promovidas pela leitura e escrita se acrescentaram ao nosso repertório intelectual".[39] A calma da leitura profunda tornou-se, como Stevens compreendeu, "parte da mente".

Os livros não foram a única razão pela qual a consciência humana se transformou nos anos que se seguiram à invenção da prensa tipográfica — muitas outras tecnologias e tendências sociais e demográficas desempenharam papéis importantes —, mas os livros estiveram no centro mesmo da mudança. Visto que o livro acabou sendo o meio primário de troca de conhecimento e discernimento, sua ética intelectual se tornou o fundamento da nossa cultura. O livro tornou possível o auto-

---

[38] Eisenstein, *Printing Press as an Agent of Change*, 152.

[39] Wolf, *Proust and the Squid*, 217–218.

conhecimento com as nuanças delicadas que encontramos no poema *Prelúdio*, de Wordsworth, e nos ensaios de Emerson, e a compreensão igualmente sutil das relações sociais e pessoais presentes nos romances de Austen, Flaubert e Henry James. Mesmo os grandes experimentos do século XX com narrativas não lineares por escritores como James Joyce e William Burroughs teriam sido impensáveis sem a suposição pelo artista de leitores atentos e pacientes. Quando transcrito em uma página, um fluxo de consciência torna-se literário e linear.

A ética literária não se expressa somente no que normalmente pensamos ser literatura. Tornou-se a ética do historiador, iluminando trabalhos como *Declínio e queda do Império Romano*, de Gibbon. Tornou-se a ética do filósofo, dando forma às ideias de Descartes, Locke, Kant e Nietzsche. E, crucialmente, tornou-se a ética do cientista. Pode-se defender que a mais influente obra literária individual do século XIX foi *A origem das espécies*, de Darwin. No século XX, a ética literária atravessa obras tão distintas quanto *A teoria da relatividade*, de Einstein, *A teoria geral do emprego, do juro e do dinheiro*, de Keynes, *A estrutura das revoluções científicas*, de Kuhn, *Primavera silenciosa*, de Rachel Carson. Nenhum desses portentosos feitos intelectuais teria sido possível sem as mudanças na leitura e na escrita — e na percepção e no pensamento —, estimuladas pela reprodução eficiente de longas formas de escrita em páginas impressas.

COMO NOSSOS ANCESTRAIS durante os últimos anos da Idade Média, hoje nos encontramos entre dois mundos tecnológicos. Depois de 550 anos, a prensa tipográfica e seus produtos estão sendo empurrados do centro da vida intelectual para a sua periferia. O deslocamento começou no meio do século XX, quando começamos a devotar mais e mais tempo e atenção aos produtos baratos, copiosos e com entretenimento sem fim da primeira onda de meios elétricos e eletrônicos: rádio, cinema, fonógrafo, televisão. Mas essas tecnologias sempre foram limitadas pela sua incapacidade de transmitir a palavra escrita. Elas desalojaram mas não substituíram o livro. A corrente dominante da cultura ainda passava pela prensa tipográfica.

Agora a corrente dominante está sendo desviada, rápida e decisivamente, para um novo canal. A revolução eletrônica está se aproximando do seu ápice à medida que o computador — desktop, laptop, handheld — torna-se nosso companheiro constante, e a internet, o nosso meio predileto de armazenar, processar e partilhar informação de todas as formas, incluindo o texto. O novo mundo permanecerá, é claro, um mundo letrado, atulhado com os símbolos familiares do alfabeto. Não podemos retornar até o mundo oral perdido, não mais do que se pode fazer o relógio retornar até uma época quando o relógio não existia.[40] "A escrita, a imprensa e o computador", escreve Walter Ong, "são todos eles meios de tecnologizar o mundo"; e, uma vez tecnologizado, o mundo não pode ser destecnologizado.[41] Mas o mundo da tela, como estamos começando a perceber, é um lugar inteiramente diferente do mundo da página. Uma nova ética intelectual está se firmando. As vias do nosso cérebro mais uma vez estão sendo retraçadas.

---

[40] Alguns sugeriram que a comunicação na internet, que tende a ser breve, informal e em tom de conversa, fará com que retornemos a uma cultura oral. Mas isso parece improvável por vários motivos, e o mais importante é que a comunicação não ocorre pessoalmente, como em culturas orais, mas antes através de uma intermediação tecnológica. Mensagens digitais são descarnadas. "O mundo oral", escreve Walter Ong, "nunca existe em um contexto simplesmente verbal, como o mundo escrito. As palavras faladas são sempre modificações de uma situação existencial total, que sempre engaja o corpo. A atividade corporal além da mera vocalização não é adventícia ou planejada, mas é natural e mesmo inevitável." *Ong, Orality and Literacy*, 67–68.

[41] Ibid., 80.

UMA DIGRESSÃO

Sobre Lee de Forest e seu assombroso Audion

As nossas mídias modernas se originaram de uma fonte comum, uma invenção que hoje é raramente mencionada, mas que teve um papel tão decisivo em moldar a sociedade como o motor de combustão interna ou a lâmpada incandescente. Essa invenção foi chamada Audion. Foi o primeiro amplificador de áudio eletrônico, e o homem que o criou foi Lee de Forest.

Mesmo quando julgado pelos padrões extremos estabelecidos para os inventores americanos tipo gênio maluco, de Forest era um sujeito excêntrico. Desagradável, feioso e geralmente desprezado — no colegial foi eleito como "o garoto mais sem graça" da sua classe —, era motivado por um ego enorme e um complexo de inferioridade igualmente imenso.[1] Quando não estava se casando ou se divorciando de uma mulher, indispondo-se contra um colega ou levando um negócio à ruína, estava habitualmente no tribunal defendendo-se de acusações de fraude ou desrespeito de patentes — ou movendo processos contra um dos seus muitos inimigos.

[1] Public Broadcasting System, "A Science Odyssey: People and Discoveries: Lee de Forest", sem data, www.pbs.org/wgbh/aso/databank/entries/btfore.html. Para uma excelente resenha do início da carreira de de Forest e de suas realizações, ver Hugh G. J. Aitken, *The Continuous Wave: Technology and American Radio, 1900–1932* (Princeton, NJ: Princeton University Press, 1985), 162–249. Para uma apreciação de de Forest sobre a sua vida, ver *Father of the Radio: The Autobiography of Lee de Forest* (Chicago: Wilcox & Follett, 1950).

De Forest foi criado no Alabama, filho de um professor. Depois de obter um doutorado em engenharia em Yale em 1896, passou uma década fuçando as últimas tecnologias de rádio e telegrafia, procurando desesperadamente a descoberta que faria o seu nome e a sua fortuna. Em 1906, surgiu a sua oportunidade. Embora sem saber exatamente o que estava fazendo, pegou uma válvula de vácuo padrão de dois polos, que enviava uma corrente elétrica de um fio (o filamento) para um segundo (a placa), e acrescentou um terceiro fio, transformando o diodo em um triodo. Descobriu que, quando enviava uma corrente elétrica para o terceiro fio — a grade —, aumentava a intensidade da corrente que ia do filamento para a placa. Esse dispositivo, explicava no seu pedido de patente, poderia ser adaptado "para amplificar débeis correntes elétricas".[2]

A invenção aparentemente modesta de de Forest tornou-se algo que mudou o mundo. Como poderia ser usada para amplificar um sinal elétrico, poderia também ser utilizada para amplificar transmissões de áudio enviadas e recebidas por ondas de rádio. Até então, os rádios haviam tido uma aplicação limitada, porque os seus sinais enfraqueciam muito rapidamente. Com o Audion para amplificar os sinais, as transmissões sem fio de longa distância tornaram-se possíveis, preparando o palco para as transmissões de rádio. O Audion também se tornou um componente crítico do novo sistema de telefone, permitindo a pessoas em pontos distantes do país ou do mundo escutarem uma o que a outra falava.

De Forest pode não ter sabido na sua época, mas ele havia inaugurado a era da eletrônica. As correntes elétricas são, colocando de um modo simples, correntes de elétrons, e o Audion era o dispositivo que permitia que a intensidade dessas correntes fosse controlada com precisão. À medida que avançava o século XX, as válvulas triodos passaram a constituir o coração tecnológico das comunicações, do entretenimento e das indústrias de

[2] Aitken, Continuous Wave, 217.

comunicação modernas. Podiam ser encontradas nos radiotransmissores e nos receptores de rádio, nos conjuntos de hi-fi, nos equipamentos de som para apresentações públicas, nos amplificadores de guitarras. Arranjos de válvulas também serviam como unidades de processamento e sistemas de armazenagem de dados dos primeiros computadores digitais. Os primeiros mainframes continham dezenas de milhares delas. Quando, por volta de 1950, as válvulas a vácuo começaram a ser substituídas pelos transistores de estado sólido, menores, mais baratos e mais confiáveis, a popularidade dos aparelhos eletrônicos explodiu. Na forma miniaturizada do transistor triodo, a invenção de Lee de Forest tornou-se a locomotiva da nossa era da informação.

No final, de Forest não tinha certeza de se deveria estar contente ou desolado com o mundo que havia auxiliado a vir à luz. Em "Dawn of the Electronic Age", um artigo que escreveu em 1952 para a *Popular Mechanics*, ele exultou com a sua criação, o Audion, referindo-se a ela como "uma pequena pinha da qual brotou o carvalho gigantesco que agora abarca todo o mundo". Ao mesmo tempo, lamentou a "depravação moral" dos meios de radiodifusão comerciais. "Uma visão melancólica do nosso nível mental nacional é o que se obtém de uma inspeção da qualidade imbecilizante da maioria dos programas de rádio atuais", escreveu.

Olhando adiante, para as aplicações futuras da eletrônica, ele se torna ainda mais sombrio. Acreditava que "fisiologistas eletrônicos" acabariam por ser capazes de monitorar e analisar "o pensamento ou as ondas cerebrais", "permitindo que a alegria e a tristeza sejam medidas em unidades quantitativas, definidas". No final, ele conclui, "um professor poderia implantar conhecimento nos cérebros relutantes dos seus pupilos do século XXII. Que aterrorizantes possibilidades políticas podem lá estar à nossa espreita! Sejamos gratos que tais coisas estejam reservadas apenas para a posteridade, e não para nós".[3]

---

[3] Lee de Forest, "Dawn of the Electronic Age", *Popular Mechanics*, janeiro de 1952.

Capítulo 5

Um meio de natureza mais geral

Na primavera de 1954, quando os primeiros computadores digitais estavam entrando em uma fase de produção em massa, o brilhante matemático britânico Alan Turing se matou comendo uma maçã com um toque de cianeto — um fruto que havia sido colhido a um custo incalculável da árvore do conhecimento, como o gesto nos obriga a concluir. Turing, que exibiu ao longo da sua breve vida o que um biógrafo denominou uma "inocência extramundana",[1] durante a Segunda Guerra Mundial desempenhou um papel central ao quebrar os códigos do Enigma, a sofisticada máquina criptográfica que os nazistas usavam para codificar e decodificar comandos militares e outras mensagens críticas. A decifração do Enigma foi um acontecimento épico que ajudou a mudar o rumo da guerra e garantiu a vitória dos aliados, embora isso não tenha salvado Turing da humilhação de ser preso, uns poucos anos depois, por fazer sexo com outro homem.

Hoje em dia, Turing é mais lembrado como criador de um dispositivo de computação imaginário que antecipou e que serviu como projeto para o computador moderno. Ele tinha apenas vinte e quatro anos e era membro recentemente eleito da Universidade de Cambridge, quando introduziu o que

[1] Andrew Hodges, "Alan Turing", in: *The Stanford Encyclopedia of Philosophy*, edição de outono de 2008, ed. Edward N. Zalta, http://plato.stanford.edu/archives/fall2008/entries/turing.

viria a ser chamado de "a máquina de Turing" em um artigo de 1936 intitulado "On Computable Numbers, with an Application to the *Entscheidungsproblem*". O objetivo de Turing ao escrever o artigo era demonstrar que não havia algo como um sistema perfeito de lógica ou matemática — sempre haveria alguns enunciados que jamais poderiam ser provados verdadeiros ou falsos, que permaneceriam "não computáveis". Para auxiliar a provar essa ideia, invocou uma calculadora digital simples capaz de seguir instruções codificadas e de ler, escrever e apagar símbolos. Como um computador, ele demonstrou, poderia ser programada para realizar a função de qualquer outro dispositivo de processamento informacional. Era uma "máquina universal".[2]

Em um artigo posterior, "Computing Machinery and Intelligence", Turing explicou como a existência de computadores programáveis "tem a consequência importante de que, à parte as considerações de velocidade, é desnecessário projetar várias novas máquinas para fazer vários processos computacionais. Todos eles podem ser feitos com um único computador digital, convenientemente programado para cada caso". O que quer dizer, concluiu, que "todos os computadores digitais são, de um certo modo, equivalentes".[3] Turing não foi a primeira pessoa a imaginar como um computador programável poderia funcionar — mais de um século antes, um outro matemático inglês, Charles Babbage, tinha elaborado o plano de um "motor analítico" que seria "uma máquina de natureza mais geral"[4] — mas Turing parece ter sido o primeiro a compreender a adaptabilidade ilimitada do computador digital.

---

[2] Alan Turing, "On Computable Numbers, with an Application to the Entscheidungsproblem", *Proceedings of the London Mathematical Society*, 42, n. 1 (1937): 230–265.

[3] Alan Turing, "Computing Machinery and Intelligence", *Mind*, 59 (outubro de 1950): 433–460.

[4] George B. Dyson, *Darwin among the Machines: The Evolution of Global Intelligence* (Nova York: Addison-Wesley, 1997), 40.

O que ele não poderia ter antecipado era o modo como sua máquina universal se tornaria, apenas umas poucas décadas após a sua morte, o nosso meio universal. Visto que os diferentes tipos de informação distribuídos pelos meios tradicionais — palavras, números, sons, imagens, filmes — poderiam ser traduzidos em um código digital, todos eles podem ser "computados". Tudo, desde a Nona Sinfonia de Beethoven a um filminho pornô, pode ser reduzido a uma tira de uns e zeros e processado, transmitido e exibido ou tocado por um computador. Atualmente, com a internet, estamos vendo em primeira mão as implicações extraordinárias da descoberta de Turing. Construída com milhões de computadores e bancos de dados interconectados, a net é uma máquina de Turing de poder imensurável, e está, exatamente como esperado, incorporando a maior parte das outras tecnologias intelectuais. Está se tornando a nossa máquina de escrever e a nossa prensa tipográfica, o nosso mapa e o nosso relógio, a nossa calculadora e o nosso telefone, o nosso correio e a nossa biblioteca, o nosso rádio e a nossa TV. Está mesmo assumindo as funções dos outros computadores; cada vez mais os nossos programas de software estão rodando na internet — ou "na nuvem", como diz o pessoal do Vale do Silício — em vez de dentro dos nossos computadores domésticos.

Como Turing assinalou, o fator limitante da sua máquina universal era a velocidade. Mesmo um dos primeiros computadores digitais poderia, em teoria, fazer qualquer trabalho de processamento de informação, mas uma tarefa complicada — revelar uma fotografia, por exemplo — teria tomado um tempo extremamente longo e custaria demais para que fosse exequível. Um sujeito em um quarto escuro com bandejas de substâncias químicas faria o trabalho muito mais rápido e muito mais barato. As velocidades de computação, contudo, acabaram por ser obstáculos apenas temporários. Desde que o primeiro *mainframe* foi montado nos anos 1940, a velocidade dos computadores e das redes de dados tem aumentado a um ritmo vertiginoso, e o custo do processamento e da transmissão de dados tem caído de um modo igualmente rápido. Nas últimas três décadas, o número de instruções que um chip de computador pode processar por segundo tem dobrado a aproximadamente cada três anos, enquanto o custo de processamento dessas instruções tem caído pela metade a cada ano. No todo, o preço de uma tarefa computacional típica caiu 99,9 por cento desde a década de 1960.[5] A largura de banda das redes se expandiu a uma taxa igualmente veloz, com o tráfego na internet em média dobrando a cada ano desde que a World Wide Web foi inventada.[6] Aplicações computacionais que seriam inimagináveis na época de Turing agora são rotineiras.

O modo como a web progrediu como um meio recapitula, com a velocidade de um filme acelerado, toda a história dos meios de comunicação modernos. Centenas de anos foram comprimidos em um par de décadas. A primeira máquina de processamento de informações que a net replicou foi a prensa de Gutenberg. Como texto é muito facilmente traduzível em um código de software para ser partilhado em rede — não exige muita memória para armazenar nem muita largura de banda para transmitir e nem muito poder de processamento para exibir em uma tela —, os primeiros websites era comumente construídos inteiramente com símbolos tipográficos. O próprio termo que passamos a usar para descrever o que vemos na tela — *páginas* — enfatiza a conexão com documentos impressos. As editoras de revistas e jornais, percebendo que grandes quantidades de texto poderiam, pela primeira vez na história, ser transmitidas do mesmo modo como sempre foram os pro-

[5] Nicholas G. Carr, *Does It Matter?* (Boston: Harvard Business School Press, 2004), 79.

[6] K. G. Coffman e A. M. Odlyzko, "Growth of the Internet", monografia da AT&T Labs, 6 de julho de 2001, www.dtc.umn.edu/%7Eodlyzko/doc/oft.internet.growth.pdf.

gramas de rádio e TV, estavam entre os primeiros negócios a abrirem pontos de compra on-line, postando artigos, excertos ou outros escritos nos seus sites. A facilidade com que palavras poderiam ser transmitidas levou, do mesmo modo, à adoção ampla e extraordinariamente rápida do e-mail, tornando obsoleta a carta pessoal.

À medida que o custo da memória e da largura de banda caía, tornou-se possível incorporar fotografias e desenhos às páginas da web. No início, as imagens, como o texto que frequentemente acompanhavam, eram em branco e preto, e a sua resolução tornava-as borradas. Assemelhavam-se às primeiras fotos impressas em jornais uns cem anos atrás. Mas a capacidade da rede se expandiu para permitir fotos coloridas e o tamanho e qualidade das imagens aumentou enormemente. Logo começou-se a passar animações on-line, imitando os movimentos espasmódicos dos cinematógrafos, que eram populares no final de século XIX.

A seguir, a net começou a assumir o trabalho dos equipamentos de processamento de som tradicionais — rádios, toca-discos e gravadores de fita. Os primeiros sons a serem ouvidos on-line eram palavras faladas, mas, em breve, fragmentos (*snippets*) de música e então canções inteiras e mesmo sinfonias estavam sendo tocadas em sites, com níveis de fidelidade cada vez maiores. A capacidade da rede de lidar com transmissão de rádio foi auxiliada pelo desenvolvimento de softwares de algoritmos, como os usados para produzir os arquivos MP3, que apagavam da música e de outras gravações sons que eram difíceis de serem percebidos pelo ouvido humano. Os algoritmos permitiam que os arquivos de som fossem comprimidos em tamanhos muito menores, com apenas um leve sacrifício da sua qualidade. As chamadas telefônicas começaram a ser roteadas pelos cabos de fibras ópticas da internet, ultrapassando as linhas telefônicas tradicionais.

Finalmente, o vídeo tornou-se on-line à medida que a rede incorporava as tecnologias do cinema e da televisão. Como a transmissão e a exibição de imagens em movimento demandam muito dos computadores e das redes, os primeiros vídeos on-line passavam em diminutas telas dentro dos browsers. Os filmes frequentemente travavam ou caíam, e muitas vezes não estavam em sincronia com as suas trilhas sonoras. Mas aqui novamente os ganhos vieram com presteza. Dentro de poucos anos, elaborados games tridimensionais estavam sendo jogados on-line, e empresas como Netflix e Apple estavam transmitindo filmes em alta definição e programas de TV pela rede nas telas das casas dos usuários. Mesmo o há tanto tempo prometido "videofone" finalmente se tornou uma realidade, quando webcams se tornaram um acessório comum nos computadores e nas televisões conectadas à net, e serviços populares de telefonia pela internet, como o Skype, incorporaram transmissões de vídeos.

A WEB DIFERE dos outros meios que ela substitui de um modo óbvio e muito importante: é bidirecional. Podemos enviar mensagens pela rede assim como recebê-las. Isso torna o sistema muito mais útil. A capacidade de permutar informação on-line, de enviar arquivos (uploads) assim como copiar (downloads), transformou a net em uma via desimpedida para os negócios e o comércio. Com uns poucos toques, as pessoas podem consultar catálogos virtuais, fazer pedidos, acompanhar o status das encomendas e atualizar informações nas bases de dados. Mas a net não nos conecta somente com os negócios, conecta-nos uns com os outros. É um meio de difusão pessoal assim como comercial. Milhões de pessoas a usam para distribuir suas próprias criações digitais, na forma de blogs, vídeos, fotos, músicas e podcasts, assim como criticar, editar ou de algum modo modificar as criações dos outros. A vasta enciclopédia Wikipedia, escrita por voluntários, o serviço de vídeo YouTube, na sua maior parte produzido por amadores, o maciço repositório de imagens Flickr, o abarcante compêndio de blogs Huffington Post — todos esses serviços populares de comunicação eram inimagináveis antes do aparecimento da web. A interatividade do meio também o tornou um local de encontro mundial, onde as pessoas se reúnem para conversar, fofocar, brigar, exibir-se e flertar no Facebook, Twitter, MySpace e todos os tipos de redes sociais (e algumas vezes antissociais).

À medida que usos da internet proliferaram, o tempo que dedicamos à comunicação cresceu proporcionalmente, apesar de conexões mais rápidas terem nos permitido fazer mais a cada minuto que estamos logados. Em 2009, os adultos dos Estados Unidos estavam passando em média doze horas por semana conectados, o dobro da média de 2005.[7] Se considerarmos apenas aqueles adultos com acesso à internet, as horas on-line saltam consideravelmente, para mais de dezessete por semana. Para jovens adultos, as cifras são ainda maiores, com as pessoas na faixa dos vinte e tantos anos passando mais do que dezenove horas por semana conectadas.[8] As crianças americanas com idades entre dois e onze anos estavam usando a net cerca de onze horas por semana em 2009, um aumento de mais de 60 por cento desde 2004.[9] Um típico adulto europeu passava aproximadamente oito horas por semana conectado em 2009, mais de 30 por cento a mais do que em 2005. Europeus nos seus vinte e tantos anos estavam on-line cerca de

[7] Forrester Research, "Consumers' Behavior Online: A 2007 Deep Dive", 18 de abril de 2008, www.forrester.com/Research/Document/0,7211,45266,00.html.

[8] Forrester Research, "Consumer Behavior Online: A 2009 Deep Dive", 27 de julho de 2009, www.forrester.com/Research/Document/0,7211,54327,00.html.

[9] Nielsen Company, "Time Spent Online among Kids Increases 63 Percent in the Last Five Years, According to Nielsen", nota para a imprensa, 6 de julho de 2009, www.nielsen-online.com/pr/pr_090706.pdf.

doze horas por semana em média.[10] Um levantamento internacional de 2008, com 27.500 adultos com idades entre dezoito e cinquenta e cinco anos, revelou que as pessoas estão passando 30 por cento do seu tempo de lazer conectadas, sendo os chineses os que navegam mais intensivamente, dedicando 44 por cento das suas horas fora do trabalho à rede.[11]

Esses números não incluem o tempo que as pessoas despendem usando seus celulares e outros computadores de mão para trocar mensagens de texto, que também continua a crescer rapidamente. Mensagens de texto representam agora um dos usos mais comuns dos computadores, particularmente pelos jovens. No começo de 2009, o usuário americano médio de celular estava enviando ou recebendo aproximadamente quatrocentos textos por mês, um aumento de mais de quatro vezes desde 2006. O adolescente americano médio estava enviando ou recebendo uma quantidade atordoante de 2.272 mensagens de texto por mês.[12] Em todo o mundo, bem mais de 2 trilhões de mensagens de texto disparam de um celular para outro por ano, superando de longe o número de chamadas de voz.[13] Graças aos nossos ubíquos sistemas e dispositivos de mensagens, "nunca realmente somos capazes de nos desconectar", diz Danah Boyd, uma cientista social que trabalha para a Microsoft.[14]

---

[10] Forrester Research, "A Deep Dive into European Consumers' Online Behavior, 2009", 13 de agosto de 2009, www.forrester.com/Research/Document/0,7211,54524,00.html.

[11] TNS Global, "Digital World, Digital Life", dezembro de 2008, www.tnsglobal.com/_assets/fi les/TNS_Market_Research_Digital_World_Digital_Life.pdf.

[12] Nielsen Company, "Texting Now More Popular than Calling", nota para a imprensa, 22 de setembro de 2008, www.nielsenmobile.com/html/press%20releases/TextsVersusCalls.html; Eric Zeman, "U.S. Teens Sent 2,272 Text Messages per Month in 4Q08", blog Over the Air (InformationWeek), 26 de maio de 2009, www.informationweek.com/blog/main/archives/2009/05/us_teens_sent_2.html.

[13] Steven Cherry, "thx 4 the revnu", *IEEE Spectrum*, outubro de 2008.

[14] Sara Rimer, "Play with Your Food, Just Don't Text!", *The New York Times*, 26 de maio de 2009.

Frequentemente, supõe-se que o tempo que dedicamos à net provém daquele que de outro modo passaríamos assistindo TV. Mas as estatísticas sugerem que não é esse o caso. A maioria dos estudos das atividades de comunicação indicam que, enquanto o uso da internet cresceu, o tempo dedicado à televisão ou permaneceu constante ou cresceu. A pesquisa de longa duração de rastreamento de mídia realizada pela Nielsen Company revela que o tempo dedicado pelos americanos à TV manteve-se crescendo ao longo da Era da Web. As horas que passamos diante da tela da televisão elevaram-se outros 2 por cento entre 2008 e 2009, atingindo 153 horas por mês, o patamar mais alto desde que a Nielsen começou a coletar dados nos anos 1950 (e isso não inclui o tempo gasto pelas pessoas vendo programas de televisão em seus computadores).[15] Também na Europa, as pessoas continuam a assistir televisão tanto quanto sempre assistiram. O europeu via em média mais do que doze horas de TV por semana em 2009, aproximadamente uma hora a mais do que em 2005.[16]

Um estudo de 2006 realizado pela Jupiter Research revelou uma "imensa superposição" entre assistir TV e surfar na web, com 42 por cento dos fãs mais ávidos de televisão (aqueles assistindo trinta e cinco ou mais horas de programação por semana) também incluídos entre os usuários mais intensivos da net (ficando trinta ou mais horas on-line por semana).[17] Em outras palavras, o aumento do tempo on-line tinha expandido o tempo total que despendemos diante das telas. Segundo um estudo extensivo de 2009, conduzido pelo Centro de Design de Mídia da Ball State University, a maioria dos americanos,

---

[15] Nielsen Company, "A2/M2 Three Screen Report: 1st Quarter 2009", 20 de maio de 2009, http://blog.nielsen.com/nielsenwire/wp-content/uploads/2009/05/nielsen_threescreenreport_q109.pdf.

[16] Forrester Research, "How European Teens Consume Media", 4 de dezembro de 2009, www.forrester.com/rb/Research/how_european_teens_consume_media/q/id/53763/t/2.

[17] Heidi Dawley, "Time-wise, Internet Is Now TV's Equal", *Media Life*, 1º de fevereiro de 2006.

não importando a idade, passa ao menos oito horas e meia por dia com os olhos em uma televisão, no monitor de um computador ou na tela de um celular. Frequentemente usa dois ou mesmo os três dispositivos simultaneamente.[18]

O que parece estar decrescendo à medida que aumenta o uso da net é o tempo que passamos lendo publicações impressas — particularmente jornais e revistas, mas também livros. Das quatro categorias de mídias pessoais, a impressa é a menos usada, ficando bem atrás da televisão, dos computadores e do rádio. Em 2008, conforme a Secretaria de Estatísticas do Trabalho Americana, o tempo que um americano médio acima de catorze anos dedicava a ler obras impressas caíra para 143 minutos por semana, uma redução de 11 por cento desde 2004. Jovens adultos com idades entre 25 e 34 anos, que estão entre os mais ávidos usuários da net, estavam lendo trabalhos impressos por um tempo de apenas quarenta e nove minutos por semana em 2008, uma queda brusca de 29 por cento desde 2004.[19] Em um pequeno mas revelador estudo de 2008, conduzido para a revista *Adweek*, quatro americanos típicos — um barbeiro, um químico, um diretor de escola elementar, um agente imobiliário — foram seguidos de perto durante todo um dia para documentar o seu uso de meios de comunicação. As pessoas exibiram hábitos muito diferentes, mas tinham uma coisa em comum, de acordo com a revista: "Nenhum dos quatro abriu qualquer mídia impressa durante as horas da observação".[20] Devido à ubiquidade do texto na net e nos celulares, certamente estamos lendo mais palavras hoje do que líamos vinte anos atrás, mas estamos dedicando menos tempo às palavras impressas no papel.

A internet, do mesmo modo que o computador pessoal antes dela, demonstrou ser tão útil de tantos modos que demos

---

[18] Council for Research Excellence, "The Video Consumer Mapping Study", 26 de março de 2009, www.researchexcellence.com/vcm_overview.pdf.

[19] Bureau of Labor Statistics, "American Time Use Survey", 2004-2008, www.bls.gov/tus/.

[20] Noreen O'Leary, "Welcome to My World", *Adweek*, 17 de novembro de 2008.

as boas-vindas a toda expansão do seu escopo. Raramente paramos para ponderar, e muito menos questionar, a revolução da comunicação que tem estado em andamento ao nosso redor, em nossas casas, no nosso trabalho, nas nossas escolas. Até a chegada da net, a história dos meios de comunicação havia sido fragmentada. Diferentes tecnologias avançavam segundo vias distintas, levando a uma proliferação de ferramentas especializadas. Livros e jornais podiam apresentar textos e imagens, mas não podiam incluir sons ou filmes. As mídias visuais, como o cinema e a TV, eram inadequadas para exibir texto, exceto em menores quantidades. Rádios, telefones, toca-discos e gravadores se limitavam à transmissão de sons. Se quiséssemos somar números, usávamos uma calculadora. Se quiséssemos procurar fatos, consultávamos um conjunto de enciclopédias ou um almanaque mundial. A ponta da produção de informação era, ela toda, tão fragmentada como a ponta do consumidor. Se uma empresa quisesse vender palavras, as imprimia no papel. Se quisesse vender filmes, ela os bobinava em rolos de celuloide. Se quisesse vender músicas, as prensava em discos de vinil ou as gravava em fitas magnéticas. Se quisesse distribuir programas e comerciais de TV, os lançava no ar com uma grande antena ou os enviava por grossos cabos coaxiais.

Uma vez que a informação é digitalizada, as fronteiras entre as mídias se dissolvem. Substituímos as nossas ferramentas especializadas por um meio polivalente. E como a economia da produção digital e a distribuição são quase sempre superiores às que existiam antes — o custo de criar produtos eletrônicos e transmiti-los pela net é uma pequena fração do custo de manufaturar bens físicos e despachá-los para armazéns e lojas —, a mudança aconteceu muito rapidamente, seguindo a inexorável lógica do capitalismo. Hoje em dia, quase todas as empresas de comunicação distribuem versões digitais de seus produtos pela net, e o crescimento do consumo dos bens de mídia está ocorrendo quase que inteiramente on-line.

Isso não significa que as formas de mídia tradicionais desapareceram. Nós ainda compramos livros e assinamos revistas. Ainda vamos ao cinema e escutamos o rádio. Alguns de nós ainda compram músicas em CDs e filmes em DVDs. Uns poucos de nós pegam um jornal uma vez ou outra. Quando antigas tecnologias são superadas por novas, as antigas continuam a ser usadas por um longo tempo ainda, às vezes indefinidamente. Décadas depois da invenção dos tipos móveis, muitos livros ainda eram escritos à mão por copistas ou impressos com pranchas de madeira — e alguns dos mais belos livros continuam a ser produzidos dessas maneiras hoje. Umas poucas pessoas ainda ouvem discos de vinil, usam câmeras com filmes para tirar fotografias e buscam números telefônicos nas listas impressas. Mas as antigas tecnologias perderam sua força econômica e cultural. Tornaram-se becos de saída do progresso. São as novas tecnologias que governam a produção e o consumo, que guiam os comportamentos das pessoas e que moldam suas percepções. É por isso que o futuro do conhecimento e da cultura não mais está nos livros ou jornais, nos programas de TV ou de rádio, nos discos ou CDs. Ele está nos arquivos digitais disparados no nosso meio universal à velocidade da luz.

"UM NOVO MEIO nunca é uma adição a um antigo", escreve McLuhan em *Os meios de comunicação*, "nem deixa o antigo em paz. Nunca cessa de oprimir os antigos meios até que encontre novos formatos e posições para eles."[21] Sua observação soa particularmente verdadeira atualmente. As mídias tradicionais, mesmo as eletrônicas, são reformatadas e reposicionadas quando realizam a passagem da distribuição on-line. Quando a net absorve uma mídia, recria-a à sua própria imagem. Não

[21] Marshall McLuhan, *Understanding Media: The Extensions of Man*, edição crítica, ed. W. Terrence Gordon (Corte Madera, CA: Gingko, 2003), 237.

somente dissolve a forma física da mídia; injeta hiperlinks no conteúdo da mídia, quebra o conteúdo em porções buscáveis e circunda o conteúdo com os conteúdos de todas as outras mídias que absorveu. Todas essas mudanças da forma do conteúdo também mudam a maneira como o usamos, experimentamos e mesmo o compreendemos.

Uma página de texto on-line vista através da tela de um computador pode parecer similar a uma página de texto impresso. Mas rolar ou clicar através de um documento da web envolve ações físicas e estímulos sensoriais muito diferentes daqueles envolvidos em segurar e virar as páginas de um livro ou uma revista. Pesquisas mostraram que o ato cognitivo de ler se baseia não apenas no sentido da visão, mas também no do tato. É tátil assim como visual. "Toda leitura é multissensorial", escreve Anne Mangen, uma professora norueguesa de estudos literários. Há "uma conexão crucial" entre "a experiência sensório-motora da materialidade" de uma obra escrita e "o processamento cognitivo do conteúdo do texto".[22] O deslocamento do papel para a tela não mudou apenas o modo como navegamos um escrito. Também influencia o grau de atenção que dedicamos a ele e a profundidade da imersão nele.

Hiperlinks também alteram a nossa experiência das mídias. Os links são, em um certo sentido, uma variação das alusões textuais, citações e notas de rodapé que foram durante muito tempo elementos comuns dos documentos. Mas o seu efeito em nós enquanto lemos não é de modo algum o mesmo. Os links não apenas nos indicam trabalhos relacionados ou suplementares; eles nos impulsionam rumo a eles. Eles nos encorajam a roçar uma série de textos em vez de dedicar atenção continuada a qualquer um deles. Os hiperlinks são planejados para capturar a nossa atenção. Seu valor como ferramentas de navegação é inseparável da distração que causam.

---

[22] Anne Mangen, "Hypertext Fiction Reading: Haptics and Immersion", *Journal of Research in Reading*, 31, no. 4 (2008): 404–19.

A facilidade de busca dos trabalhos on-line também representa uma variação de antigos auxílios de navegação, como sumários, índices e guias. Mas aqui também os efeitos são diferentes. Assim como com os links, a facilidade e pronta disponibilidade da busca torna muito mais simples pular entre os documentos digitais do que jamais foi entre os impressos. A nossa ligação com qualquer texto se torna mais tênue, mais provisória. Buscas também levam à fragmentação dos trabalhos on-line. Um buscador frequentemente atrai a nossa atenção para um fragmento de texto particular, umas poucas palavras ou sentenças que têm uma forte relevância para o que quer que estejamos buscando no momento, fornecendo pouco incentivo para atacarmos o trabalho como um todo. Não vemos a floresta quando buscamos na web. Nós não vemos sequer as árvores. Vemos galhos e folhas. À medida que empresas como Google e Microsoft aperfeiçoam buscadores para conteúdos de vídeo e áudio, mais produtos estão sofrendo a fragmentação que já caracteriza os trabalhos escritos.

Ao combinar muitos tipos diferentes de informação em uma única tela, a rede multimídia fragmenta ainda mais o conteúdo e dilacera a nossa concentração. Uma única página pode conter umas poucas porções de texto, um trecho de vídeo ou áudio, um conjunto de ferramentas de navegação, vários anúncios e várias pequenas aplicações de software, ou "*widgets*", rodando nas suas próprias janelas. Todos nós sabemos o quanto de distração pode trazer essa cacofonia de estímulos. Fazemos piadas com isso o tempo todo. Uma nova mensagem de e-mail anuncia a sua chegada quando passamos os olhos sobre as últimas manchetes do site de um jornal. Uns poucos segundos mais tarde, o nosso leitor RSS nos avisa que um dos nossos blogueiros prediletos fez uma nova postagem. Um momento depois, nosso celular soa o toque que sinaliza uma nova mensagem de texto. Simultaneamente, pisca na tela um alerta do Facebook ou Twitter. Além de tudo que é despejado no nosso computador através da rede, temos também acesso imediato a todos os outros softwares que estão rodando nele — eles também competem por um pedaço da nossa mente. Toda vez que ligamos nosso computador, somos imersos em um "ecossistema de tecnologias de interrupção", como denominou o blogueiro e escritor de ficção científica Cory Doctorow.[23]

Interativa, com hipertextos, facilidade de busca, multimídia — todas essas qualidades da rede trazem benefícios atraentes. Junto com o volume sem precedentes de informações on-line disponíveis, elas são as principais razões que atraem a maioria de nós a usar tanto a net. Gostamos de poder alternar entre ler e escutar e assistir sem ter que levantar e ligar um outro aparelho ou mergulhar em uma pilha de revistas ou discos. Gostamos de ser capazes de encontrar e ser transportados instantaneamente para os dados relevantes — sem ter que selecioná-los de um monte de material sem pertinência. Gostamos de ficar em contato com amigos, familiares e colegas. Gostamos de nos sentir conectados — e odiamos nos sentir desconectados. A internet não mudou os nossos hábitos intelectuais contra a nossa vontade. Mas que ela os mudou, mudou.

O nosso uso da net só vai crescer e o seu impacto sobre nós só vai se fortalecer à medida que se tornar cada vez mais presente em nossas vidas. Como o relógio e o livro, o computador continuará a se tornar cada vez menor e mais barato, com o avanço da tecnologia. Laptops a um custo reduzido nos darão a capacidade de levar a internet conosco quando sairmos do escritório ou de nossa casa. Mas o próprio laptop é um dispositivo desajeitado e conectá-lo à internet nem sempre é uma tarefa fácil. A introdução do diminuto netbook e do ainda mais diminuto smartphone resolve esses problemas. Poderosos computadores de bolso, com o iPhone da Apple, o Droid da Motorola e o Nexus One da Google, já vêm com o acesso à internet embutido. Junto com a incorporação da internet a

[23] Cory Doctorow, "Writing in the Age of Distraction", *Locus*, janeiro de 2009.

tudo, desde os painéis de carros e televisões, a cabines de aeronaves, esses pequenos aparelhos prometem integrar mais profundamente a web às nossas atividades diárias, tornando o nosso meio universal ainda mais universal.

À medida que a net se expande, as outras mídias se contraem. Ao mudar a economia da produção e da distribuição, ela cortou a rentabilidade de muitos negócios de notícias, informação e entretenimento, particularmente aqueles que tradicionalmente vendiam produtos físicos. Vendas de CDs de música têm caído continuamente ao longo da última década. Só em 2008, a redução foi de 20 por cento.[24] As vendas de DVDs de filmes, uma importante fonte recente de lucros para Hollywood, também estão declinando, tendo caído 6 por cento em 2008 e se precipitando outros 14 por cento na primeira metade de 2009.[25] As vendas unitárias de cartões de boas festas e de cartões-postais estão caindo.[26] O volume de correspondência enviado pelo serviço postal dos Estados Unidos teve a maior diminuição de todos os tempos em 2009.[27] As universidades estão descontinuando as edições impressas de revistas e monografias acadêmicas e migrando para a distribuição estritamente eletrônica.[28] As escolas públicas estão pressionando os estudantes para utilizarem materiais de referência on-line em lugar do que o ex-governador da Califórnia Arnold Schwarznegger define como "livros escolares antiqua-

---

[24] Ben Sisario, "Music Sales Fell in 2008, but Climbed on the Web", *The New York Times*, 31 de dezembro de 2008.

[25] Ronald Grover, "Hollywood Is Worried as DVD Sales Slow", *Business Week*, 19 de fevereiro de 2009; Richard Corliss, "Why Netflix Stinks", *Time*, 10 de agosto de 2009.

[26] Chrystal Szeto, "U.S. Greeting Cards and Postcards", *Pitney Bowes Background Paper*, n. 20, 21 de novembro de 2005, www.postinsight.com/files/Nov21_GreetingCards_Final.pdf.

[27] Brigid Schulte, "So Long, Snail Shells", *Washington Post*, 25 de julho de 2009.

[28] Scott Jaschik, "Farewell to the Printed Monograph", *Inside Higher Ed*, 23 de março de 2009, www.insidehighered.com/news/2009/03/23/Michigan.

dos, pesados e caros".[29] Aonde quer que olhemos, vemos os sinais da hegemonia crescente da net em relação ao acondicionamento e fluxo de informações.

Em nenhum lugar o abalo foi tão grande como na indústria de jornais, que enfrenta desafios financeiros particularmente severos à medida que leitores e anunciantes abraçam a net como a sua mídia preferencial. O declínio na leitura de jornais pelos americanos começou décadas atrás, quando o rádio e a TV começaram a consumir mais do tempo de lazer das pessoas, mas a internet acelerou a tendência. Entre 2008 e 2009, a circulação de jornais caiu mais de 7 por cento, enquanto as visitas aos sites de jornais cresceram mais de 10 por cento.[30] Um dos mais antigos diários dos Estados Unidos, o *Christian Science Monitor*, anunciou no início de 2009 que, depois de cem anos, estava parando as suas prensas. A web se tornaria o seu principal canal para distribuir notícias. A mudança, diz o editor do jornal, Jonathan Wells, é um arauto do que é reservado para os outros jornais. "Mudanças da indústria — no conceito de notícias e na economia subjacente à indústria — atingiram antes o *Monitor*", explicou.[31]

Em breve se viu que ele tinha razão. Dentro de alguns meses, o mais antigo jornal do Colorado, o *Rocky Mountain News*, havia cerrado as suas portas; o *Seattle Post-Intelligencer* havia abandonado a sua edição impressa e demitido a maioria da sua equipe; o *Washington Post* havia fechado todos os seus escritórios nos Estados Unidos e deixado que mais de cem jornalistas saíssem; e os proprietários de mais de trinta outros jornais dos Estados Unidos, incluindo o *Los Angeles Times*, o *Chicago Tribune*, o *Philadelphia Inquirer* e o *Minneapolis*

---

[29] Arnold Schwarzenegger, "Digital Textbooks Can Save Money, Improve Learning", *Mercury News*, 7 de junho de 2009.

[30] Tim Arango, "Fall in Newspaper Sales Accelerates to Pass 7%", *The New York Times*, 27 de abril de 2009.

[31] David Cook, "Monitor Shifts from Print to Web-Based Strategy", *Christian Science Monitor*, 28 de outubro de 2008.

Star Tribune haviam pedido concordata. Tim Brooks, o diretor administrativo da Guardian News and Media, que publica o *Guardian* e o *Independent* no Reino Unido, anunciou que todos os futuros investimentos da sua empresa iriam para produtos digitais multimídia, principalmente distribuídos através dos seus websites. "Acabaram-se os dias em que se comercializavam apenas palavras", declarou em uma conferência do setor.[32]

TÃO LOGO A MENTE das pessoas sintonizou com a colcha de retalhos da internet, as empresas de mídias de massa tiveram que se adaptar às novas expectativas do público. Muitos produtores estão facetando os seus produtos para se ajustar às extensões de atenção mais curtas de seus consumidores on-line, assim como para dar um maior destaque a seus perfis nos buscadores. Trechos de programas de TV e de filmes são distribuídos através do YouTube, Hulu e outros serviços de vídeo. Excertos de programas de rádio são oferecidos como podcasts ou streams. Artigos individuais de revistas ou jornais circulam isoladamente. Páginas de livros são exibidas pela Amazon.com e o Google Book Search. Álbuns de música são divididos, suas canções vendidas pelo iTunes ou tocadas em streaming pelo Spotify. Mesmo as próprias músicas são partidas em pedaços, com os seus refrões e ganchos transformados em toques de celular ou embarcados em videogames. Há muito o que se dizer em defesa do que os economistas chamam de "fragmentação" ("*unbundling*") de conteúdo. Ela oferece mais escolhas para as pessoas e as livra de aquisições

[32] Tom Hall, "'We Will Never Launch Another Paper'", *PrintWeek*, 20 de fevereiro de 2009, www.printweek.com/news/881913/We-will-launch-paper.

indesejáveis. Mas também ilustra e reforça as mudanças dos padrões de consumo promovidas pela web. O economista Tyler Cowen diz: "Quando o acesso [à informação] é fácil, tendemos a favorecer o breve, o doce e o pequeninho".[33]

A influência da net não acaba na borda da tela de um computador. As empresas de mídia estão remodelando os seus produtos tradicionais, mesmo os físicos, para que se assemelhem mais de perto com o que as pessoas experimentam quando estão on-line. Se, nos primeiros tempos da web, o design das publicações on-line era inspirado nas publicações impressas (assim como o design da Bíblia de Gutenberg era inspirado nos livros dos copistas), hoje a inspiração se dá no sentido oposto. Muitas revistas alteraram os seus layouts para imitar ou ao menos lembrar a aparência e o jeito dos websites. Encurtaram seus artigos, introduziram resumos encapsulados e cobriram as suas páginas com anúncios fáceis de serem navegados e legendas. A *Rolling Stone*, que já foi conhecida por publicar matérias extensas e ousadas de escritores como Hunter S. Thompson, agora evita esses trabalhos, oferecendo aos leitores uma miscelânea de artigos curtos e de resenhas. "Não havia internet", explica o editor Jann Wenner, "quando a *Rolling Stone* estava publicando essas matérias de 7 mil palavras." A maioria das revistas populares passou a ser "repleta de enormes chamadas coloridas, gráficos, fotos e citações entre aspas", escreve Michael Scherer na *Columbia Journalism Review*. "A página de texto uniforme, que já foi o principal produto das revistas, foi banida de uma vez por todas."[34]

O design dos jornais também está mudando. Muitos deles, incluindo baluartes da indústria como o *Wall Street Journal* e o *Los Angeles Times*, nos últimos anos passaram a cortar o ta-

[33] Tyler Cowen, *Create Your Own Economy* (Nova York: Dutton, 2009), 43.

[34] Michael Scherer, "Does Size Matter?", *Columbia Journalism Review*, novembro/dezembro de 2002.

manho dos seus artigos e introduzir mais resumos e suportes navegacionais para tornar mais fácil percorrer os seus conteúdos. Um editor do *Times of London* atribui tais mudanças de formato à adaptação da indústria de jornais a "uma era da internet, uma era das manchetes".[35] Em março de 2008, o *New York Times* anunciou que passaria a reservar três páginas de cada edição para resenhas de artigos com um parágrafo de comprimento e outros itens breves. O seu diretor de design, Tom Bodkin, explicou que os "atalhos" permitiriam que os leitores aflitos tivessem um rápido "sabor" das notícias do dia, poupando-os do método "menos eficiente" de virar de fato as páginas e ler os artigos.[36]

Essas estratégias de macaqueamento não foram muito bem-sucedidas em estancar o derrame de leitores das publicações impressas para as on-line. Depois de um ano em que a sua circulação continuou a cair, o *New York Times* sem alarde abandonou muitas de suas mudanças de design, restringindo as resenhas de artigos para uma única página na maioria das edições. Umas poucas revistas, percebendo que competir com a web nos seus próprios termos era uma batalha perdida, reverteram suas estratégias. Retornaram a designs mais simples, menos embaralhados, e artigos mais longos. A *Newsweek* revisou suas páginas em 2009, colocando uma maior ênfase em ensaios e fotografias profissionais e adotando uma gramatura de papel mais pesada, mais cara. O preço que as publicações pagam por ir contra as convenções da web é diminuir ainda mais o seu corpo leitor. Quando a *Newsweek* revelou o seu novo design, também anunciou que estava cortando a circulação de 2,6 milhões para 1,5 milhão.[37]

---

[35] Citado em Carl R. Ramey, *Mass Media Unleashed* (Lanham, MD: Rowman & Littlefield, 2007), 123.

[36] Jack Shafer, "*The Times'* New Welcome Mat", *Slate*, 1º de abril de 2008, www.slate.com/id/2187884.

[37] Kathleen Deveny, "Reinventing Newsweek", *Newsweek*, 18 de maio de 2009.

Como as suas contrapartes impressas, a maioria dos programas de TV e de filmes também está tentando ser mais parecida com a web. As redes de televisão têm acrescentado linhas dinâmicas de texto e vinhetas às suas telas e rotineiramente passam infográficos e pop-ups durante os seus programas. Algus programas mais recentes, como o *Late Night with Jimmy Fallon*, da NBC, foram explicitamente desenhados para atender tanto aos que surfam na net como aos que assistem TV, com uma ênfase em breves segmentos que se prestam para distribuição como clipes do YouTube. Empresas de TV a cabo e por satélite oferecem canais temáticos que permitem a seus espectadores assistir vários programas simultaneamente, usando o seu controle remoto como uma espécie de mouse para clicar entre as trilhas sonoras. O conteúdo da web também está começando a ser oferecido diretamente através das TVs, à medida que fabricantes de televisão líderes, como a Sony e a Samsung, redesenham os seus aparelhos para combinar sem descontinuidade programação da internet com transmissões tradicionais. Os estúdios de cinema começaram a incorporar recursos das redes sociais aos discos ópticos que vendem. Com a versão em Blu-ray da *Branca de Neve* de Disney, os espectadores podem conversar um com o outro pela net enquanto assistem aos sete anões marcharem de volta do trabalho. O disco do *Watchmen* sincroniza automaticamente com contas do Facebook, permitindo que os espectadores troquem "comentários ao vivo" sobre o filme com seus outros "amigos".[38] Craig Kornblau, o presidente da Universal Studios Home Entertainment, diz que o estúdio planeja introduzir mais desses recursos, com o objetivo de tornar o assistir filmes uma "experiência interativa".[39]

---

[38] Carl DiOrio, "Warners Teams with Facebook for 'Watchmen'", *Hollywood Reporter*, 11 de maio de 2009, www.hollywoodreporter.com/hr/content_display/news/e3i4b5caa365ad73b3a32b7e201b5eae9c0.

[39] Sarah McBride, "The Way We'll Watch", *The Wall Street Journal*, 8 de dezembro de 2008.

A net começou a alterar o modo como experimentamos apresentações reais, assim como as gravações dessas apresentações. Quando levamos um poderoso computador móvel a um teatro ou a outro local de exibição, levamos também todas as ferramentas de comunicação e de redes sociais disponíveis na web. Já há muito tempo se tornou comum os frequentadores de concertos gravarem e transmitirem trechos dos shows para seus amigos através das câmeras dos seus celulares. Agora, os computadores móveis estão começando a ser deliberadamente incorporados às apresentações como um modo de trazer apelo a uma nova geração de ouvintes saturados pela web. Em 2009, durante uma apresentação da *Sinfonia Pastoral* de Beethoven em Wolf Trap, na Virgínia, a Orquestra Sinfônica Nacional enviou uma série de mensagens pelo Twitter, escritas pelo regente Emil de Cou, explicando algumas das referências musicais de Beethoven.[40] A Filarmônica de Nova York e a Orquestra Sinfônica de Indianápolis começaram a encorajar membros da audiência a usar seus celulares para votar, via mensagens de texto, qual o bis da noite. "É menos passivo do que apenas sentar e escutar a música", comentou um espectador depois de uma recente apresentação da Filarmônica.[41] Um número crescente de igrejas americanas está encorajando os fiéis a levarem laptops e smartphones para os cultos para trocar mensagens inspiracionais através do Twitter e outros serviços de microblog.[42] Eric Schmidt, o CEO da Google, vê a incorporação de redes sociais aos eventos teatrais e a outros como uma exci-

---

[40] Dave Itzkoff, "A Different Tweet in Beethoven's 'Pastoral'", *The New York Times*, 24 de julho de 2009.

[41] Stephanie Clifford, "Texting at a Symphony? Yes, but Only to Select an Encore", *The New York Times*, 15 de maio de 2009.

[42] A Westwinds Community Church, de Jackson, em Michigan, com 1.900 membros, teve uma iniciativa pioneira ao introduzir as redes sociais nos seus serviços. Durante os sermões, os fiéis enviam mensagens através do Twitter e os tuítes são exibidos em telões. Uma mensagem enviada durante um serviço dizia, segundo uma reportagem na revista *Time*: "Para mim foi difícil reconhecer Deus no meio de tudo". Bonnie Rochman, "Twittering in Church", *Time*, 1º de junho de 2009.

tante nova possibilidade de negócios para empresas da internet. "O uso mais óbvio do Twitter", diz, pode ser visto em situações em que "todo mundo está assistindo a uma peça e estão ocupados conversando sobre a peça enquanto está sendo representada."[43] Mesmo as experiências que temos no mundo real estão passando a ser mediadas por computadores em rede.

Uma ilustração particularmente flagrante de como a net está remodelando nossas expectativas sobre as mídias pode ser vista em qualquer biblioteca. Embora não tendamos a ver as bibliotecas como tecnologias de mídia, elas são. A biblioteca pública é de fato uma das mais importantes e influentes mídias informacionais jamais criadas — e uma que somente proliferou depois do advento da leitura silenciosa e da prensa tipográfica. As atitudes de uma comunidade e suas preferências em relação à informação assumem uma forma concreta no projeto e nos serviços de uma biblioteca. Até recentemente, a biblioteca pública era um oásis de tranquilidade livresca, onde as pessoas faziam buscas entre as prateleiras de volumes ordeiramente dispostos ou se sentavam em mesas e liam calmamente. A biblioteca atual é muito diferente. O acesso à internet está rapidamente se tornando o seu serviço mais popular. Segundo recentes levantamentos da American Library Association, 99 por cento das bibliotecas públicas oferecem acesso à internet, com em média onze computadores por biblioteca. Mais de 75 por cento das bibliotecas também têm redes de wi-fi à disposição de seus sócios.[44] O som predominante de uma biblioteca moderna é o do bater de teclas e não o do virar de páginas.

---

[43] Chrystia Freeland, "View from the Top: Eric Schmidt of Google", *Financial Times*, 21 de maio de 2009.

[44] John Carlo Bertot, Charles R. McClure, Carla B. Wright et al., "Public Libraries and the Internet 2008: Study Results and Findings", Information Institute of the Florida State University College of Information, 2008; American Library Association, "Libraries Connect Communities: Public Library Funding & Technology Access Study 2008–2009", 25 de setembro de 2009, www.ala.org/ala/research/initiatives/plftas/2008_2009/librariesconnectcommunities3.pdf.

A arquitetura de uma das mais novas filiais da venerável Biblioteca Pública de Nova York, o Bronx Library Center, testemunha a mudança do papel da biblioteca. Escrevendo para a revista *Strategy & Business*, três consultores de administração descrevem o layout do edifício: "Nos quatro andares principais da biblioteca, as estantes de livros foram colocadas em cada extremidade, deixando um amplo espaço no meio para mesas com computadores, muitos dos quais com acesso de banda larga à internet. As pessoas usando os computadores são jovens e não necessariamente os usam para propósitos acadêmicos — aqui está um fazendo uma busca no Google sobre fotos de Hanna Montana, lá outro atualizando sua página no Facebook, e ali adiante algumas crianças jogando videogames, incluindo o *Fight for Glorton*. Os bibliotecários respondem questões e organizam torneios on-line e nenhum deles está fazendo psiu para ninguém".[45] Os consultantes assinalam como a sede do Bronx é um exemplo de que as bibliotecas que olham para a frente estão mantendo a sua "relevância" ao "lançar novas iniciativas digitais que vão ao encontro das necessidades dos seus usuários". O layout da biblioteca também fornece um poderoso símbolo do novo panorama das mídias: no centro está a tela do computador conectado à internet; a palavra impressa foi empurrada para as margens.

[45] Scott Corwin, Elisabeth Hartley e Harry Hawkes, "The Library Rebooted", *Strategy & Business*, primavera de 2009.

Capítulo 6

A própria imagem do livro

E sobre o próprio livro? De todas as mídias populares, provavelmente é a que mais tem resistido à influência da net. As editoras de livros sofreram algumas perdas comerciais à medida que a leitura se deslocou da página impressa para a tela. Mas a própria forma do livro não mudou muito. Uma longa sequência de páginas reunidas dentro de duas capas duras revelou ser uma tecnologia extraordinariamente robusta, permanecendo útil e popular por mais de meio milênio.

Não é difícil de entender por que os livros têm tardado tanto a dar o salto para a Era Digital. Não há grandes diferenças entre um monitor de computador e a tela de uma televisão, e os sons saindo dos alto-falantes atingindo nossos ouvidos são mais ou menos os mesmos quer estejam sendo transmitidos por um computador ou por um rádio. Mas como dispositivo de leitura, o livro guarda algumas vantagens muito claras sobre o computador. Você pode levar um livro para a praia sem se preocupar com a areia entrando na máquina. Você pode levá-lo para a cama sem ficar nervoso com a possibilidade de ele cair no chão quando você cochilar. Você pode derramar café nele. Você pode colocá-lo em uma mesa, aberto na página que estava lendo, e, quando pegá-lo uns poucos dias depois, ele estará exatamente como você o deixou. Você jamais terá que ficar preocupado em ligar um livro em uma tomada ou acabar sua bateria.

A experiência da leitura também tende a ser melhor com um livro. Palavras estampadas com tinta preta em uma página em branco são mais fáceis de ler do que palavras formadas de pixels sobre uma tela iluminada. Você pode ler uma dúzia ou uma centena de páginas impressas sem sofrer a fatiga ocular que frequentemente resulta mesmo de um breve período de leitura on-line. A navegação em um livro também é muito mais simples e, como dizem os programadores de software, mais intuitiva. Você pode folhear páginas reais com muito mais rapidez e flexibilidade do que páginas virtuais. E você pode escrever observações nas margens de um livro ou realçar as passagens que mais lhe comovem ou inspiram. Você pode mesmo conseguir que o autor do livro autografe a página de capa do seu exemplar. Quando tiver terminado um livro, você pode usá-lo para preencher um espaço vazio na sua estante — ou emprestá-lo para um amigo.

Apesar dos anos de tanto alarde sobre os livros eletrônicos, a maioria das pessoas não demonstrou muito interesse neles. Investir umas poucas centenas de dólares em um "leitor digital" especializado parece idiota, visto a facilidade e o prazer de comprar e ler um livro tradicional. Mas os livros não vão ficar livres para sempre da revolução das mídias digitais. As vantagens econômicas da produção e distribuição digitais — sem vultosas compras de tinta e papel, sem custos de impressão, sem carregar caixas pesadas em caminhões, sem a devolução de exemplares encalhados — são tão atraentes para as editoras e distribuidoras de livros como para outras empresas de mídia. E custos mais baixos se traduzem em preços mais baixos. Não é incomum que os e-books sejam vendidos pela metade do preço das edições impressas, graças em parte aos subsídios dos fabricantes de aparelhos. Os descontos arrasadores fornecem um forte incentivo para as pessoas fazerem a mudança do papel para os pixels.

Os leitores digitais também melhoraram muito nos últimos anos. As vantagens dos livros tradicionais já não são tão nítidas como costumavam ser. Graças às telas de alta resolução feitas de materiais como o Vizplex, um filme de partículas carregadas desenvolvido pela empresa E Ink, de Massachusetts, a clareza do texto digital quase rivaliza com aquela do texto impresso. Os últimos leitores não exigem iluminação por trás, permitindo que sejam usados na luz direta do sol e reduzindo consideravelmente a tensão ocular. As funções dos leitores também foram aprimoradas, facilitando muito clicar pelas páginas, acrescentar marcadores, realçar o texto e mesmo rabiscar notas nas margens. Pessoas com vista fraca podem aumentar o tamanho da fonte nos e-books — algo que não poderiam fazer com livros impressos. E, à medida que os preços das memórias de computador caem, a capacidade dos leitores se eleva. Agora podemos carregá-los com centenas de livros. Assim como um iPod pode guardar todos os conteúdos da coleção de músicas de uma pessoa, do mesmo modo um leitor de e-books pode atualmente guardar uma biblioteca pessoal inteira.

Embora as vendas de e-books ainda representem uma minúscula fração da venda total de livros, elas têm crescido a um ritmo muito mais rápido do que as de livros físicos. Segundo um relatório da Amazon.com do começo de 2009, dos seus 275 mil livros vendidos tanto na forma tradicional como na digital, as versões em e-book responderam por 30 por cento das vendas totais, disparando em relação aos menos de 10 por cento de apenas um ano antes. Por muito tempo estagnadas, as vendas de leitores digitais agora estão explodindo, elevando-se de cerca de 1 milhão de unidades em 2008 para estimadas 12 milhões em 2010.[1] Como Brad Stone e Motoko Rich, do *New York Times*, relataram recentemente, "o e-book começou a decolar".[2]

---

[1] Ting-i Tsai e Geoffrey A. Fowler, "Race Heats Up to Supply E-Reader Screens", *The Wall Street Journal*, 29 de dezembro de 2009.

[2] Motoko Rich, "Steal This Book (for $9.99)", *The New York Times*, 16 de maio de 2009; Brad Stone, "Best Buy and Verizon Jump into E-Reader Fray", *The New York Times*, 22 de setembro de 2009; Brad Stone e Motoko Rich, "Turning Page, E-Books Start to Take Hold", *The New York Times*, 23 de dezembro de 2008.

UM DOS MAIS populares dos novos leitores digitais é o próprio Kindle, da Amazon. Introduzida com grande estardalhaço em 2007, a engenhoca incorpora as últimas tecnologias de tela e funções de leitura e inclui um teclado completo. Mas há outro recurso que aumenta grandemente a sua atração. O Kindle tem embutida uma conexão sem fio com a internet, sempre disponível. O custo da conexão é incorporado ao preço do Kindle, de modo que não há uma taxa de assinatura envolvida. Não surpreende que a conexão nos permite comprar na loja da Amazon e fazer imediatamente o download do que comprarmos. Mas nos permite fazer muito mais do que isso. Podemos ler jornais e revistas digitais, escanear blogs, realizar buscas no Google, escutar MP3, e, através de um browser especialmente concebido, surfar outros websites. O recurso mais radical do Kindle, ao menos quando pensamos no que está disponível para livros, é a incorporação de links ao texto exibido. O Kindle transforma as palavras dos livros em hipertexto. Podemos clicar em uma palavra ou frase e sermos levados para uma entrada relacionada de dicionário, um artigo da Wikipedia ou a lista de resultados de uma busca do Google.

O Kindle indica o futuro dos leitores digitais. Seus recursos, e mesmo seu software, estão sendo incorporados a iPhones e PCs, transformando o leitor de um aparelho caro e especializado em apenas um outro aplicativo rodando em uma máquina universal de Turing. O Kindle também, com menos motivos para comemorar, indica o futuro dos livros. Em um artigo de 2009 na *Newsweek*, o jornalista e editor Jacob Weisberg, antes um cético em relação a livros eletrônicos, saudou o Kindle como "uma máquina que marca uma revolução cultural" na qual a "leitura e a imprensa estão sendo separadas". O que o Kindle nos diz, prossegue Weisberg, é que "os livros impressos, *os artefatos mais importantes da civilização humana*, vão se reunir aos jornais e revistas na rota da obsolescência"[3]

[3] Jacob Weisberg, "Curling Up with a Good Screen", *Newsweek*, 30 de março de 2009. O destaque é de Weisberg.

Charles McGrath, ex-editor do *New York Times Book Review*, também se tornou um adepto do Kindle, chamando-o de "a engenhoca branca sedutora", um "precursor" do que está por vir para os livros e para a leitura. "É surpreendente o quão facilmente você sucumbe à conveniência", diz, "e quão pouca saudade tem, quando eles se vão, dos requintes da tipografia e design que você costumava valorizar tanto." Embora não acredite que os livros impressos irão desaparecer em qualquer tempo próximo, ele sente que, de fato, "no futuro, os conservaremos conosco como relíquias de valor sentimental, reminiscências do que a leitura costumava ser".[4]

O que isso significaria para a maneira como líamos quando costumávamos ler nos livros? L. Gordon Crovitz, do *Wall Street Journal*, sugeriu que leitores ligados a redes fáceis de usar, como o Kindle, "podem ajudar a nos devolver nossas extensões de atenção e entender o que torna grandes os livros: palavras e seus significados".[5] Esse é o sentimento que a maioria das pessoas com a mente literária está ansiosa para compartilhar. Mas isso é ilusório. Crovitz caiu vítima da cegueira contra a qual alertava McLuhan: a incapacidade de ver que a mudança da forma de um meio é também uma mudança do seu conteúdo. "E-books não deveriam ser apenas livros impressos entregues eletronicamente", disse um vice-presidente júnior do HarperStudio, uma marca da gigante editorial HarperCollins. "Devemos tirar vantagem da mídia e criar algo dinâmico para intensificar a experiência. Quero links e extras da narração, e vídeos e conversas."[6] Tão logo injetamos em um livro links e o conectamos à web — tão logo o "estendemos" e

[4] Charles McGrath, "By-the-Book Reader Meets the Kindle", *The New York Times*, 29 de maio de 2009.

[5] L. Gordon Crovitz, "The Digital Future of Books", *The Wall Street Journal*, 19 de maio de 2008.

[6] Debbie Stier, "Are We Having the Wrong Conversation about EBook Pricing?", blog HarperStudio, 26 de fevereiro de 2009, http://theharperstudio.com/2009/02/are-we-having-the-wrong-conversation-about-ebook-pricing.

o "intensificamos" e o tornamos mais "dinâmico" — mudamos o que ele é e também mudamos a experiência de lê-lo. Um e--book não é um livro, da mesma forma que um jornal on-line não é um jornal.

Logo após o autor Steven Johnson começar a ler e-books no seu novo Kindle, percebeu que "a migração do livro ao reino digital não seria uma simples questão de trocar tinta por pixels, mas provavelmente mudaria profundamente o modo como lemos, escrevemos e vendemos livros". Ele estava excitado com o potencial do Kindle para expandir "o universo dos livros na ponta dos nossos dedos" e tornar os livros tão buscáveis como web pages. Mas o serviço digital também o deixou inseguro: "Temo que um dos grandes prazeres da leitura de livros — a total imersão em outro mundo, ou no mundo das ideias do autor — estará comprometido. Todos nós poderemos ler livros do mesmo modo como cada vez mais estamos lendo revistas e jornais: um pedacinho aqui, outro ali".[7]

Christine Rose, membro do Centro de Política Pública e Ética, em Washington D.C., escreveu recentemente sobre sua experiência ao usar o Kindle para ler o romance *Nicholas Nickleby*, de Dickens. A sua história justifica os temores de Johnson: "Embora levemente desorientada de início, ajustei--me rapidamente à tela do Kindle e dominei os botões de avançar e virar a página. Contudo, os meus olhos estavam inquietos e pulavam para cá e para lá como costumam fazer quando leio por um tempo continuado em um computador. Abundavam distrações. Olhei Dickens na Wikipedia, então pulei direto para uma toca de coelho da internet seguindo um link sobre um conto de Dickens, 'Mugby Junction'. Vinte minutos mais tarde, eu ainda não havia retornado à minha leitura do *Nickleby* no Kindle".[8]

[7] Steven Johnson, "How the E-Book Will Change the Way We Read and Write", *The Wall Street Journal*, 20 de abril de 2009.

[8] Christine Rosen, "People of the Screen", *New Atlantis*, outono de 2008.

A luta de Rosen soa quase idêntica àquela pela qual passou o historiador David Bell em 2005, quando lia um novo livro eletrônico, *The Genesis of Napoleonic Propaganda*, na internet. Ele descreve sua experiência em um artigo na *New Republic*: "Uns poucos cliques e o texto apareceu devidamente na tela do meu computador. Comecei a ler, mas, embora o livro fosse bem escrito e informativo, achei notavelmente difícil me concentrar. Eu rolava para cima e para baixo, procurava palavras-chave e me interrompia mais frequentemente do que o habitual para encher a minha xícara de café, checar o meu e-mail, olhar as notícias, rearranjar pastas na gaveta da minha escrivaninha. No final, peguei o livro de cabo a rabo e fico feliz com isso. Mas uma semana mais tarde achei singularmente difícil lembrar o que lera".[9]

Quando um livro impresso — quer uma obra acadêmica de história recentemente publicada ou um romance vitoriano com duzentos anos de idade — é transferido para um aparelho eletrônico conectado à internet, ele se transforma em algo muito parecido com a página de um site. Suas palavras ficam envoltas em todas as distrações do computador em rede. Seus links e outros aditivos digitais jogam o leitor para cá e para lá. Ele perde o que o saudoso John Updike chama de suas "bordas" e se dissolve nas vastas e turvas águas da net.[10] A linearidade do livro é quebrada, junto com a calma atenção que encoraja no leitor. Os recursos high-tech de aparelhos como o Kindle e o iPad da Apple podem tornar mais provável que leiamos e-books, mas o modo como os leremos será muito diferente do modo como lemos edições impressas.

---

[9] David A. Bell, "The Bookless Future: What the Internet Is Doing to Scholarship", *New Republic*, 2 de maio de 2005.

[10] John Updike, "The End of Authorship", *The New York Times Sunday Book Review*, 25 de junho de 2006.

AS MUDANÇAS NO ESTILO de leitura também trazem mudanças no estilo de escrita, à medida que os autores e suas editoras se adaptam aos novos hábitos e expectativas dos leitores. Um impressionante exemplo desse processo já pode ser visto no Japão. Em 2001, jovens japonesas começaram a compor histórias nos seus celulares, como strings de mensagens de texto, e a fazer upload delas em um website, Maho no i-rando, onde outras pessoas liam e comentavam. As novelas se expandiram para "romances de celular" em capítulos, e a sua popularidade cresceu. Alguns dos romances têm milhões de leitores on-line. As editoras perceberam o fenômeno e começaram a lançar os romances como livros impressos. No final da década, os romances de celulares passaram a dominar as listas de best-sellers do país. Os três romances japoneses mais vendidos em 2007 foram todos originalmente escritos em celulares.

A forma dos romances reflete suas origens. Elas são, segundo o repórter Norimitsu Onishi, "na maioria dos casos histórias de amor escritas em sentenças breves, características de mensagens de texto, mas contendo pouco da trama ou do desenvolvimento dos personagens encontrados em romances tradicionais". Uma das mais populares romancistas de celular, uma jovem de 21 anos que usa o nome Rin, explicou a Onishi por que os jovens leitores estão abandonando os romances tradicionais: "Eles não leem obras de escritores profissionais porque suas sentenças são muito difíceis de serem entendidas, suas expressões são intencionalmente prolixas e suas histórias não lhes são familiares".[11] A popularidade dos romances de celular pode não se estender além do Japão, um país propenso a modas peculiares, mas os romances, contudo, demonstram como mudanças da leitura inevitavelmente provocam mudanças da escrita.

[11] Norimitsu Onishi, "Thumbs Race as Japan's Best Sellers Go Cellular", *The New York Times*, 20 de janeiro de 2008. Ver também Dana Goodyear, "I ♥ Novels", *New Yorker*, 22 de dezembro de 2008.

Outro sinal de como a web está começando a influenciar a escrita dos livros surgiu em 2009, quando a O'Reilly Media, uma editora americana de livros de tecnologia, lançou um livro sobre o Twitter que havia sido criado com o software de apresentações PowerPoint da Microsoft. "Há muito tempo estamos interessados em explorar como a mídia on-line muda a apresentação, narrativa e estrutura de um livro", disse o CEO da empresa, Tim O'Reilly, ao apresentar o volume, que é disponível tanto em edição impressa como on-line. "A maioria dos livros ainda usa o antigo modelo de uma narrativa continuada como o seu princípio organizacional. Aqui, usamos um modelo baseado na web de páginas autônomas, cada uma das quais pode ser lida isoladamente (ou, no máximo, em grupos de duas ou três)." A "arquitetura modular" reflete o modo como as práticas de leitura das pessoas mudaram quando se adaptaram ao texto on-line, explicou O'Reilly. A web "fornece incontáveis lições sobre como os livros têm que mudar quando passam a ser on-line".[12]

Algumas das mudanças do modo como os livros são escritos e apresentados serão dramáticas. Ao menos uma grande editora, a Simon & Schuster, já começou a publicar romances na forma de e-books que têm vídeos embarcados nas páginas virtuais. Os híbridos são conhecidos como "vooks". Outras empresas têm experimentos multimídia semelhantes com suas obras. "Todo mundo está tentando imaginar como reunir da melhor maneira livros e informações no século XXI", disse Judith Curr, executiva da Simon & Schuster, explicando a motivação por detrás dos vooks. "Simplesmente, não é mais possível ser linear com um texto."[13]

---

[12] Tim O'Reilly, "Reinventing the Book in the Age of the Web", blog O'Reilly Radar, 29 de abril de 2009, http://radar.oreilly.com/2009/04/reinventing-thebook-age-of--web.html.

[13] Motoko Rich, "Curling Up with Hybrid Books, Videos Included", *The New York Times*, 30 de setembro de 2009.

Outras mudanças da forma e conteúdo serão sutis e se desenvolverão lentamente. Quanto mais os leitores passarem a descobrir livros através de buscas de textos on-line, mais os autores enfrentarão pressões para adequar suas palavras aos buscadores, do mesmo modo que os blogueiros e outros escritores da web fazem rotineiramente hoje. Steven Johnson esboça algumas das possíveis consequências: "Os escritores e as editoras começarão a pensar sobre o ranking que páginas ou capítulos individuais teriam nas buscas do Google, manufaturando seções explicitamente com a intenção de que atraiam um fluxo constante de visitantes. Parágrafos individuais seriam acompanhados por tags, etiquetas descritivas para orientar potenciais buscadores; os títulos dos capítulos seriam testados para determinar qual o seu ranking".[14]

Muitos observadores acreditam que é apenas uma questão de tempo até que funções das redes sociais sejam incorporadas aos leitores digitais, transformando a leitura em algo como um esporte de equipe. Todos nós iremos papear e passar notas virtuais enquanto percorremos um texto digital. Assinaremos (serviços que automaticamente atualizarão nossos e-books) com comentários e revisões acrescentadas por outros leitores. "Em breve", diz Ben Vershbow, do Instituto para o Futuro do Livro, uma divisão do Centro para a Comunicação Annenberg da USC, "os livros terão literalmente discussões dentro deles, tanto bate-papos ao vivo como trocas assincrônicas por meio de mensagens e comentários sociais. Seremos capazes de saber quem mais lá fora está lendo esse livro e entrar em diálogo com essa pessoa."[15] Em um ensaio muito discutido, o escritor de ciência Kevin Kelly sugeriu mesmo que realizaremos festas comunitárias

---

[14] Johnson, "How the E-Book Will Change".

[15] Andrew Richard Albanese, "Q&A: The Social Life of Books", *Library Journal*, 15 de maio de 2006.

de corta e cola on-line. Costuraremos juntos livros novos a partir de fragmentos e trechos retirados de livros antigos. "Uma vez digitalizados", escreveu, "os livros poderiam ser desmembrados em páginas isoladas ou reduzidos ainda mais, em trechos de uma página. Esses textos poderiam ser remixados em livros reordenados", que então "seriam publicados e permutados nos domínios públicos."[16]

Esse cenário particular pode se concretizar ou não, mas parece inevitável que a tendência da web de transformar todas as mídias em mídias sociais terá um efeito de grande alcance nos estilos de leitura e escrita e, portanto, na própria linguagem. Quando a forma do livro se modificou para acomodar a leitura silenciosa, um dos mais importantes resultados foi o desenvolvimento da escrita privada. Os autores, podendo supor que um leitor atento, profundamente compromissado tanto intelectual como emocionalmente, "finalmente surgiria e lhes agradeceria", rapidamente ultrapassaram os limites da fala social e começaram a explorar uma riqueza de formas marcantemente literárias, muitas das quais poderiam existir somente na página. A nova liberdade do leitor privado levou, como vimos, a um surto de experimentação que expandiu o vocabulário, estendeu as fronteiras da sintaxe e aumentou de um modo geral a flexibilidade e a expressividade da linguagem. Agora que o contexto da leitura de novo está se alterando, da página privada para tela comunal, os autores mais uma vez se adaptarão. Cada vez mais, eles adequam o seu trabalho para um meio que o ensaísta Caleb Crain descreve como de "grupalidade", onde as pessoas leem principalmente "por uma questão de um sentimento de pertencimento" em vez de por iluminação ou diversão pessoal.[17]

[16] Kevin Kelly, "Scan this Book!" *The New York Times Magazine*, 14 de maio de 2006.

[17] Caleb Crain, "How Is the Internet Changing Literary Style?", blog Steamboats Are Ruining Everything, 17 de junho de 2008, www.steamthing.com/2008/06/how-is-the-inte.html.

Quando os interesses sociais se sobrepõem aos literários, os escritores parecem fadados a se abster do virtuosismo e da experimentação em prol de um estilo ameno mas imediatamente acessível. A escrita se tornará um meio de registrar bate-papos.

A natureza provisória de um texto digital também promete influenciar os estilos de escrita. Um livro impresso é um objeto acabado. Uma vez impressas nas suas páginas, suas palavras se tornam indeléveis. A finalidade do ato de publicação há muito tempo tem instilado nos melhores e mais conscienciosos escritores um desejo, e mesmo uma ansiedade, de perfeição dos trabalhos que produzem — escrever com um olho e um ouvido na eternidade. O texto eletrônico é impermanente. No mercado digital, a publicação se torna um processo em andamento em vez de um evento discreto, e a revisão pode prosseguir indefinidamente. Mesmo depois de um e-book ser copiado em um aparelho conectado à rede, ele pode ser atualizado fácil e automaticamente — do mesmo modo rotineiro dos programas de software atualmente.[18] Parece provável que remover o sentimento de fechamento da escrita de um livro eventualmente alterará as atitudes do escritor em relação à sua obra. A pressão para atingir a perfeição será reduzida, junto com o rigor artístico que impõe essa pressão. Para ver como pequenas mudanças nos pressupostos e atitudes dos escritores podem ter grandes efeitos sobre o que escrevem, basta apenas passar os olhos na história da correspondência. Uma carta pessoal escrita no século XIX, digamos, assemelha-se muito pouco a um e-mail pessoal ou uma mensagem de texto escrita hoje. Nossa indulgência com os prazeres da informalidade

[18] Alguns usuários do Kindle tiveram uma lição chocante sobre o caráter efêmero do texto digital quando, na manhã de 17 de julho de 2009, descobriram ao acordar que as versões em e-book de *1984* e de *A revolução dos bichos*, de George Orwell, que compraram na Amazon.com, haviam desaparecido dos seus aparelhos. Ocorrera que a Amazon havia apagado os livros dos Kindles dos clientes depois de descobrir que as edições não haviam sido autorizadas.

levou a um estreitamento da expressividade e a uma perda da eloquência.[19]

Sem dúvida, a conectividade e outros recursos dos e-books trarão novas delícias e diversões. Podemos mesmo, como sugere Kelly, passar a ver a digitalização como um ato de emancipação, um modo de libertar o texto da página. Mas o custo será um enfraquecimento ainda maior, senão um corte final do enlace intelectual íntimo entre o escritor solitário e o leitor solitário. A prática da leitura profunda que se popularizou na esteira da invenção de Gutenberg, na qual "a quietude era parte do significado, parte da mente", continuará a se desvanecer, com toda a probabilidade tornando-se a província de uma pequena e minguante elite. Teremos voltado, em outras palavras, à norma histórica. Como escreveu, em 2005, um grupo de professores da Northwestern University em um artigo do *Annual Review of Sociology*, as mudanças recentes dos nossos hábitos de leitura sugerem que "a era da leitura [de livros] em massa" foi uma breve "anomalia" da nossa história intelectual: "Agora estamos começando a ver o retorno de tal leitura à sua base social anterior: uma minoria autoperpetuante que denominaremos como classe leitora." A questão que resta a ser respondida, prosseguem, é se essa classe leitora terá o "poder e prestígio associados com uma forma cada vez mais rara de capital cultural" ou será vista como os praticantes excêntricos de "um hobby cada vez mais oculto".[20]

---

[19] Até agora, as preocupações sobre as influências das mídias digitais na linguagem se centraram nas abreviaturas e emoticons que as crianças usam nas mensagens instantâneas e nas mensagens de textos. Mas tais inovações provavelmente se revelem benignas, apenas a última moda na longa história da gíria. Os adultos seriam mais sábios se prestassem atenção a como a sua própria destreza com a escrita está mudando. O seu vocabulário está encolhendo ou ficando mais trivial? A sua sintaxe está se tornando menos flexível e mais padronizada? Esses são os tipos de questões que importam ao julgar os efeitos a longo prazo na variedade e expressividade da linguagem.

[20] Wendy Griswold, Terry McDonnell e Nathan Wright, "Reading and the Reading Class in the Twenty-First Century", *Annual Review of Sociology*, 31 (2005): 127–141. Ver também Caleb Crain, "Twilight of the Books", *New Yorker*, 24 de dezembro de 2007.

Quando o CEO da Amazon, Jeff Bezos, apresentou o Kindle, ele fez uma observação de autoadulação: "É muito ambicioso tomar algo tão altamente evoluído como o livro e aperfeiçoá-lo. E talvez mude o modo como as pessoas leem".[21] Não há "talvez" em relação a isso. O modo como as pessoas leem — e escrevem — já foi alterado pela net, e as mudanças continuarão à medida que, lenta mas indubitavelmente, as palavras forem extraídas da página impressa e imersas na "ecologia de tecnologias de interrupção" do computador.

OS ERUDITOS TÊM tentado enterrar os livros há muito tempo. Nos primeiros anos do século XIX, a popularidade florescente dos jornais — bem mais de uma centena eram publicados somente em Londres — levou muitos observadores a supor que os livros estavam à beira da obsolescência. Como poderiam competir com o caráter imediato da folha diária? "Antes deste século acabar, o jornalismo será o todo da imprensa — todo o pensamento humano", declarou o poeta e político Alphonse de Lamartine em 1831. "O pensamento se espalhará pelo mundo com a rapidez da luz, instantaneamente concebido, instantaneamente escrito, instantaneamente compreendido. Cobrirá a terra de polo a polo — repentina e instantaneamente, incendiando com o fervor da alma da qual ele brota. Esse será o reino do mundo humano em toda a sua plenitude. O pensamento não terá tempo de amadurecer, de se acumular na forma de um livro — o livro chegará tarde demais. O único livro possível hoje é o jornal."[22]

---

[21] Steven Levy, "The Future of Reading", *Newsweek*, 26 de novembro de 2007.

[22] Alphonse de Lamartine, *Ouvres Diverses* (Bruxelas: Louis Hauman, 1836), 106–107. Tradução do autor.

Lamartine estava errado. Quando o século XIX terminou, os livros ainda estavam ao redor, convivendo alegremente com os jornais. Mas uma nova ameaça à sua existência já havia emergido: o fonógrafo de Thomas Edison. Parecia óbvio, ao menos para a *intelligentsia*, que as pessoas estariam ouvindo literatura em vez de lendo. Em um ensaio de 1889 na *Atlantic Monthly*, Philip Hubert previu que "muitos livros e histórias podem nem chegar a vir à luz impressos: irão para as mãos dos seus leitores, ou antes ouvintes, como fonogramas". O fonógrafo, que naquela época podia gravar sons assim como tocá-los, também "prometia superar de longe a máquina de escrever", como uma ferramenta para compor prosa, escreveu.[23] No mesmo ano, o futurista Edward Bellamy sugeriu, em um artigo da *Harper*, que as pessoas passariam a ler "com os olhos fechados". Elas levariam consigo um diminuto aparelho de áudio, dito "indispensável", que conteria todos os seus livros, jornais e revistas. As mães, escreve Bellamy, não mais teriam que "ficar roucas contando histórias para as crianças em dias chuvosos, para mantê-las longe das traquinagens". As crianças teriam os seus próprios "indispensáveis".[24]

Cinco anos mais tarde, a *Scribner's Magazine* desferiu o aparente golpe de misericórdia contra o códice, publicando um artigo intitulado "O fim dos livros" [The End of Books], de Octave Uzanne, um eminente autor e editor francês. "Qual é a visão do destino dos livros, meus caros amigos?", escreveu. "Não acredito (e o progresso da eletricidade e dos mecanismos modernos me proíbe de acreditar) que a invenção de Gutenberg não pode senão mais cedo ou mais tarde cair no desuso como o meio habitual de interpretação corrente dos nossos produtos mentais." A imprensa, um "processo algo antiquado" que por séculos "reinou despoticamente sobre a

---

[23] Philip G. Hubert, "The New Talking Machines", *Atlantic Monthly*, fevereiro de 1889.

[24] Edward Bellamy, "With the Eyes Shut", *Harper's*, outubro de 1889.

mente do homem", seria substituída pela "fonografia", e as bibliotecas seriam transformadas em "fonografotecas". Veríamos um retorno da "arte da expressão vocal" à medida que os narradores ocupassem o lugar dos escritores. "As senhoritas", conclui Uzanne, "não mais dirão ao falar de um autor de sucesso, 'Que escritor charmoso!'. Totalmente trêmulas de emoção, suspirarão: 'Ah, como a voz desse *narrador* me estremece, como me encanta, como me comove.'"[25]

O livro sobreviveu ao fonógrafo como havia sobrevivido ao jornal. A audição não substituiu a leitura. A invenção de Edison acabou sendo usada principalmente para a música em vez de para declamar poesia ou prosa. Durante o século XX, a leitura de livros resistiria a um massacre repetido de ameaças aparentemente mortais: ir ao cinema, ouvir rádio, assistir TV. Hoje, os livros permanecem tão presentes como sempre, e temos todas as razões para acreditar que os trabalhos impressos continuarão a ser produzidos e lidos, em alguma quantidade apreciável, nos anos vindouros. Embora os livros físicos possam estar na rota da obsolescência, ela quase certamente será longa e sinuosa. Apesar disso, a existência continuada do códice, embora possa proporcionar alguma alegria ao bibliófilo, não muda o fato de que os livros e a leitura de livros, ao menos como definíamos essas coisas no passado, estão no seu ocaso cultural. Como sociedade, dedicamos menos tempo à leitura de palavras impressas, e, mesmo quando as lemos, nós o fazemos à sombra atarefada da internet. O crítico literário George Steiner, em 1997, dizia que "os silêncios, as artes da concentração e da memorização, as luxúrias do tempo das quais dependia a 'leitura profunda' estão já, em grande parte, descartadas". Mas "essas erosões", continuava, "são quase insignificantes comparadas ao admirável mundo novo da eletrônica".[26] Cinquenta anos atrás, era possível defender que ainda estávamos na era da imprensa. Hoje, não é mais.

[25] Octave Uzanne, "The End of Books", *Scribner's Magazine*, agosto de 1894.

[26] George Steiner, "Ex Libris", *New Yorker*, 17 de março de 1997.

Alguns pensadores dão as boas-vindas ao eclipse do livro e à mente literária que ele promovia. Em um recente discurso para um grupo de professores, Mark Federman, um pesquisador de educação da Universidade de Toronto, sustentava que o ato de ler e escrever, como tradicionalmente o compreendíamos, "não passa agora de uma noção pitoresca, uma forma estética que é tão irrelevante para as questões e preocupações reais da pedagogia atual como é a poesia recitada — claramente não desprovida de valor, mas também não mais a força estruturante da sociedade". Chegou o tempo, disse, de tanto professores como estudantes abandonarem o mundo "linear, hierárquico" do livro e entrarem no "mundo da web, de conectividade ubíqua e proximidade penetrante" — um mundo no qual "a maior habilidade" envolve "descobrir significados emergentes entre contextos que estão continuamente em fluxo".[27]

Clay Shirky, um estudioso de mídias digitais da Universidade de Nova York, sugeriu em uma postagem de 2008 em um blog que não deveríamos perder o nosso tempo lamentando a morte da leitura profunda — ela tinha sido superestimada o tempo todo. "Ninguém lê *Guerra e paz*", escreveu, elegendo o épico de Tolstói como a quintessência das realizações da alta literatura. "É longo demais e não é tão interessante." As pessoas "cada vez mais têm decidido que a obra sagrada de Tolstói na realidade não vale o tempo despendido para lê-la". O mesmo vale para o *Em busca do tempo perdido*, de Proust, e outros romances que até recentemente eram considerados, no fraseado mordaz de Shirky, "muito importantes de um modo vago". De fato, estivemos "elogiando de um modo vazio" escritores como Tolstói e Proust, "todos esses anos". Nossos velhos hábitos literários "são apenas um efeito colateral de

[27] Mark Federman, "Why Johnny and Janey Can't Read, and Why Mr. and Mrs. Smith Can't Teach: The Challenge of Multiple Media Literacies in a Tumultuous Time", sem data, http://individual.utoronto.ca/markfederman/WhyJohnnyandJaneyCantRead.pdf.

vivermos em um ambiente de acesso empobrecido".[28] Agora que a net nos garante abundante "acesso", conclui Shirky, podemos finalmente nos livrar desses hábitos desgastados.

Tais declarações são teatrais demais para serem levadas a sério. Surgem como uma das últimas manifestações da postura de bizarrice que sempre caracterizou a ala anti-intelectual da academia. Mas, aqui de novo, poderia haver uma explicação mais condescendente. Federman, Shirk e outros como eles podem ser os primeiros exemplares da mente pós-literária, intelectuais para quem a tela, em vez da página, sempre foi o conduto primário da informação. Como escreveu Alberto Manguel, "há um abismo intransponível entre o livro que a tradição declarou um clássico e o livro (o mesmo livro) que tomamos como nosso pelo instinto, emoção e compreensão: sofremos através dele, nos regozijamos nele, o traduzimos em nossas experiências e (apesar das camadas de leitura com as quais o livro chega em nossas mãos), essencialmente, nos tornamos os seus primeiros leitores".[29] Se nos faltar o tempo, o interesse ou a facilidade para habitar um mundo literário — para fazê-lo nosso do modo como descreve Manguel —, então é claro que consideraremos a obra-prima de Tolstói "longa demais e não muito interessante".

Embora possa ser tentador ignorar aqueles que sugerem que o valor da mente literária sempre foi exagerado, isso seria um erro. Seus argumentos são outro sinal importante da mudança fundamental que ocorreu na atitude da sociedade em relação à realização intelectual. Suas palavras também tornam muito mais fácil justificar essa mudança — convencer-se de que surfar na web é um substituto adequado, mesmo superior, da leitura profunda e de outras formas de pensamento calmo e atento. Ao

[28] Clay Shirky, "Why Abundance Is Good: A Reply to Nick Carr", blog Encyclopaedia Britannica, 17 de julho de 2008, www.britannica.com/blogs/2008/07/why-abundance-is-good-a-reply-to-nick-carr.

[29] Alberto Manguel, *The Library at Night* (New Haven, CT: Yale University Press, 2008), 218.

defender que os livros são arcaicos e dispensáveis, Federman e Shirky proporcionam o abrigo intelectual que permite que pessoas inteligentes possam entrar confortavelmente no estado de desatenção permanente que define a vida on-line.

NOSSO DESEJO DE diversões velozes e caleidoscópicas não começou com a invenção da World Wide Web. Está presente e crescendo há muitas décadas, à medida que o ritmo do nosso trabalho e da vida doméstica se acelerava e que os meios de telecomunicação, como o rádio e a televisão, nos apresentavam uma mixórdia de programas, mensagens e anúncios. A internet, embora assinale um desvio radical das mídias tradicionais de muitas maneiras, também representa uma continuidade das tendências intelectuais e sociais que emergiram quando as pessoas abraçaram as mídias elétricas do século XX e que vêm moldando nossas vidas e pensamentos desde então. As distrações em nossas vidas estiveram proliferando por muito tempo, mas nunca houve um meio, como a internet, programado para dispersar a nossa atenção tão amplamente e fazê-lo tão insistentemente.

David Levy, em *Scrolling Forward,* descreve um congresso do qual participou no famoso Centro de Pesquisa de Palo Alto (PARC), da Xerox, em meados dos anos 1970, uma época em que os engenheiros e programadores dos laboratórios de alta tecnologia estavam planejando muitos dos recursos que agora damos por certos em nossos computadores pessoais. Um grupo de destacados cientistas computacionais havia sido convidado ao PARC para ver uma demonstração de um novo sistema operacional que facilitava a "multitarefa". Ao contrário de sistemas operacionais que podiam apenas exibir uma tarefa por vez, o novo sistema dividia a tela em muitas "janelas", cada uma das quais poderia rodar um programa diferente ou mostrar um documento diferente. Para ilustrar a flexibilidade do sistema, o apresentador da Xerox passou de uma janela onde estava compondo um código de software para outra janela que exibia um e-mail que acabara de chegar. Ele rapidamente leu e respondeu a mensagem e então pulou de volta para a janela de programação e continuou a desenvolver o código. Alguns da audiência aplaudiram o novo sistema. Viram que permitia que usassem seus computadores muito mais eficientemente. Outros o rejeitaram. "O que no mundo justifica você gostar de ser interrompido — e distraído — por um e-mail enquanto programa?", perguntou enfurecido um dos cientistas da plateia.

A pergunta parece estranha atualmente. A interface de janelas se tornou usual para todos os PCs e para a maioria dos outros dispositivos de computação também. Na net, há janelas dentro de janelas dentro de janelas, para não mencionar as longas fileiras de abas preparadas para disparar a abertura de ainda mais janelas. A multitarefa tornou-se tão rotineira que a maioria de nós acharia intolerável se tivéssemos que voltar para computadores que rodam somente um programa ou que abrem apenas um arquivo por vez. E, no entanto, embora a questão já pareça ter sido resolvida, permanece tão vital atualmente quanto era trinta e cinco anos atrás. Ela assinala, como diz Levy, "um conflito entre dois modos muito distintos de trabalhar e dois entendimentos muito diferentes de como a tecnologia deveria ser usada para apoiar aquele trabalho". Enquanto o pesquisador da Xerox "estava ávido por fazer malabarismo com múltiplas atividades de trabalho simultaneamente", o questionador cético via o seu próprio trabalho "como um exercício de concentração solitária, determinada".[30] Nas escolhas que fizemos, conscientemente ou não, sobre como usar o computador, rejeitamos a tradição intelectual da concentração solitária determinada, a ética que o livro nos conferiu. Fizemos a nossa aposta no malabarista.

[30] David M. Levy, Scrolling *Forward: Making Sense of Documents in the Digital Age* (Nova York: Arcade, 2001), 101–102.

Capítulo 7
O cérebro do malabarista

Faz algum tempo que a primeira pessoa do singular não se faz ouvir nestas páginas. Agora parece que é uma boa hora para que eu, o seu copista de processador de texto, faça uma breve aparição. Percebi que lhe arrastei por grandes extensões do espaço e tempo nos últimos capítulos e agradeço a sua firme disposição de não me abandonar. A jornada que você realizou é a mesma que fiz para tentar entender o que estava acontecendo dentro da minha cabeça. Quanto mais eu mergulhava na ciência da neuroplasticidade e nos avanços da tecnologia intelectual, mais claro ficava que o aporte e a influência da internet somente podem ser julgados quando vistos dentro do contexto mais amplo da história intelectual. Não importa o quão revolucionária seja, a net é melhor compreendida como a última de uma longa série de ferramentas que auxiliaram a moldar a mente humana.

Agora surge a questão crucial: o que a ciência nos diz sobre os reais efeitos que o uso da internet está tendo no modo como nossas mentes funcionam? Sem dúvida, essa questão será objeto de uma grande quantidade de estudos nos próximos anos. No entanto, já sabemos ou podemos supor muitas coisas. As notícias são ainda mais perturbadoras do que eu havia suspeitado. Dúzias de estudos de psicólogos, neurobiólogos, educadores e web designers indicam a mesma conclusão: quando estamos on-line, entramos em um ambiente que promove a leitura descuidada, o pensamento apressado e distraído e o aprendizado superficial. É possível pensar profundamente enquanto se surfa na net, assim como é possível pensar superficialmente enquanto se lê um livro, mas não é o tipo de pensamento que a tecnologia encoraja e recompensa.

Uma coisa é muito clara: se, conhecendo o que sabemos hoje sobre a plasticidade do cérebro, nos propuséssemos inventar uma mídia que refizesse nossos circuitos cerebrais o mais rápida e inteiramente possível, provavelmente terminaríamos projetando algo que se pareceria muito com a internet e que funcionaria de um modo muito semelhante. Não apenas porque tendemos a usar a internet regular e mesmo obsessivamente. É que ela descarrega precisamente o tipo de estímulos sensoriais e cognitivos — repetitivos, intensivos, interativos, aditivos — que se demonstrou resultarem em fortes e rápidas alterações dos circuitos e funções cerebrais. Com exceção dos alfabetos e dos sistemas de números, a internet bem pode ser a tecnologia individual mais poderosa de alteração da mente de uso geral. No mínimo, é a mais poderosa que surgiu desde o livro.

Ao longo do curso de um dia, a maior parte de nós, com acesso à web, passa ao menos duas horas por dia on-line — algumas vezes muito mais — e, durante esse tempo, tendemos a repetir a mesma ação ou similares incessantemente, habitualmente a uma alta velocidade e em resposta a estímulos transmitidos por uma tela ou alto-falante. Algumas das ações são físicas. Digitamos as teclas do teclado do nosso PC. Arrastamos o mouse e clicamos seu botão direito ou esquerdo, e giramos a sua roda de rolagem. Deslizamos as pontas dos nossos dedos no touchpad. Usamos nossos polegares para digitar texto nos teclados reais ou simulados dos nossos BlackBerrys ou celulares. Viramos os nossos iPhones, iPods e iPads para trocar entre os modos *landscape* e *portrait*, enquanto manipulamos os ícones nas telas sensíveis ao toque.

Enquanto realizamos esses movimentos, a net descarrega um fluxo contínuo de insumos nos nossos córtices visual, somatossensorial e auditivo. Há sensações que vêm através de nossas mãos e dedos enquanto clicamos e rolamos, digitamos e tocamos. Há os muitos sinais de áudio que são transmitidos aos nossos ouvidos, como a campainha que anuncia a chegada de um novo e-mail ou uma mensagem instantânea e os diversos toques de celular para nos alertar de diferentes eventos. E, é claro, há uma infinidade de sinais visuais que incidem em nossas retinas quando navegamos no mundo on-line: não apenas os arranjos sempre mutáveis de textos e imagens e vídeos, mas também os hiperlinks destacados por texto sublinhado ou colorido, os cursores que mudam de forma dependendo da sua função, as linhas dos assuntos dos novos e-mails realçados em negrito, os botões virtuais que clamam por ser clicados, os ícones e outros elementos da tela que suplicam por ser arrastados e soltos, os formulários que exigem ser preenchidos, os anúncios de pop-up e as janelas que precisam ser lidas ou descartadas. A net envolve todos os nossos sentidos — exceto, até agora, os sentidos do olfato e do paladar — e os envolve simultaneamente.

A net também fornece um sistema de alta velocidade que oferece respostas e recompensas — "reforços positivos" em termos psicológicos — que encorajam a repetição de ações tanto físicas como mentais. Quando clicamos um link, obtemos algo novo para olhar e avaliar. Quando entramos no Google com uma palavra-chave, recebemos, em um piscar de olhos, uma lista de informações interessantes para apreciar. Quando enviamos um texto ou uma mensagem instantânea ou um e-mail, frequentemente obtemos uma réplica em questão de segundos ou minutos. Quando usamos o Facebook, atraímos novos amigos ou estabelecemos relações mais próximas com os antigos. Quando enviamos uma mensagem pelo Twitter, ganhamos novos seguidores. Quando fazemos uma postagem em um blog, obtemos comentários dos leitores ou links de outros blogueiros. A interatividade da net nos dá novas poderosas ferramentas para encontrar informações, nos expressarmos e conversar com os outros. Também nos transforma em ratos de laboratório constantemente apertando alavancas para conseguir diminutas porções de ração social ou intelectual.

A net exige a nossa atenção com uma insistência muito maior do que jamais ousaram a televisão, o rádio ou nosso jornal matinal. Observe um garoto enviando texto a seus amigos ou uma estudante universitária examinando a listagem de novas mensagens e pedidos no seu Facebook ou um empresário rolando os e-mails no seu BlackBerry — ou considere a si mesmo quando você entra com palavras-chave no campo de busca do Google e começa a seguir uma trilha de links. O que você vê é uma mente consumida por uma mídia. Quando estamos on-line, frequentemente estamos desligados de tudo o mais que está ocorrendo ao nosso redor. O mundo real se afasta enquanto processamos a enxurrada de símbolos e estímulos que é despejada pelos nossos dispositivos.

A interatividade da net também amplia esse efeito. Como muitas vezes estamos usando nossos computadores em um contexto social, para conversar com amigos ou colegas, para criar "perfis" de nós mesmos, para difundir nossos pensamentos através de postagens em blogs ou de atualizações do Facebook, a nossa reputação social está, de um modo ou outro, sempre em jogo, sempre em risco. A autoconsciência resultante — às vezes mesmo o temor — amplifica a intensidade do nosso envolvimento com a mídia. Isso é válido para todos, mas mais particularmente para os jovens, que tendem a ser compulsivos no uso dos seus telefones e computadores para enviar textos ou mensagens instantâneas. Os adolescentes de hoje tipicamente enviam ou recebem uma mensagem a cada minuto durante o seu período de vigília. Como observa o psicoterapeuta Michael Hausauer, os adolescentes e outros jovens adultos têm um "enorme interesse em saber o que está acontecendo nas vidas dos seus pares, somado a uma enorme ansiedade em estar dentro da roda".[1] Se pararem de enviar mensagens, arriscam-se a se tornar invisíveis.

Nosso uso da internet envolve muitos paradoxos, mas aquele que promete ter a maior influência no longo prazo sobre como pensamos é que ela prende a nossa atenção apenas para quebrá-la. Focamos intensivamente na própria mídia, na tela piscante, mas somos distraídos pela rápida oferta de estímulos e mensagens competindo entre si. Quando e onde quer que estejamos conectados, a net nos presenteia com uma apresentação incrivelmente sedutora. Os seres humanos "querem mais informação, mais impressões, mais complexidade", escreve o neurocientista sueco Torkel Klingberg. Tendemos a "procurar situações que exigem performance concorrente ou situações nas quais somos esmagados por informações".[2] Se a lenta procissão de palavra através de páginas impressas refreava o nosso anseio de sermos inundados por estímulos mentais, a net é indulgente em relação a ele. Ela nos devolve ao nosso estado natural de desatenção "de baixo para cima", enquanto nos apresenta muito mais distrações do que nossos ancestrais jamais tiveram que confrontar.

Nem todas as distrações são ruins. Como a maioria de nós sabe por experiência própria, se nos concentramos com intensidade demasiada em um problema difícil, acabamos sempre dando voltas no mesmo lugar. O nosso pensamento se estreita e lutamos para termos ideias novas. Porém, se deixarmos de prestar atenção ao problema por um tempo — se "dormirmos com ele" —, muitas vezes voltamos a ele com uma nova perspectiva e um surto de criatividade. A pesquisa conduzida por Ap Dijksterhuis, um psicólogo holandês que lidera o Laborató-

---

[1] Katie Hafner, "Texting May Be Taking a Toll", *The New York Times*, 25 de maio de 2009.

[2] Torkel Klingberg, *The Overflowing Brain: Information Overload and the Limits of Working Memory*, trad. Neil Betteridge (Oxford: Oxford University Press, 2009), 166-167.

rio do Inconsciente da Universidade Radboud, em Nijmegen, indica que tais quebras de atenção dão à nossa mente inconsciente tempo para lidar com o problema, incluindo informações e processos cognitivos não disponíveis para a deliberação consciente. Seus experimentos revelaram que em geral tomamos melhores decisões quando desviamos nossa atenção de um desafio mental difícil por um tempo. Mas o trabalho de Dijksterhuis também mostrou que os nossos processos de pensamento inconsciente não se envolvem com um problema até que o tenhamos definido clara e conscientemente.[3] Se não tivermos em mente um particular objetivo intelectual, escreve Dijksterhuis, "o pensamento inconsciente não ocorre".[4]

A desatenção constante que a net encoraja — o estado de ser "distraído da distração pela distração", para emprestar outra frase de *Quatro quartetos* de Eliot, — é muito diferente da espécie de distração temporária, proposital, de nossa mente, que refresca nosso pensamento quando estamos buscando uma decisão. A cacofonia de estímulos da net dá um curto-circuito tanto no pensamento consciente como no inconsciente, impedindo que a nossa mente pense profundamente ou criativamente. Nosso cérebro se transforma em simples unidades de processamento de sinais, conduzindo informação para dentro da consciência e depois para fora.

Em uma entrevista de 2005, Michael Merzenich fez uma digressão sobre o poder da internet de causar não apenas modestas alterações, mas mudanças fundamentais na nossa constituição mental. Observando que "o nosso cérebro é modificado em uma escala substancial, física e funcionalmente, toda vez que aprendemos uma nova habilidade ou desenvol-

---

[3] Ap Dijksterhuis, "Think Different: The Merits of Unconscious Thought in Preference Development and Decision Making", *Journal of Personality and Social Psychology*, 87, n. 5 (2004): 586-598.

[4] Marten W. Bos, Ap Dijksterhuis e Rick B. van Baaren, "On the Goal-Dependency of Unconscious Thought", *Journal of Experimental Social Psychology*, 44 (2008): 1114-1120.

vemos uma nova capacidade", descreveu a net como a última de uma série de "especializações culturais modernas", em que "os humanos contemporâneos investem milhões de práticas de treinamento, coisa a que o humano médio, mil anos atrás, não tinha absolutamente nenhuma exposição". Concluiu que "o nosso cérebro está sendo maciçamente remodelado por essa exposição".[5] Retornou a esse tema em 2008, em uma postagem de seu blog, recorrendo a letras maiúsculas para enfatizar os seus argumentos. "Quando a cultura induz mudanças nos modos como envolvemos nossos cérebros, ela cria cérebros DIFERENTES", escreveu, observando que nossas mentes "fortalecem processos específicos exaustivamente exercitados". Ao mesmo tempo que reconhece que agora é difícil imaginar como viver sem a internet e as ferramentas on-line, como o buscador Google, ele assinala que "O SEU USO INTENSO TEM CONSEQUÊNCIAS NEUROLÓGICAS".[6]

O que *não* estamos fazendo quando estamos on-line também tem consequências neurológicas. Assim como neurônios que disparam juntos conectam-se juntos, neurônios que não disparam juntos não se conectam juntos. Como o tempo que gastamos vasculhando web pages encolhe o tempo que passamos lendo livros, como o tempo que gastamos trocando mensagens de texto medidas em bites encolhe o tempo que passamos compondo sentenças e parágrafos, como o tempo que gastamos pulando entre links encolhe o tempo que dedicamos à contemplação na quietude, os circuitos que dão suporte a essas antigas funções intelectuais enfraquecem e começam a se romper. O cérebro recicla os neurônios e as sinapses não usadas para outros trabalhos mais prementes. Ganhamos novas habilidades e perspectivas, mas perdemos as antigas.

---

[5] Stefanie Olsen, "Are We Getting Smarter or Dumber?", CNET News, 21 de setembro de 2005, http://news.cnet.com/Are-we-getting-smarter-or-dumber/2008-1008_3-5875404.html.

[6] Michael Merzenich, "Going Googly", blog On the Brain, 11 de agosto de 2008, http://merzenich.positscience.com/?p=177.

GARY SMALL, UM professor de psiquiatria da UCLA e diretor do seu Centro de Memória e Envelhecimento, tem estudado os efeitos fisiológicos e neurológicos do uso das mídias digitais, e o que ele descobriu corrobora a crença de Merzenich de que a net causa extensas alterações cerebrais. "A atual explosão da tecnologia digital não somente está mudando o modo como vivemos e comunicamos, mas também está alterando rápida e profundamente nosso cérebro", diz. O uso diário de computadores, smartphones, buscadores e outras ferramentas do tipo "estimula a alteração das células cerebrais e a liberação de neurotransmissores, gradualmente fortalecendo novas vias neurais de nosso cérebro enquanto enfraquece as antigas".[7]

Em 2008, Small e dois dos seus colegas conduziram o primeiro experimento que de fato mostrou a mudança do cérebro das pessoas em resposta ao uso da internet.[8] Os pesquisadores recrutaram 24 voluntários — uma dúzia de surfistas da web experientes e uma dúzia de novatos — e escanearam seus cérebros enquanto realizavam buscas com o Google. (Como não se pode colocar um computador dentro de um equipamento de ressonância magnética, os sujeitos eram equipados com óculos nos quais eram projetadas as imagens de páginas da web, junto com um pequeno touchpad preso à mão para navegar as páginas.) As imagens colhidas revelaram que a atividade cerebral dos usuários de Google experientes era muito mais ampla do que a dos novatos. Em particular, "os sujeitos com domínio do computador usavam uma área específica na parte frontal esquerda do cérebro, conhecida como o córtex dorsolateral pré-frontal, [enquanto] os sujeitos sem experiência com a internet exibiam

[7] Gary Small e Gigi Vorgan, *iBrain: Surviving the Technological Alteration of the Modern Mind* (Nova York: Collins, 2008), 1.

[8] G. W. Small, T. D. Moody, P. Siddarth e S. Y. Bookheimer, "Your Brain on Google: Patterns of Cerebral Activation during Internet Searching", *American Journal of Geriatric Psychiatry*, 17, n. 2 (fevereiro de 2009): 116–126. Ver também Rachel Champeau, "UCLA Study Finds That Searching the Internet Increases Brain Function", UCLA Newsroom, 14 de outubro de 2008, http://newsroom.ucla.edu/portal/ucla/ucla-study-fi nds-that-searching-64348.aspx.

uma atividade mínima, se é que exibiam, dessa área". Como um controle para o teste, os pesquisadores também solicitaram que os sujeitos lessem um texto corrido em uma simulação de leitura de livro; nesse caso, as imagens não revelaram nenhuma diferença significativa da atividade cerebral entre os dois grupos. Claramente, as vias neurais distintivas dos usuários experientes da net haviam sido desenvolvidas com o seu uso da internet.

A parte mais notável do experimento veio quando os testes foram repetidos seis dias mais tarde. Nesse meio-tempo, os pesquisadores tinham feito os novatos despenderem uma hora por dia on-line, pesquisando na net. As novas imagens revelaram que a área do seu córtex pré-frontal que estivera em grande parte dormente agora mostrava extensa atividade — similar à atividade dos cérebros dos surfistas veteranos. "Depois de apenas cinco dias de treinamento, exatamente o mesmo circuito neural da parte frontal do cérebro tornou-se ativo nos sujeitos inexperientes em internet", relata Small. "Cinco horas na internet, e os sujeitos inexperientes haviam alterado as conexões dos seus cérebros." Ele prossegue e pergunta: "Se nosso cérebro é tão sensíveil a apenas uma hora por dia de exposição ao computador, o que acontece quando passamos mais tempo [on-line]?".[9]

Um outro resultado do estudo lança luz sobre as diferenças entre ler web pages e ler livros. Os pesquisadores descobriram que, quando as pessoas fazem buscas pela internet, exibem um padrão de atividade cerebral muito diferente de quando leem um texto com o formato de livro. Os leitores de livros têm muita atividade em regiões associadas com a linguagem, memória e processamento visual, mas não exibem muita atividade nas regiões pré-frontais associadas à tomada de decisões e resolução de problemas. Usuários experientes da internet, ao contrário, exibem atividade extensiva em todas as regiões cerebrais quando vasculham e buscam web pages.

[9] Small e Vorgan, *iBrain*, 16–17.

Aqui a boa notícia é que surfar na web, visto que envolve tantas funções cerebrais, pode ajudar os idosos a manter as suas mentes aguçadas. Fazer buscas e navegar pela internet parecem "exercitar" o cérebro de um modo muito semelhante a resolver palavras cruzadas, diz Small.

Mas a atividade extensiva dos cérebros dos surfistas também indica por que a leitura profunda e outros atos de concentração continuada se tornam tão difíceis on-line. A necessidade de avaliar links e tomar as decisões de navegação relacionadas, enquanto processa uma quantidade impressionante de estímulos sensoriais, exige constante coordenação mental e tomada de decisões, distraindo o cérebro do trabalho de interpretar texto ou outras informações. Sempre que nós, os leitores, topamos com um link, temos que pausar, ao menos por uma fração de segundo, para permitir que o nosso córtex pré-frontal avalie se devemos clicar ou não. O redirecionamento dos nossos recursos mentais, da leitura de palavras para a realização de julgamentos, pode ser imperceptível para nós — nosso cérebro é veloz —, mas foi demonstrado que ele impede a compreensão e a retenção, particularmente quando repetido frequentemente. À medida que as funções executivas do córtex pré-frontal tomam as rédeas, nosso cérebro não só é exercitado, mas também fica sobrecarregado. De uma maneira muito real, a web faz com que retornemos ao tempo da *scriptura continua*, quando a leitura era um ato cognitivamente extenuante. Ao ler on-line, diz Maryanne Wolf, sacrificamos a facilidade que torna possível a leitura profunda. Voltamos a ser "meros decodificadores de informação".[10] Nossa capacidade de fazer conexões mentais ricas, que se formam quando lemos com profundidade e sem distrações, permanece sem ser usada em grande proporção.

Steven Johnson, no seu livro de 2005, *Everything Bad Is Good for You*, compara a ampla, prolífica atividade mental vista no cé-

[10] Maryanne Wolf, entrevista para o autor, 28 de março de 2008.

rebro dos usuários de computador com a atividade muito mais calma evidente no cérebro dos leitores de livros. Essa comparação o levou a sugerir que o computador fornece uma estimulação mental mais intensa do que a leitura de livros. A evidência neural poderia mesmo, escreve, levar uma pessoa a concluir que "ler livros subestimula cronicamente os sentidos".[11] Mas, embora o diagnóstico de Johnson esteja correto, a sua interpretação das diferenças dos padrões cerebrais é equivocada. É precisamente o fato de que a leitura de livros "subestimula os sentidos" que torna a atividade tão intelectualmente recompensadora. Ao nos permitir filtrar as distrações, aquietar as funções de resolução de problemas dos lobos pré-frontais, a leitura profunda torna-se uma forma de pensamento profundo. A mente do leitor de livros experiente é uma mente calma, não uma mente frenética. Quando se trata do disparo dos nossos neurônios, é um erro supor que mais é melhor.

John Sweller, um psicólogo educacional australiano, passou décadas estudando como as nossas mentes processam informação e, em particular, como aprendemos. O seu trabalho esclarece como a internet e outras mídias influenciam o estilo e a profundidade do nosso pensamento. Nosso cérebro, explica, comporta dois tipos muito diferentes de memória, a de curto prazo e a de longo prazo. Com a memória de curto prazo, retemos nossas impressões, pensamentos e sensações imediatas, que tendem a durar apenas uma questão de segundos. Todas as coisas que aprendemos sobre o mundo, quer consciente quer inconscientemente, são armazenadas na memória de longo prazo, que permanece no nosso cérebro por uns poucos dias, uns poucos anos ou mesmo a vida toda. Um tipo particular de memória de curto prazo, denominada memória de trabalho, desempenha um papel instrumental na transferência de informação para a memória de longo prazo e,

[11] Steven Johnson, *Everything Bad Is Good for You: How Today's Popular Culture Is Actually Making Us Smarter* (Nova York: Riverhead Books, 2005), 19.

portanto, na criação do nosso estoque pessoal de conhecimento. A memória de trabalho forma, em um sentido muito real, os conteúdos da nossa consciência em um dado momento. "Somos conscientes do que está na nossa memória de trabalho e não o somos de nada mais", diz Sweller.[12]

Se a memória de trabalho é o bloco de rascunho da mente, então a memória de longo prazo é o seu sistema de armazenagem. Os conteúdos da memória de longo prazo permanecem em sua maior parte fora na nossa consciência. Para que pensemos em algo que aprendemos ou experimentamos anteriormente, nosso cérebro tem que transferir o registro de volta da memória de longo prazo para a memória de trabalho. "Tornamo-nos conscientes de algo armazenado na memória de longo prazo somente quando é trazido à memória de trabalho", explica Sweller.[13] Antigamente se supunha que a memória de longo prazo servia apenas como um grande armazém de fatos, impressões e eventos, que "desempenhava um papel menor nos processos cognitivos complexos como o pensamento e a resolução de problemas".[14] Mas os cientistas cerebrais acabaram por descobrir que a memória de longo prazo é de fato a sede do entendimento. Ela armazena não somente fatos, mas também conceitos complexos, ou "esquemas". Ao organizar porções dispersas de informação em padrões de conhecimento, os esquemas dão riqueza e profundidade ao nosso pensamento. "O nosso desempenho intelectual provém em grande medida dos esquemas que adquirimos em longos períodos de tempo", diz Sweller. "Conseguimos entender conceitos em nossas áreas de *expertise* porque temos esquemas associados a esses conceitos."[15]

---

[12] John Sweller, *Instructional Design in Technical Areas* (Camberwell, Austrália: Australian Council for Educational Research, 1999), 4.

[13] Ibid., 7.

[14] Ibid.

[15] Ibid., 11.

A profundidade da nossa inteligência depende da nossa capacidade de transferir informação da memória de trabalho para a memória de longo prazo e de tecer com ela esquemas conceituais. Mas a passagem da memória de trabalho para a memória de longo prazo também forma o gargalo mais importante do nosso cérebro. Ao contrário da memória de longo prazo, que tem uma vasta capacidade, a memória de trabalho é capaz de lidar apenas como uma quantidade muito pequena de informação. Em um renomado artigo de 1956, "The Magical Number Seven, Plus or Minus Two", o psicólogo de Princeton George Miller observou que a memória de trabalho normalmente retém sete porções, ou "elementos", de informação. Mesmo isso hoje em dia é considerado um exagero. Segundo Sweller, a evidência corrente sugere que "podemos processar não mais do que de dois a quatro elementos por vez, com o número real provavelmente sendo mais próximo do extremo inferior do que do superior dessa escala". Aqueles elementos, ademais, que somos capazes de reter na memória de trabalho desaparecerão rapidamente "a não ser que sejamos capazes se renová-los pelo treinamento".[16]

Imagine encher uma banheira com um dedal; esse é o desafio envolvido em transferir informação da memória de trabalho para a memória de longo prazo. Ao regular a velocidade e intensidade do fluxo de informação, o meio exerce uma forte influência nesse processo. Quando lemos um livro, a torneira da informação fornece um gotejar constante, que podemos controlar pelo ritmo da nossa leitura. Através da concentração focalizada no texto, podemos transferir toda ou a maioria da informação, dedal por dedal, à memória de longo prazo e forjarmos as ricas associações essenciais para a criação de esquemas. Com a internet, dispomos de muitas torneiras de informação, todas escancaradas. Nosso pequeno dedal transborda

[16] Ibid., 4–5. Para uma resenha abrangente do pensamento atual sobre os limites da memória de trabalho, ver Nelson Cowan, *Working Memory Capacity* (Nova York: Psychology Press, 2005).

quando vamos de uma torneira para a próxima. Conseguimos transferir apenas uma pequena porção da informação à memória de longo prazo, e o que transferimos é uma miscelânea de gotas de diferentes torneiras, não uma corrente contínua, coerente, de uma única fonte.

A informação que flui para a nossa memória de trabalho em um dado instante é chamada nossa "carga cognitiva". Quando a carga supera a capacidade da nossa mente de processar a informação — quando a água transborda do dedal —, somos incapazes de reter a informação e de fazer conexões com as já armazenadas em nossa memória de longo prazo. Não conseguimos traduzir a nova informação em esquemas. Nossa capacidade de aprendizagem é prejudicada, e nossa compreensão permanece superficial. Como a nossa capacidade de manter a atenção também depende de nossa memória de trabalho — "temos de nos lembrar que temos que nos concentrar", como diz Torkel Klingberg —, uma alta carga cognitiva amplifica a desatenção que experimentamos. Quando nosso cérebro está sobrecarregado, achamos que "as distrações distraem mais".[17] (Alguns estudos ligam o Transtorno de Déficit de Atenção, ou TDA, à sobrecarga da memória de trabalho.) Experimentos indicam que, quando atingimos os limites da nossa memória de trabalho, torna-se mais difícil distinguir entre a informação relevante e a irrelevante, o sinal e o ruído. Tornamo-nos consumidores insanos de dados.

As dificuldades de desenvolver a compreensão de um assunto ou conceito parecem ser "fortemente determinadas pela carga da memória de trabalho", escreve Sweller, e, quanto mais complexo o material que tentamos apreender, maior a penalidade imposta por uma mente sobrecarregada.[18] Há muitas fontes possíveis de sobrecarga cognitiva, mas duas das mais importantes são, segundo Sweller, a "resolução de problemas

[17] Klingberg, *Overflowing Brain*, 39 e 72–75.

[18] Sweller, *Instructional Design*, 22.

externos" e a "atenção dividida". Ocorre que essas são duas das características centrais da net como uma mídia informacional. Usar a internet pode, como sugere Gary Small, exercitar o cérebro do modo como faz um jogo de palavras cruzadas. Mas tal exercício intensivo, quando se torna o nosso primário de pensamento, pode impedir o pensamento e o aprendizado profundos. Tente ler um livro enquanto está fazendo palavras cruzadas; esse é o ambiente intelectual da internet.

DE VOLTA AOS ANOS 1980, quando as escolas começaram a investir pesadamente em computadores, havia muito entusiasmo com as aparentes vantagens dos documentos digitais sobre os de papel. Muitos educadores estavam convencidos de que introduzir hiperlinks no texto exibido em telas de computador seria uma dádiva para o aprendizado. Argumentava-se que o hipertexto fortaleceria o pensamento crítico dos estudantes, permitindo que acessassem facilmente diferentes pontos de vista. Livres do passo travado imposto pelos livros impressos, os leitores poderiam fazer todo tipo de conexões novas entre os diversos textos. O entusiasmo acadêmico com o hipertexto foi ainda mais estimulado com a crença, conforme as teorias pós-modernas em moda na época, de que ele derrubaria a autoridade patriarcal do autor e deslocaria o poder para o leitor. Seria uma tecnologia da libertação. O hipertexto, escreveram os teóricos literários George Landow e Paul Delany, pode "ser revelador" ao libertar os leitores da "insistente materialidade" do texto impresso. Ao "se afastar das constrições da tecnologia ligada à página", ele "fornece um modelo melhor para a capacidade da mente de reordenar os elementos da experiência, mudando os nexos de associação ou de determinação entre eles".[19]

---

[19] George Landow e Paul Delany, "Hypertext, Hypermedia and Literary Studies: The State of the Art", in *Multimedia: From Wagner to Virtual Reality*, ed. Randall Packer e Ken Jordan (Nova York: Norton, 2001), 206–216.

No final da década, o entusiasmo tinha começado a ceder. As pesquisas estavam desenhando um quadro mais completo, muito mais amplo, dos efeitos cognitivos do hipertexto. A avaliação de links e a navegação entre eles envolviam tarefas de resolução de problemas que eram estranhos ao ato da própria leitura. Decifrar hipertextos aumentava significativamente a carga cognitiva dos leitores e assim enfraquecia a sua capacidade de compreender e reter o que estavam lendo. Um estudo de 1989 mostrou que os leitores de hipertexto frequentemente terminavam clicando distraidamente "pelas páginas em vez de lê-las cuidadosamente". Um experimento revelou que os leitores de hipertexto muitas vezes "não podiam lembrar o que haviam ou não lido". Em outro estudo do mesmo ano, os pesquisadores solicitaram a dois grupos que respondessem a uma série de questões, pesquisando em um conjunto de documentos. Um grupo realizou buscas em documentos eletrônicos com hipertexto, enquanto o outro, em documentos de papel tradicionais. O grupo que usou os documentos de papel teve uma performance superior à do grupo dos hipertextos na tarefa designada. Ao fazer uma análise dos resultados desses e de outros experimentos, os editores de um livro de 1996 sobre hipertexto e cognição escreveram que, visto que o hipertexto "impõe uma maior carga cognitiva ao leitor", não surpreende "que comparações empíricas entre uma apresentação em papel (uma situação familiar) e um hipertexto (uma situação nova, cognitivamente exigente) nem sempre favoreçam o hipertexto". Mas previram que, à medida que os leitores ganhassem maior "intimidade com hipertextos", os problemas cognitivos deveriam diminuir.[20]

Isso não aconteceu. Embora a World Wide Web tenha tornado o hipertexto um lugar-comum, e na realidade ubíquo,

[20] Jean-Francois Rouet e Jarmo J. Levonen, "Studying and Learning with Hypertext: Empirical Studies and Their Implications", in: *Hypertext and Cognition*, ed. Jean-François Rouet, Jarmo J. Levonen, Andrew Dillon e Rand J. Spiro (Mahwah, NJ: Erlbaum, 1996), 16–20.

as pesquisas continuam a mostrar que as pessoas que leem textos lineares compreendem mais, lembram mais e aprendem mais do que aquelas que leem textos salpicados com links. Em um estudo de 2001, dois estudiosos canadenses solicitaram a setenta pessoas que lessem "The Demon Lover", um conto da escritora modernista Elizabeth Bowen. Um grupo leu o texto em um formato tradicional, linear; um segundo grupo leu uma versão com links, como se encontra em uma página da web. Os leitores de hipertexto demoraram mais tempo para ler a história, e além disso, em entrevistas subsequentes, demonstraram maior confusão e incerteza sobre o que haviam lido. Três quartos deles disseram que tiveram dificuldade em seguir o texto enquanto apenas um em dez dos leitores do texto linear relatou tais problemas. Um leitor de hipertexto se queixou: "A história era muito truncada. Não sei se isso era causado pelo hipertexto, mas eu fazia escolhas e repentinamente não estava fluindo propriamente, apenas como que pulava para uma nova ideia que eu realmente não acompanhava".

Um segundo teste realizado pelos mesmos pesquisadores, usando uma história mais curta e escrita de um modo mais simples, "The Trout", de Sean O'Faolain, produziu os mesmos resultados. Novamente os leitores de hipertexto relataram maior confusão em acompanhar o texto, e seus comentários sobre a trama da história e a imagética eram menos detalhados e precisos do que os dos leitores do texto linear. Com o hipertexto, concluíram os pesquisadores, "o modo absorto e pessoal de leitura parece ser desencorajado". A atenção do leitor "era direcionada para o maquinário do hipertexto e suas funções, em vez de para a experiência oferecida pela história".[21] A mídia utilizada para apresentar as palavras obscurecia o significado delas.

[21] David S. Miall e Teresa Dobson, "Reading Hypertext and the Experience of Literature", *Journal of Digital Information*, 2, n. 1 (13 de agosto de 2001).

Em outro experimento, os pesquisadores pediram aos sujeitos que se sentassem defronte a computadores e resumissem dois artigos on-line descrevendo teorias de aprendizagem opostas. Um artigo argumentava que "o conhecimento é objetivo"; outro defendia que "o conhecimento é relativo". Cada artigo estava disposto do mesmo modo, com títulos semelhantes, e cada um tinha links para o outro artigo, permitindo que o leitor saltasse rapidamente entre eles para comparar as teorias. Os pesquisadores tinham como hipótese que as pessoas que usassem os links ganhariam um conhecimento mais rico das duas teorias e suas diferenças do que as pessoas que lessem as páginas sequencialmente, completando uma antes de ir para a seguinte. Estavam errados. Os sujeitos testados que leram as páginas linearmente na realidade obtiveram notas consideravelmente mais altas em um teste de compreensão subsequente do que aqueles que tinham clicado de uma página para a outra. Os links dificultaram o processo de aprendizagem, concluíram os pesquisadores.[22]

Outra pesquisadora, Erping Zhu, conduziu um diferente tipo de experimento, que também buscava discernir a influência do hipertexto na compreensão. Ela pediu a grupos que lessem o mesmo trecho de texto de escrita on-line, mas ela variou o número de hiperlinks incluídos na passagem. Ela testou a compreensão dos leitores solicitando que escrevessem um sumário do que haviam lido e completassem um teste de múltiplas escolhas. Ela verificou que a compreensão declinava com o aumento do número de hiperlinks. Os leitores eram forçados a demandar cada vez mais atenção e capacidade cerebral para avaliar os links e decidir quais clicarem. Restavam-lhes menos atenção e recursos cognitivos para dedicarem à compreensão do que estavam lendo. O experimento sugeriu uma forte correlação "entre o número de links e a desorienta-

[22] D. S. Niederhauser, R. E. Reynolds, D. J. Salmen e P. Skolmoski, "The Influence of Cognitive Load on Learning from Hypertext", *Journal of Educational Computing Research*, 23, n. 3 (2000): 237–255.

ção ou sobrecarga cognitiva", escreveu Zhu. "Leitura e compreensão exigem estabelecer relações entre conceitos, fazer inferências, ativar conhecimentos prévios e sintetizar as ideias principais. Desorientação ou sobrecarga cognitiva podem, assim, interferir nas atividades de leitura e compreensão."[23]

Em 2005, Diana DeStefano e Jo-Anne LeFevre, psicólogas do Centro de Pesquisa Cognitiva Aplicada da Universidade de Carleton, no Canadá, conduziram uma análise abrangente dos 38 últimos experimentos envolvendo a leitura de hipertextos. Embora nem todos os estudos mostrassem que o hipertexto diminuía a compreensão, elas encontraram "muito pouco apoio" à teoria outrora popular de "que o hipertexto poderia levar a uma experiência enriquecida do texto". Ao contrário, predominavam as evidências que indicavam que "o aumento das exigências de tomada de decisão e de processamento visual no hipertexto prejudicavam a performance da leitura", particularmente quando comparadas com a "apresentação linear tradicional". Concluíram que "muitas características do hipertexto resultaram em um acréscimo da carga cognitiva e assim podem ter exigido uma capacidade da memória de trabalho que excedia as possibilidades dos leitores".[24]

A WEB COMBINA a tecnologia do hipertexto com a tecnologia da multimídia para fornecer o que é chamado "hipermídia". Não são apenas palavras que são apresentadas e relacionadas eletronicamente, mas também imagens, sons e vídeos. Assim como os pioneiros do hipertexto antigamente acreditavam que

[23] Erping Zhu, "Hypermedia Interface Design: The Effects of Number of Links and Granularity of Nodes", *Journal of Educational Multimedia and Hypermedia*, 8, n. 3 (1999): 331–358.

[24] Diana DeStefano e Jo-Anne LeFevre, "Cognitive Load in Hypertext Reading: A Review", *Computers in Human Behavior*, 23, n. 3 (maio de 2007): 1616–1641. O artigo foi originalmente publicado on-line em 30 de setembro de 2005.

links forneceriam uma experiência de aprendizagem mais rica para os leitores, muitos educadores supuseram que recursos multimídia, ou "ricos em mídia", como às vezes são chamados, aprofundariam a compreensão e fortaleceriam o aprendizado. Quanto mais inputs, melhor. Mas essa suposição, por muito tempo aceita sem muitas evidências, também entrou em contradição com as pesquisas. A divisão da atenção exigida pela multimídia estressa ainda mais nossas capacidades cognitivas, diminuindo a nossa aprendizagem e enfraquecendo a nossa compreensão. Quando se trata de suprir a mente com a matéria-prima do pensamento, mais pode ser menos.

Em um estudo publicado na revista *Media Psyclology* em 2007, os pesquisadores recrutaram mais de uma centena de voluntários para assistir a uma apresentação sobre Mali, exibido por um browser da web em um computador. Alguns dos sujeitos assistiram a uma versão da apresentação que incluía somente uma série de páginas de texto. Outros assistiram a uma versão que incluía, junto com as páginas de texto, uma janela na qual passava uma apresentação audiovisual de um material relacionado. Os sujeitos-teste podiam parar e reiniciar o audiovisual quando desejassem.

Depois de verem a apresentação, os sujeitos responderam a um teste de dez questões sobre o material. Os que somente haviam visto o texto responderam corretamente, em média, 7,04 das questões, enquanto que os que viram a multimídia responderam corretamente apenas 5,98 das questões — uma diferença significativa, segundo os pesquisadores. Também foi feita aos sujeitos uma série de perguntas sobre as suas percepções sobre a apresentação. Os que somente haviam lido textos acharam que foi mais interessante, mais educativo, mais compreensível e mais agradável do que os que assistiram à multimídia, e estes últimos eram mais propensos do que os primeiros a concordarem com a afirmação: "Não aprendi nada com esta apresentação". As tecnologias de multimídia, tão comuns na web, concluem os pesquisadores, "parecem limitar em vez de aumentar a aquisição de informação".[25]

Em um outro experimento, dois pesquisadores de Cornell dividiram uma turma de estudantes em dois grupos. Permitiu-se que um grupo surfasse pela web enquanto assistia a uma palestra. Um registro de suas atividades mostrou que seus integrantes buscavam sites relacionados ao conteúdo da palestra, mas também visitavam sites não relacionados, checavam o seu e-mail, faziam compras, assistiam vídeos e todas as demais coisas que as pessoas fazem on-line. O segundo grupo escutou a palestra idêntica, mas teve que manter seus laptops fechados. Imediatamente depois, ambos os grupos foram submetidos a um teste medindo o grau de memorização da palestra. Os surfistas, relatam os pesquisadores, "tiveram um desempenho significativamente mais pobre na medição imediata da memória do conteúdo a ser aprendido". Não importou, ademais, se eles surfavam em informação relacionada à palestra ou em conteúdo inteiramente não relacionado — todos tiveram uma performance pobre. Quando os pesquisadores repetiram o experimento com outra turma, os resultados foram os mesmos.[26]

Estudiosos da Universidade do Kansas conduziram um estudo similarmente realístico. Um grupo de estudantes universitários assistia a uma transmissão típica da CNN, na qual o âncora apresentava quatro matérias noticiosas enquanto vários infográficos surgiam na tela e uma tira textual de notícias corria embaixo. Um segundo grupo assistia à mesma programação, mas sem os gráficos e a tira de notícias. Testes subsequentes mostraram que os estudantes que haviam assis-

[25] Steven C. Rockwell e Loy A. Singleton, "The Effect of the Modality of Presentation of Streaming Multimedia on Information Acquisition", *Media Psychology*, 9 (2007): 179-191.

[26] Helene Hembrooke e Geri Gay, "The Laptop and the Lecture: The Effects of Multitasking in Learning Environments", *Journal of Computing in Higher Education*, 15, n. 1 (setembro de 2003): 46-64.

tido à versão multimídia se lembravam de significativamente menos fatos das matérias do que aqueles que haviam assistido à versão mais simples. "Parece", escreveram os pesquisadores, "que o formato multimensagem excedeu a capacidade de atenção dos espectadores".[27]

Suprir informação em mais de uma forma nem sempre é um empecilho para a compreensão. Como todos nós sabemos da leitura de livros-texto e de manuais ilustrados, figuras podem auxiliar a esclarecer e reforçar as explicações escritas. Pesquisadores educacionais também descobriram que apresentações cuidadosamente projetadas, combinando explicações ou instruções auditivas e visuais, podem incrementar a aprendizagem dos estudantes. A razão, sugerem as teorias atuais, é que nosso cérebro usa canais diferentes para processar o que vemos e o que ouvimos. Como explica Sweller: "As memórias de trabalho auditiva e visual são separadas, ao menos em certo grau, e por isso a memória de trabalho efetiva pode ser aumentada usando ambos os processadores em vez de um só". Consequentemente, em alguns casos "os efeitos negativos da atenção dividida podem ter uma melhora usando tanto a modalidade auditiva como a visual" — sons e imagens, portanto.[28] A internet, contudo, não foi construída por educadores para otimizar a aprendizagem. Ela apresenta a informação não de um modo cuidadosamente balanceado, mas como uma mixórdia fragmentadora da concentração.

A net é, pelo seu design, um sistema de interrupção, uma máquina calibrada para dividir a atenção. Isso não resulta apenas de sua capacidade de exibir muitos tipos diferentes de mídia simultaneamente. É também o resultado da facilidade com que pode ser programada para enviar e receber mensagens. A maior parte dos aplicativos de e-mail, para considerar um

---

[27] Lori Bergen, Tom Grimes e Deborah Potter, "How Attention Partitions Itself during Simultaneous Message Presentations", *Human Communication Research*, 31, n. 3 (julho de 2005): 311–336.

[28] Sweller, *Instructional Design*, 137–147.

exemplo óbvio, é ajustada para checar automaticamente novas mensagens a cada cinco ou dez minutos, e as pessoas costumeiramente clicam o botão "cheque novo e-mail", mesmo assim, em menor espaço de tempo. Estudos com funcionários de escritório que usam computadores revelam que constantemente param o que estão fazendo para ler e responder e-mails que chegam. Não é incomum que olhem na sua caixa de chegada trinta ou quarenta vezes por hora (embora, quando perguntados o quão frequentemente olham, na maioria das vezes deem uma cifra muito mais baixa).[29] Já que cada vislumbre representa uma pequena interrupção do pensamento, uma relocação de recursos mentais, o custo cognitivo pode ser alto. A pesquisa psicológica há muito tempo demonstrou o que a maioria de nós sabe por experiência: interrupções frequentes estilhaçam nossos pensamentos, enfraquecem nossa memória e nos deixam tensos e ansiosos. Quanto mais complexa for a sequência de pensamentos nas quais estamos mergulhados, maior será o prejuízo que a distração causa.[30]

Além do influxo de mensagens pessoais — não só e-mails, mas também mensagens instantâneas e mensagens de texto —, a web nos fornece cada vez mais todo tipo de notificações automáticas. Leitores de conteúdo e agregadores nos avisam sempre que uma nova matéria aparece na nossa publicação ou blog favoritos. As redes sociais nos alertam sobre o que os nossos amigos estão fazendo, frequentemente a cada instante. O Twitter e outros serviços de microblog nos dizem quando uma das pessoas que "seguimos" posta uma nova mensagem. Também podemos ativar alertas para monitorar mudanças no valor de nossos investimentos, notícias sobre pessoas ou eventos espe-

[29] K. Renaud, J. Ramsay e M. Hair, "'You've Got Email!' Shall I Deal with It Now?", *International Journal of Human-Computer Interaction*, 21, n. 3 (2006): 313–332.

[30] Ver, por exemplo, J. Gregory Trafton e Christopher A. Monk, "Task Interruptions", *Reviews of Human Factors and Ergonomics*, 3 (2008): 111–126. Os pesquisadores acreditam que interrupções frequentes levam a uma sobrecarga cognitiva e prejudicam a formação de memórias.

cíficos, atualizações do software que usamos, novos vídeos carregados no YouTube, e assim por diante. Dependendo de quantos canais de informação assinarmos e da frequência com a qual nos enviam atualizações, podemos receber uma dúzia de alertas por hora, e, para os mais "antenados" de nós, o número pode ser muito mais alto. Cada alerta é uma distração, uma intrusão nos nossos pensamentos, um outro bit de informação que sequestra um espaço precioso da nossa memória de trabalho.

A navegação na web exige uma forma particularmente intensa de multitarefas mentais. Além de inundar nossa memória de trabalho com informação, o malabarismo impõe, como denominam os cientistas do cérebro, "custos de comutação" à nossa cognição. Toda vez que deslocamos nossa atenção, o nosso cérebro tem que se reorientar novamente, exercendo mais pressão sobre os nossos recursos mentais. Como explica Maggie Jackson em *Distracted,* o seu livro sobre multitarefas, "o cérebro leva um tempo para mudar as metas, para lembrar as regras necessárias para a nova tarefa e para bloquear a interferência cognitiva da atividade anterior, ainda vívida".[31] Muitos estudos demonstraram que a comutação entre apenas duas tarefas pode incrementar substancialmente a nossa carga cognitiva, impedindo o nosso pensamento e aumentando a probabilidade de que passemos por cima ou interpretemos mal informações importantes. Em um experimento simples, exibiu-se a um grupo de adultos uma série de formas coloridas e lhes foi solicitado que fizessem previsões simples com base no que viam. Eles tinham que realizar a tarefa enquanto estavam usando fones de ouvido que tocavam uma série de bips. Em uma tentativa, solicitou-se que ignorassem os bips e apenas se concentrassem nas formas. Em uma segunda tentativa, usando um diferente conjunto de estimuladores visuais, pediu-se que contassem o número de bips. Depois de cada

[31] Maggie Jackson, *Distracted: The Erosion of Attention and the Coming Dark Age* (Amherst, NY: Prometheus, 2008), 79.

rodada, submetiam-se a um teste que exigia que interpretassem o que haviam acabado de fazer. Em ambas as tentativas, os sujeitos fizeram previsões com igual êxito. Mas, depois da tentativa multitarefa, tiveram muito mais dificuldades de chegar a conclusões sobre a sua experiência. A comutação entre as duas tarefas dera um curto-circuito em seu entendimento: eles realizaram o trabalho, mas perderam a noção do seu significado. "Nossos resultados sugerem que a aprendizagem de fatos e conceitos será pior quando acontecer enquanto estivermos distraídos", disse o líder da pesquisa, o psicólogo da UCLA Russell Poldrack.[32] Na net, onde comumente fazemos malabarismos não apenas entre duas mas entre diversas tarefas mentais, os custos de comutação podem ser muito mais altos.

É importante enfatizar que a capacidade da net de monitorar eventos e enviar automaticamente mensagens e notificações é uma das suas grandes forças como tecnologia de comunicação. Baseamo-nos nessa capacidade para personalizar o funcionamento do sistema, para programar a vasta base de dados para responder às nossas necessidades particulares, interesses e desejos. Nós *queremos* ser interrompidos, porque cada interrupção nos traz uma informação preciosa. Ao desligar esses alertas, nos arriscamos a nos sentir desconectados ou mesmo socialmente isolados. O fluxo quase contínuo de novas informações bombeado pela web também apela à nossa tendência natural de "supervalorizar amplamente o que está acontecendo *exatamente agora*", como explica o psicólogo do Union College, Christopher Chabris. Ansiamos pelo novo mesmo quando sabemos que "o novo é na maior parte das vezes trivial em vez de essencial".[33]

---

[32] Karin Foerde, Barbara J. Knowlton e Russell A. Poldrack, "Modulation of Competing Memory Systems by Distraction", *Proceedings of the National Academy of Sciences*, 103, n. 31 (1º de agosto de 2006): 11778–11783; e "Multi-Tasking Adversely Affects Brain's Learning", University of Califórnia press release, 7 de julho de 2005.

[33] Christopher F. Chabris, "You Have Too Much Mail", *The Wall Street Journal*, 15 de dezembro de 2008. Os destaques são de Chabris.

E assim pedimos à internet que continue a nos interromper, cada vez mais e de modos diferentes. De bom grado aceitamos a falta de concentração e de foco, a divisão da nossa atenção e a fragmentação dos nossos pensamentos, em troca da abundância de informação premente ou, pelo menos, divertida que recebemos. Desligar não é uma opção que muitos de nós consideraríamos.

EM 1879, UM oftalmologista francês chamado Louis Émilie Javal descobriu que, quando as pessoas leem, seus olhos não varrem as palavras de um modo perfeitamente fluido. O foco visual avança em pequenos saltos, denominados sacadas, pausando brevemente em diferentes pontos ao longo de cada linha. Um dos colegas de Javal na Universidade de Paris fez outra descoberta a seguir: que o padrão de pausas, ou "fixações do olhar", podia ter uma grande variação dependendo do que estava sendo lido e de quem estava lendo. Na esteira dessas descobertas, os pesquisadores do cérebro começaram a usar experimentos de rastreamento ocular para aprender mais sobre como lemos e como nossas mentes funcionam. Tais estudos também foram valiosos para fornecer mais *insights* sobre os efeitos da net na atenção e na cognição.

Em 2006, Jakob Nielsen, um consultor experiente de design de web pages que esteve estudando a leitura on-line desde a década de 1990, conduziu um estudo de rastreamento ocular de usuários da web. Fez com que 232 pessoas usassem uma pequena câmera que rastreava seus movimentos oculares enquanto liam páginas de texto e folheavam um outro conteúdo. Nielsen descobriu que raramente qualquer um dos participantes lia o texto on-line de um modo metódico, linha por linha, como tipicamente liam uma página de texto de um livro. A vasta maioria deslizava sobre o texto velozmente, com os olhos saltitando sobre a página em um padrão que se assemelhava a uma letra F. Eles começavam passando os olhos por toda a extensão das primeiras duas ou três linhas de texto. Então os seus olhos abaixavam um pouco, e começavam a escanear, a meia altura, umas poucas linhas. Finalmente, deixavam os olhos correr apressadamente um pouco mais para baixo no lado esquerdo da página. Esse padrão de leitura on-line foi confirmado por um estudo posterior de rastreamento ocular conduzido no Laboratório de Pesquisa de Usabilidade de Software da Universidade Estadual de Wichita.[34]

"F", escreveu Nielsen, resumindo os achados para os seus clientes, é "de *fast*". É como os usuários leem o seu precioso conteúdo. Em poucos segundos, seus olhos se movem em velocidades espantosas através de palavras do website em um padrão que é muito diferente do que aprendem na escola".[35] Como um complemento do seu estudo de rastreamento ocular, Nielsen analisou uma base de dados extensiva sobre o comportamento dos usuários da web que havia sido compilada por uma equipe de pesquisadores alemães. Eles monitoraram os computadores de 25 pessoas por uma média de cem dias cada uma, registrando o tempo que cada sujeito despendeu olhando umas 50 mil web pages. Analisando os dados, Nielsen descobriu que, quando o número de palavras de uma página crescia, o tempo que um visitante despendia olhando a página crescia, mas apenas ligeiramente. Para cada cem palavras adicionais, o leitor médio gastará apenas 4,4 segundos a mais espiando a página. Visto que mesmo o mais proficiente leitor somente pode ler cerca de dezoito palavras em 4,4 segundos, Nielsen diz a seus clientes que "quando você adiciona verborragia a uma página, pode supor que os usuários lerão

[34] Sav Shrestha e Kelsi Lenz, "Eye Gaze Patterns While Searching vs. Browsing a Website", *Usability News*, 9, n. 1 (janeiro de 2007), www.surl.org/usabilitynews/91/eyegaze.asp.

[35] Jakob Nielsen, "F-Shaped Pattern for Reading Web Content", *Alertbox*, 17 de abril de 2006, www.useit.com/alertbox/reading_pattern.html.

18% dela". E isso, ele avisa, é quase certamente uma superestimativa. É improvável que as pessoas do estudo estivessem passando todo o seu tempo lendo: deveriam também estar passando os olhos por imagens, vídeos, anúncios e outros tipos de conteúdo.[36]

A análise de Nielsen reforça as conclusões dos próprios pesquisadores alemães. Eles relataram que a maioria das páginas da web são vistas por dez segundos ou menos. Menos do que uma em dez web pages é vista por mais de dois minutos, e uma fração significativa desse tempo parece envolver "janelas do browser desocupadas... deixadas abertas no segundo plano do desktop". Os pesquisadores observaram que mesmo novas páginas com abundante informação e muitos links são regularmente vistas apenas por um breve período". Os resultados, dizem, "confirmam que o browsing é uma atividade rapidamente interativa".[37] Os resultados também reforçam algo que Nielsen escreveu em 1997 depois do seu primeiro estudo da leitura on-line. "Como os usuários leem na web?", perguntou então. Sua resposta sucinta: "Eles não leem".[38]

Os websites rotineiramente coletam dados detalhados sobre o comportamento dos visitantes e essas estatísticas registram quão rapidamente saltamos entre as páginas quando estamos on-line. Em um período de dois meses em 2008, uma companhia israelense chamada ClickTale, que fornece software para analisar como as pessoas usam as páginas corporativas da web, coletou dados sobre o comportamento de 1 milhão de visitantes aos sites mantidos pelos seus clientes ao redor do mundo. Descobriu que, na maioria dos países, as pessoas

---

[36] Jakob Nielsen, "How Little Do Users Read?", *Alertbox*, 6 de maio de 2008, www.useit.com/alertbox/percent-text-read.html.

[37] Harald Weinreich, Hartmut Obendorf, Eelco Herder e Matthias Mayer, "Not Quite the Average: An Empirical Study of Web Use", *ACM Transactions on the Web*, 2, n. 1 (2008).

[38] Jakob Nielsen, "How Users Read on the Web", *Alertbox*, 1º de outubro de 1997, www.useit.com/alertbox/9710a.html.

despendem, em média, entre 19 e 27 segundos olhando uma página antes de passarem para a próxima, incluindo o tempo para a página carregar na janela do browser. Os surfistas alemães e canadenses despendem cerca de vinte segundos por página, e os americanos e britânicos, cerca de 21 segundos. Indianos e australianos se detêm por cerca de 24 segundos, e os franceses, por cerca de 25 segundos.[39] Na web, não existe essa coisa de browsing lento. Queremos recolher o máximo de informação tão rapidamente quanto os nossos olhos e dedos conseguem se mover.

Isso é verdade mesmo quando se trata de pesquisa acadêmica. Como parte de um estudo de cinco anos que terminou no início de 2008, um grupo da University College de Londres examinou os registros de computador documentando o comportamento dos visitantes de dois sites de pesquisa populares, um operado pela Biblioteca Britânica e um por um consórcio educacional do Reino Unido. Ambos os sites concediam aos usuários acesso a artigos de jornal, e-books e outras fontes de informação. Os estudiosos descobriram que as pessoas usando os sites mostravam claramente "ler por cima", pulando rapidamente de uma fonte para a outra, raramente voltando a qualquer fonte que já houvessem consultado. Elas geralmente liam, no máximo, uma ou duas páginas de um artigo ou livro antes de pularem para outro site. "É claro que os usuários não estão lendo on-line no sentido tradicional", relatam os autores do estudo; "de fato, há sinais de que novas formas de 'leitura' estão emergindo à medida que os usuários dão uma conferida horizontal nos títulos, sumários e resumos, visando resultados rápidos. Dão a impressão de que vão on-line para evitar a leitura no sentido tradicional".[40]

[39] "Puzzling Web Habits across the Globe", blog ClickTale, 31 de julho de 2008, www.clicktale.com/2008/07/31/puzzling-web-habits-across-the-globe-part-1/.

[40] University College London, "Information Behaviour of the Researcher of the Future", 11 de janeiro de 2008, www.ucl.ac.uk/slais/research/ciber/downloads/ggexecutive.pdf.

A mudança da nossa abordagem da leitura e da pesquisa parece ser uma consequência inevitável de nosso vínculo de dependência da tecnologia da net, defende Merzenich, e anuncia uma mudança mais profunda no nosso pensamento. "Não há absolutamente qualquer dúvida de que os modernos buscadores e os websites com referências cruzadas têm aumentado poderosamente as eficiências da pesquisa e da comunicação", diz. "Também não há como questionar de modo algum que nosso cérebro está envolvido menos diretamente e mais superficialmente na síntese de informação quando usamos estratégias de pesquisa que só têm a ver com 'eficiência', 'referências secundárias (e fora do contexto)' e 'superficiais'."[41]

A passagem da leitura para a conferida rápida está ocorrendo muito aceleradamente. Ziming Liu, um professor de biblioteconomia da San José State University, relata que "o advento das mídias digitais e da coleção crescente de documentos digitais teve um impacto profundo na leitura". Em 2003, Liu fez um levantamento de 113 pessoas bem-educadas — engenheiros, cientistas, contadores, professores, empresários e estudantes de pós-graduação, com idades principalmente entre 30 e 45 anos —, para aferir como os seus hábitos de leitura haviam mudado nos dez anos anteriores. Quase 85 por cento das pessoas relataram que estavam despendendo mais tempo lendo documentos eletrônicos. Quando se pediu que caracterizassem como suas práticas de leitura haviam mudado, 81 por cento disseram que estavam gastando mais tempo "apenas navegando e explorando" e 82 por cento relataram que estavam fazendo mais "leitura não linear". Somente 27 por cento disseram que o tempo que dedicavam à "leitura em profundidade" estava crescendo enquanto 45 por cento disseram que estava declinando. Apenas 16 por cento disseram que estavam tendo mais "atenção continuada" na leitura; 50 por cento disseram que estavam tendo menos "atenção continuada".

---

[41] Merzenich, "Going Googly".

Os achados, diz Liu, indicam que "o ambiente digital tende a encorajar as pessoas a explorarem tópicos extensivamente, mas em um nível muito superficial", e que "os hiperlinks distraem as pessoas de ler e pensar profundamente". Um dos participantes do estudo disse a Liu: "Eu acho que a minha paciência em ler documentos longos está decrescendo. Quero pular logo para o fim dos artigos longos". Outro disse: "Eu passo os olhos muito mais [do que leio] pelas páginas de html do que faço com materiais impressos". É bastante claro, concluiu Liu, que, com a enxurrada de textos digitais despejada através dos nossos computadores e telefones, que "as pessoas estão despendendo mais tempo com a leitura" do que estavam habituadas. Mas também é igualmente claro que é um tipo muito diferente de leitura. "Está emergindo um comportamento de leitura baseado na tela", escreveu, que é caracterizado por "navegar, explorar, olhar o teclado, leitura de uma única vez, [e] leitura não linear". O tempo "despendido na leitura em profundidade e na leitura concentrada", por outro lado, está declinando continuamente.[42]

Não há nada errado com o navegar e o escanear, ou mesmo com a conferida rápida. Sempre passamos os olhos sobre os jornais mais do que os lemos, e habitualmente corremos os olhos sobre os livros e revistas para ter um gosto do escrito e decidir se merece ou não uma leitura mais completa. A capacidade de ler por cima um texto é tão importante quanto a de ler profundamente. O que é diferente, e perturbador, é que ler por alto está se tornando o nosso modo dominante de leitura. Outrora um meio para um fim, um modo de identificar a informação para um estudo mais profundo, a varredura está se tornando um fim em si mesmo — nosso modo preferido de coletar e compreender informações de todos os tipos. Chegamos a um ponto em que um bolsista da Rhodes como Joe O'Shea, da

[42] Ziming Liu, "Reading Behavior in the Digital Environment", *Journal of Documentation*, 61, n. 6 (2005): 700–712.

FSU — que cursa filosofia, além de tudo —, sente-se à vontade para admitir não somente que raramente lê livros mas que não vê nenhuma necessidade particular de lê-los. Por que se incomodar, quando se faz uma busca no Google para obter as porções de informação de que se precisa numa fração de segundo? O que estamos experimentando é, em um sentido metafórico, uma reversão da trajetória inicial da civilização: estamos evoluindo de seres cultivadores de conhecimento pessoal para sermos caçadores e coletores da floresta dos dados eletrônicos.

HÁ COMPENSAÇÕES. As pesquisas mostram que algumas habilidades cognitivas estão sendo fortalecidas, às vezes substancialmente, pelo nosso uso de computadores e da net. Essas tendem a envolver funções mentais de nível mais baixo, ou mais primitivo, como coordenação mão-olho, resposta reflexa e o processamento de sinais visuais. Um estudo muito citado de videogames, publicado na *Nature* em 2003, revelou que, depois de dez dias jogando jogos de ação em computadores, um grupo de jovens havia aumentado significativamente a velocidade de deslocamento de seu foco de visão entre diferentes imagens e tarefas. Também se descobriu que jogadores veteranos são capazes de identificar mais itens no seu campo visual do que principiantes. Os autores do estudo concluíram que "embora jogar videogame possa parecer muito estúpido, é capaz de alterar radicalmente o processamento da atenção visual".[43]

Enquanto a evidência experimental é esparsa, parece bastante lógico que as buscas na web e a navegação também fortaleceriam funções cerebrais relacionadas a certos tipos de

---

[43] Shawn Green e Daphne Bavelier, "Action Video Game Modifies Visual Selective Attention", *Nature*, 423 (29 de maio de 2003): 534-537.

resolução de problemas de alta velocidade, particularmente aqueles envolvidos no reconhecimento de padrões em uma mixórdia de dados. Através da avaliação repetitiva de links, chamadas, trechos de texto e imagens, deveríamos nos tornar mais aptos a distinguir prontamente entre sinais informacionais competitivos, analisar rapidamente suas características aparentes e julgar se trarão benefícios empíricos para qualquer prática na qual estejamos comprometidos ou para o objetivo que perseguimos. Um estudo britânico do modo como as mulheres buscam por informações médicas on-line indicou que a velocidade com que são capazes de avaliar o valor provável de uma web page aumentou à medida que ganhavam familiaridade com a internet.[44] Alguém com boa experiência em navegação levou apenas uns poucos segundos para fazer um julgamento acurado sobre se uma página poderia ter informações confiáveis.

Outros estudos sugerem que o tipo de relaxamento mental que praticamos on-line pode levar a uma pequena expansão da capacidade da nossa memória de trabalho.[45] Isso também pode nos capacitar mais para fazer malabarismo com dados. Tal pesquisa "indica que nosso cérebro aprende a focalizar a atenção prontamente, a analisar informação, e quase instantaneamente a tomar decisões sobre ir ou não ir", diz Gary Small. Ele acredita que, à medida que despendemos mais tempo navegando na vasta quantidade de informação disponível on-line, "muitos de nós estamos desenvolvendo circuitos neurais que são customizados para rápidos e incisivos ímpetos de atenção direcionada".[46] À medida que praticamos, nosso cérebro plástico pode muito bem se tornar mais fluente nessas tarefas da web.

---

[44] Elizabeth Sillence, Pam Briggs, Peter Richard Harris e Lesley Fishwick, "How Do Patients Evaluate and Make Use of Online Health Information?", *Social Science and Medicine*, 64, n. 9 (maio de 2007): 1853–1862.

[45] Klingberg, *Overflowing Brain*, 115–124.

[46] Small e Vorgan, *iBrain*, 21.

A importância dessas habilidades não pode ser subestimada. À medida que o nosso trabalho e a nossa vida social passaram a se centrar no uso das mídias eletrônicas, quanto mais rapidamente formos capazes de navegar nessas mídias e quanto mais destreza tivermos ao deslocar a nossa atenção entre tarefas on-line, mais valiosos deveríamos ser como empregados e mesmo como amigos e colegas. Como o escritor Sam Anderson colocou em "In Defense of Distraction", um artigo de 2009 na revista *New York*, "nossos trabalhos dependem da nossa conectividade" e "nossos ciclos de prazer — de modo algum triviais — estão cada vez mais ligados a ela". Os benefícios práticos do uso da web são muitos, e essa é uma das principais razões por que despendemos tanto tempo on-line. "É tarde demais", sustenta Anderson, "para apenas nos retirarmos para um tempo mais calmo".[47]

Ele tem razão, mas seria um sério equívoco olhar estreitamente para os benefícios da net e concluir que a tecnologia está nos tornando mais inteligentes. Jordan Grafman, o chefe da unidade de neurociência cognitiva do Instituto Nacional de Desordens Neurológicas e de Derrame, explica que o constante deslocamento de nossa atenção quando estamos on-line pode estar tornando nosso cérebro mais ágil quando se trata de multitarefas, mas aprimorar a nossa capacidade de fazer multitarefas na realidade prejudica a nossa capacidade de pensar profunda e criativamente. "A otimização para multitarefas resulta em um melhor funcionamento — isto é, criatividade, inventividade, produtividade? A resposta é, na maioria dos casos, não", diz Grafman. "Quanto mais você faz multitarefas, menos deliberativo você se torna; e menos capaz de pensar e de raciocinar sobre um problema." Você se torna, ele sustenta, mais propenso a confiar em ideias e soluções convencionais em vez de desafiá-las com linhas originais de pensamento.[48]

---

[47] Sam Anderson, "In Defense of Distraction", *New York*, 25 de maio de 2009.

[48] Citado em Don Tapscott, *Grown Up Digital* (Nova York: McGraw-Hill, 2009), 108–109.

David Meyer, um neurocientista da Universidade de Michigan e um dos principais especialistas em multitarefas, defende uma posição semelhante. À medida que ganhamos experiência em deslocar rapidamente a nossa atenção, podemos "superar algumas das ineficiências" inerentes às multitarefas, diz ele, "mas, exceto em raras circunstâncias, você pode treinar até ficar roxo, mas nunca será tão bom como seria se focalizasse uma coisa de cada vez".[49] O que fazemos quando realizamos multitarefas "é aprendermos a ser habilidosos em um nível superficial".[50] O filósofo romano Sêneca teria colocado a mesma coisa, e melhor, 2 mil anos atrás: "Estar em toda parte é não estar em parte alguma".[51]

Em um artigo publicado na *Science* no início de 2009, Patricia Greenfield, uma proeminente psicóloga do desenvolvimento que dá aulas na UCLA, fez uma resenha de mais de cinquenta estudos sobre os efeitos dos diferentes tipos de mídia no intelecto e na capacidade de aprendizagem das pessoas. Ela concluiu que "todas as mídias desenvolvem algumas habilidades cognitivas às expensas de outras". Nosso uso crescente da net e de outras tecnologias baseadas na tela levou ao "desenvolvimento amplo e sofisticado de habilidades espaço-visuais". Podemos, por exemplo, girar objetos na nossa mente melhor do que costumávamos ser capazes de fazer. Mas o nosso "novo fortalecimento da inteligência espaço-visual" vai de mãos dadas com um enfraquecimento de nossas capacidades para o "processamento profundo", que fundamenta "a aquisição de conhecimento consciente, a análise indutiva, o pensamento crítico, a imaginação e a reflexão".[52] A net está

---

[49] Citado em Jackson, *Distracted*, 79-80.

[50] Citado em Sharon Begley e Janeen Interlandi, "The Dumbest Generation? Don't Be Dumb", *Newsweek*, 2 de junho de 2008.

[51] Lucius Annaeus Seneca, *Letters from a Stoic* (Nova York: Penguin Classics, 1969), 33.

[52] Patricia M. Greenfield, "Technology and Informal Education: What Is Taught, What Is Learned", *Science*, 323, n. 5910 (2 de janeiro de 2009): 69-71.

nos tornando mais espertos, em outras palavras, somente se definirmos a inteligência por seus próprios padrões. Se considerarmos um padrão de inteligência mais amplo e mais tradicional — se considerarmos a profundidade do pensamento em vez de apenas a sua velocidade —, chegaremos a uma conclusão diferente e consideravelmente mais sombria.

Dada a plasticidade do nosso cérebro, sabemos que os nossos hábitos on-line continuam a reverberar no funcionamento das nossas sinapses quando não estamos on-line. Podemos supor que os circuitos neurais dedicados a vasculhar, passar os olhos e executar multitarefas estão se expandindo e fortalecendo, enquanto aqueles usados para a leitura e pensamentos profundos, com concentração continuada, estão enfraquecendo e se desgastando. Em 2009, pesquisadores da Universidade de Stanford encontraram sinais de que este deslocamento bem pode já estar ocorrendo. Aplicaram uma bateria de testes cognitivos a um grupo de praticantes pesados de multitarefas de mídia assim com a um grupo com prática de multitarefas relativamente leve. Descobriram que os praticantes pesados de multitarefas eram muito mais facilmente distraídos por "estímulos ambientais irrelevantes", tinham um controle significativamente menor sobre os conteúdos da sua memória de trabalho, e eram em geral muito menos capazes de manter a concentração em uma determinada tarefa. Enquanto os praticantes pouco frequentes de multitarefas exibiam uma "controle atencional 'de cima para baixo'" relativamente forte, os praticantes habituais mostravam "uma maior tendência para um controle atencional 'de baixo para cima'", sugerindo que "podem estar sacrificando o desempenho na tarefa primária para admitir outras fontes de informação". Os executores intensivos de multitarefas são "atraídos pela irrelevância", comentou Clifford Nass, o professor de Stanford que liderou a pesquisa. "Tudo os distrai."[53] A avaliação de Michael Merzenich é ainda mais desoladora. Quando realizamos multitarefas on-line, diz, estamos "treinando nosso cérebro para prestar atenção ao lixo". As consequências para a nossa vida intelectual provarão ser "mortais".[54]

As funções mentais que estão perdendo a batalha das células cerebrais da "sobrevivência do mais ocupado" são aquelas que amparam o pensamento calmo, linear — aquelas que usamos para percorrer uma narrativa extensa ou um argumento elaborado, aquelas com as quais contamos quando refletimos sobre nossas experiências ou contemplamos um fenômeno externo ou interno. As vencedoras são aquelas funções que nos auxiliam a localizar, categorizar e avaliar velozmente porções disparatadas de informação em uma variedade de formas, que permitem que nossa mente não se perca quando somos bombardeados por estímulos. Não coincidentemente, essas funções são muito semelhantes às realizadas pelos computadores, que são programados para a transferência a alta velocidade de dados para dentro e para fora da memória. Mais uma vez, parece que estamos assumindo as características de uma nova tecnologia intelectual popular.

NA NOITE de 18 de abril de 1775, Samuel Johnson acompanhou seus amigos James Boswell e Joshua Reynolds em uma visita à grande propriedade de Richard Owen Cambridge, às margens do rio Tâmisa, fora de Londres. Foram levados à biblioteca, onde Cambridge os estava aguardando, e, depois de uma breve saudação, Johnson correu para as prateleiras

[53] Eyal Ophir, Clifford Nass e Anthony D. Wagner, "Cognitive Control in Media Multitaskers", *Proceedings of the National Academy of Sciences*, 24 de agosto de 2009, www.pnas.org/content/early/2009/08/21/0903620106.full.pdf. Ver também Adam Gorlick, "Media Multitaskers Pay Mental Price, Stanford Study Shows", Stanford Report, 24 de agosto de 2009, http://news.stanford.edu/news/2009/august24/multitask-research-study-082409.html.

[54] Michael Merzenich, entrevista para o autor, 11 de setembro de 2009.

e começou a ler silenciosamente os dorsos dos volumes lá colocados. "Dr. Johnson", disse Cambridge, "parece curioso que alguém possa ter tal desejo de olhar atrás dos livros." Johnson, Boswell mais tarde se recordaria, "instantaneamente saiu do seu devaneio, voltou-se e respondeu: ´Sir, a razão é muito simples. O conhecimento é de duas formas. Sabemos um assunto nós mesmos, ou sabemos onde podemos achar a informação sobre ele.'"[55]

A net nos concede o acesso instantâneo a uma biblioteca de informações sem precedentes no seu tamanho e no seu escopo, e nos facilita escolher nessa biblioteca — encontrar, se não exatamente o que estávamos procurando, ao menos algo suficiente para os nossos propósitos imediatos. O que a net apequena é a fonte primária de conhecimento de Johnson: a capacidade de saber, em profundidade, um assunto por nós mesmos, e construir, dentro das nossas próprias mentes, o conjunto rico e idiossincrático de conexões que dão origem a uma inteligência singular.

[55] James Boswell, *The Life of Samuel Johnson*, LL. D. (Londres: Bell, 1889), 331-332.

UMA DIGRESSÃO

Sobre a flutuação das pontuações de QI

TRINTA ANOS ATRÁS, James Flynn, então chefe do departamento de ciência política da Universidade de Otago, na Nova Zelândia, começou a estudar registros históricos de testes de QI. À medida que mergulhava nos números, descontando os vários ajustes do sistema de pontuação que haviam sido feitos ao longo dos anos, descobriu algo espantoso: as pontuações de QI tinham aumentado continuamente — e mais ou menos do mesmo modo em toda parte — ao longo de todo o século. Controverso quando foi originalmente apresentado, o efeito Flynn, como o fenômeno veio a ser chamado, foi confirmado por muitos estudos posteriores. É real.

Desde quando Flynn fez a sua descoberta, ela forneceu munição contra qualquer um que sugerisse que a nossa capacidade intelectual estivesse declinando: Se fôssemos tão idiotas, por que continuamos a ficar mais inteligentes? O efeito Flynn foi usado para defender programas de TV, videogames, computadores pessoais e, mais recentemente, a internet. Don Tapscott, em seu livro *Grown Up Digital*, seu panegírico à primeira geração dos "nativos digitais", contra-argumenta a ideia de que o uso extensivo de mídias digitais pode estar emburrecendo as crianças, assinalando que, concordando com Flynn, "as pontuações brutas de QI têm aumentado três pontos por década desde a Segunda Guerra Mundial".[1]

Tapscott está certo sobre os números, e certamente deveríamos ficar felizes com o aumento das pontuações de QI, particularmente porque os ganhos foram mais acentuados entre os segmentos da população cujas pontuações estavam atrás no passado. Mas há boas razões para sermos céticos em relação a qualquer afirmação de que o efeito Flynn prova que somos mais "inteligentes" hoje do que costumávamos ser, ou que a internet está dando um impulso geral à inteligência da espécie humana. Apenas para deixar claro, como nota o próprio Tapscott, as pontuações de QI vêm se elevando ao longo de um período muito longo — desde bem antes da Segunda Guerra Mundial —, e a taxa de aumento permaneceu notavelmente estável, variando apenas ligeiramente de década para década. Esse padrão sugere que a elevação provavelmente reflete uma profunda e persistente mudança de algum aspecto da sociedade, em vez de qualquer evento ou tecnologia recente em particular. O fato de que a internet começou a se tornar de uso amplo apenas cerca de dez anos atrás torna ainda mais improvável que tenha sido uma força significativa impulsionando as pontuações de QI para cima.

Outras medidas de inteligência não mostram nada parecido com os ganhos que vemos nas pontuações de QI. De fato, mesmo os testes de QI têm enviado sinais ambíguos. Eles têm diferentes seções, que medem diferentes aspectos da inteligência, nos quais o desempenho tem variado grandemente. A maior parte do aumento na pontuação geral pode ser atribuída ao fortalecimento do desempenho em testes envolvendo a rotação mental de formas geométricas, a identificação de similaridades entre objetos díspares, e a disposição de formas em sequências lógicas. Testes de memorização, vocabulário, conhecimento geral e mesmo aritmética básica têm exibido pouco ou nenhum aprimoramento.

---

[1] Don Tapscott, *Grown Up Digital* (Nova York: McGraw-Hill, 2009), 291.

Pontuações em outros testes comuns projetados para medir habilidades intelectuais parecem ter se estagnado ou estar em declínio. As pontuações dos exames do PSAT, que são aplicados a todos os ingressantes do ensino médio nos Estados Unidos, não aumentaram em absoluto durante os anos de 1999 a 2008, um período em que o uso da net nas casas e nas escolas estava se expandindo dramaticamente. De fato, enquanto as pontuações médias de matemática se mantiveram aproximadamente constantes durante esse período, caindo uma fração de um ponto, de 49,2 para 48,8, as pontuações da parte verbal declinaram significativamente. A pontuação média de leitura crítica caiu 3,3 por cento — de 48,3 para 46,7 —, e a pontuação média das habilidades de escrita teve uma queda ainda mais acentuada, 6,9 por cento — de 49,2 para 45,8.[2] As pontuações das seções verbais dos testes do SAT, aplicados a estudantes que disputam vaga em universidade, também caíram. Um relatório de 2007 do Departamento de Educação dos Estados Unidos mostrou que as pontuações dos alunos com doze anos de escolaridade, em testes de diferentes tipos de leitura — para a realização de uma tarefa, para a coleta de informação e para experiência literária — caíram entre 1992 e 2005. A aptidão de leitura literária sofreu a maior queda, uma redução de 12 por cento.[3]

Há sinais, também, de que o efeito Flynn está começando a esmorecer, embora o uso da net esteja em ascensão. Pesquisas realizadas na Noruega e na Dinamarca mostram que a elevação das pontuações dos testes de inteligência começaram a desacelerar nesses países durante as décadas de 1970 e 1980 e que, desde a metade da década de 1990, as pontuações estacionaram ou caíram ligeiramente.[4] No Reino Unido, um

---

[2] College Board, "PSAT/NMSQT Data & Reports", http://professionals.collegeboard.com/data-reports-research/psat.

[3] Naomi S. Baron, *Always On: Language in an Online and Mobile World* (Oxford: Oxford University Press, 2008), 202.

[4] David Schneider, "Smart as We Can Get?", *American Scientist*, julho-agosto de 2006.

estudo de 2009 revelou que as pontuações de QI caíram dois pontos entre 1980 e 2008, após décadas de ganhos.[5] Os escandinavos e os britânicos estão entre os primeiros povos do mundo a adotarem os serviços de internet de alta velocidade e a usarem celulares polivalentes. Se as mídias digitais estivessem impulsionando as pontuações de QI, deveríamos ver uma evidência disso, particularmente, nesses resultados.

Então, o que há por detrás do efeito Flynn? Muitas teorias foram apresentadas, de famílias menores a uma alimentação melhor e à expansão da educação formal, mas a explicação que parece mais crível é devida ao próprio Flynn. No início de sua pesquisa, ele percebeu que os seus achados apresentavam dois paradoxos. Em primeiro lugar, a taxa do crescimento das pontuações dos testes durante o século XX sugere que os nossos antepassados deveriam ser idiotas, embora tudo o que conheçamos sobre eles diga o contrário. Como Flynn escreveu em seu livro *What Is Intelligence?*, "se os ganhos de QI são de qualquer modo reais, então somos levados à absurda conclusão de que a maioria de nossos ancestrais era retardada mental".[6] O segundo paradoxo provém das disparidades das pontuações das diferentes seções dos testes de QI: "Como as pessoas podem se tornar mais inteligentes e não ter vocabulário maior, ou maior conteúdo de informação geral, ou maior habilidade para resolver problemas aritméticos?".[7]

[5] James R. Flynn, "Requiem for Nutrition as the Cause of IQ Gains: Raven's Gains in Britain 1938–2008", *Economics and Human Biology*, 7, n. 1 (março de 2009): 18–27.

[6] Alguns leitores contemporâneos podem achar que a escolha das palavras por Flynn seja insensível. Ele explica: "Estamos em um período de transição no qual o termo 'retardado mental' está sendo substituído pelo termo 'deficiente mental' na esperança de se encontrarem palavras com uma conotação menos negativa. Retive o antigo termo por uma questão de clareza e porque a história demonstrou que as conotações negativas são simplesmente transmitidas de um rótulo para o outro". James R. Flynn, *What Is Intelligence? Beyond the Flynn Effect* (Cambridge: Cambridge University Press, 2007), 9–10.

[7] Ibid., 9.

Depois de meditar sobre esses paradoxos durante muitos anos, Flynn chegou à conclusão de que os ganhos das pontuações de QI têm menos a ver com um aumento da inteligência geral do que com uma transformação do modo como as pessoas pensam sobre a inteligência. Até o final do século XIX, a visão científica da inteligência, com sua ênfase na classificação, correlação e raciocínio abstrato, mantinha-se bastante rara, limitada àqueles que estudavam ou ensinavam nas universidades. A maioria das pessoas continuava a ver a inteligência como uma questão de decifrar o funcionamento da natureza e resolver problemas práticos — na fazenda, na fábrica, em casa. Vivendo em um mundo mais de substâncias do que de símbolos, tinham poucas razões ou oportunidades para pensar sobre formas abstratas ou esquemas de classificação teóricos.

Mas, Flynn percebeu, tudo mudou ao longo do último século quando, por razões econômicas, tecnológicas e educacionais, o pensamento abstrato se tornou dominante. Todos começaram a usar, como Flynn coloca pitorescamente, os mesmos "óculos científicos" que eram usados pelos que desenvolveram originalmente os testes de QI.[8] A partir desta percepção, Flynn recorda-se, em uma entrevista de 2007, "comecei a sentir que estava estabelecendo uma ponte entre nossas mentes e as mentes dos nossos ancestrais. Não somos mais inteligentes do que eles, mas aprendemos a aplicar nossa inteligência a um novo conjunto de problemas. Havíamos descolado a lógica do concreto, estávamos dispostos a lidar com o hipotético, e pensamos que o mundo era um lugar para ser classificado e compreendido cientificamente em vez de ser manipulado".[9]

Patricia Greenfield, a psicóloga da UCLA, expõe uma conclusão semelhante em seu artigo na *Science* sobre mídia e in-

---

[8] Ibid., 172–173.

[9] "The World Is Getting Smarter", *Intelligent Life*, dezembro de 2007. Ver também Matt Nipert, "Eureka!" *New Zealand Listener*, 6–12 de outubro de 2007.

teligência. Ressaltando que a elevação das pontuações de QI "estava concentrada no desempenho de QI não verbal", que é "principalmente testado por testes visuais", ela atribui o efeito Flynn a uma série de fatores, da urbanização ao crescimento da "complexidade social", e todos eles "são parte do movimento global de comunidades de tecnologia, em menor escala e com economias de subsistência, para sociedades de alta tecnologia, de grande escala, com economias comerciais".[10]

Não somos mais inteligentes do que nossos pais ou do que os pais dos nossos pais. Apenas somos inteligentes de modos diferentes. E isso influencia não só como vemos o mundo mas também como criamos e educamos nossos filhos. Essa revolução social sobre como pensamos o pensamento explica por que estamos cada vez mais aptos a resolver os problemas das seções mais abstratas e mais visuais dos testes de QI, ao mesmo tempo que avançamos pouco ou nada na expansão do nosso conhecimento, favorecendo as nossas habilidades acadêmicas básicas, ou aprimorando a nossa capacidade de comunicar ideias complicadas com clareza. Fomos treinados, desde a infância, para organizar as coisas em categorias, para resolver quebra-cabeças, para pensar em termos de símbolos no espaço. Nosso uso de computadores pessoais e da internet bem pode estar reforçando algumas dessas habilidades mentais e os correspondentes circuitos neurais, ao fortalecer a nossa acuidade visual, particularmente a nossa capacidade para avaliar rapidamente objetos e outros estímulos como eles aparecem no reino abstrato da tela de um computador. Mas, como Flynn enfatiza, isso não significa que tenhamos "melhores cérebros". Isso apenas significa que temos cérebros diferentes.[11]

---

[10] Patricia M. Greenfield, "Technology and Informal Education: What Is Taught, What Is Learned", *Science*, 323, n. 5910 (2 de janeiro de 2009): 69–71.

[11] Denise Gellene, "IQs Rise, but Are We Brighter?", *Los Angeles Times*, 27 de outubro de 2007.

Capítulo 8

A igreja da Google

Não muito tempo após Nietzsche ter comprado a sua bola de escrever mecânica, um jovem diligente chamado Frederick Winslow Taylor levou um cronômetro à fábrica Midvale Steel, em Filadélfia, e deu início a uma série histórica de experimentos visando elevar a eficiência dos operadores de máquinas. Com a aprovação de má vontade dos proprietários da Midvale, Taylor recrutou um grupo de operários para trabalhar em várias máquinas de tornearia. Dividindo cada trabalho em uma sequência de pequenos passos e testando diferentes modos de realizá-los, criou um conjunto de instruções precisas — um "algoritmo", poderíamos dizer hoje — de como cada operário deveria trabalhar. Os empregados da Midvale reclamaram do novo regime severo, afirmando que ele os transformava em um pouco mais do que autômatos, mas a produtividade da fábrica disparou.[1]

Mais de um século depois da invenção da máquina a vapor, a Revolução Industrial finalmente havia encontrado a sua filosofia e o seu filósofo. A rigorosa coreografia industrial de Taylor — o seu "sistema", como gostava de chamá-la — foi adotada pelos fabricantes de todo o país e, finalmente, do mundo todo. Buscando a velocidade máxima, a eficiência máxima e a produção máxima, os proprietários de fábricas

[1] Para uma descrição da vida de Taylor, ver Robert Kanigel, *One Best Way: Frederick Winslow Taylor and the Enigma of Efficiency* (Nova York: Viking, 1997).

usavam estudos de tempo e movimento para organizar seu trabalho e configurar as tarefas dos seus operários. O objetivo, como Taylor definiu no seu celebrado tratado de 1911, *Princípios de administração científica*, era identificar e adotar, para cada tarefa, o "único melhor método" de trabalho e, desse modo, efetuar "a gradual substituição da ciência por regras predefinidas em todas as artes mecânicas".[2] Uma vez que o seu sistema fosse aplicado a todos os atos do trabalho manual, assegurou Taylor a seus muitos seguidores, traria uma reestruturação não somente da indústria mas também da sociedade, criando uma utopia de perfeita eficiência. "No passado, o homem vinha em primeiro lugar", declarou; "no futuro, o sistema virá primeiro."[3]

O sistema de Taylor de mensuração e otimização ainda está muito presente entre nós; permanece um dos fundamentos da manufatura industrial. E agora, graças ao poder crescente que engenheiros computacionais e criadores de software exercem sobre nossa vida intelectual e social, a ética de Taylor está começando a governar o reino da mente também. A internet é uma máquina projetada para a eficiente e automática coleta, transmissão e manipulação de informações, e suas legiões de programadores têm a intenção de encontrar o "único melhor método" — o algoritmo perfeito — para conduzir os movimentos mentais do que passamos a descrever como trabalho do conhecimento.

A sede da Google no Vale do Silício — a Googleplex — é a catedral da internet, e a religião praticada dentro de suas paredes é o taylorismo. A empresa, diz o CEO Eric Schmidt, é "fundamentada na ciência da mensuração". Ela busca "sistematizar tudo" o que faz,[4] acresce outra executiva da Goo-

[2] Frederick Winslow Taylor, *The Principles of Scientific Management* (Nova York: Harper, 1911), 25.

[3] Ibid., 7.

[4] Google Inc. Press Day Webcast, 10 de maio de 2006, http://google.client.shareholder.com/Visitors/event/build2/MediaPresentation.cfm?MediaID=20263&Player=1.

gle, Marissa Mayer. "Vivemos em um mundo de números."[5] Com base nos terabytes de dados comportamentais que coleta através do seu buscador e de outros sites, a empresa conduz milhares de experimentos por dia e usa os resultados para refinar os algoritmos que cada vez mais orientam como todos nós encontramos informação e extraímos significado delas.[6] O que Taylor fez para o trabalho manual, a Google está fazendo para o trabalho mental.

A confiança da empresa no processo de testes é legendária. Embora o design de suas web pages possa parecer simples, e mesmo austero, cada elemento foi submetido a exaustivas pesquisas estatísticas e psicológicas. Usando uma técnica chamada "teste de separação A/B", a Google continuamente introduz diminutas mudanças na aparência e na operação dos seus sites, exibe-as a diferentes conjuntos de usuários e então compara como as variações influenciam o comportamento do usuário — quanto tempo permanecem em uma página, o modo como movem o cursor por ela, o que clicam e o que não clicam, onde vão a seguir. Além dos testes automáticos on-line, a Google recruta voluntários para estudos de rastreamento visual e outros estudos psicológicos no "laboratório de usabilidade" da sua sede. Como os surfistas da web avaliam os conteúdos das páginas "tão rapidamente e tomam a maior parte das suas decisões inconscientemente", observaram dois pesquisadores da Google em uma postagem de blog sobre o laboratório em 2009, o monitoramento dos seus movimentos oculares "é a melhor forma de realmente ser capaz de ler suas mentes".[7] Irene Au, a diretora de expe-

---

[5] Marissa Mayer, "Google I/O '08 Keynote", YouTube, 5 de junho de 2008, www.youtube.com/watch?v=6x0cAzQ7PVs.

[6] Bala Iyer e Thomas H. Davenport, "Reverse Engineering Google's Innovation Machine", *Harvard Business Review*, abril de 2008.

[7] Anne Aula e Kerry Rodden, "Eye-Tracking Studies: More than Meets the Eye", *Official Google Blog*, 6 de fevereiro de 2009, http://googleblog.blogspot.com/2009/02/eye-tracking-studies-more-than-meets.html.

riência do usuário da companhia, diz que a Google se baseia na "pesquisa de psicologia cognitiva" para perseguir o seu objetivo de "fazer as pessoas usarem mais eficientemente o seu computador".[8]

Julgamentos subjetivos, incluindo os estéticos, não entram nos cálculos da Google. "Na web", diz Mayer, "o design passou a ter muito mais a ver com ciência do que com arte. Como você pode iterar muito rapidamente e medir tão precisamente, pode de fato encontrar pequenas diferenças e saber matematicamente o que é o correto."[9] Em uma prova famosa, a empresa testou quarenta e uma diferentes tonalidades de azul da sua barra de ferramentas para ver qual tonalidade atraía mais cliques dos visitantes. Conduz experimentos de rigor semelhante com o texto que coloca nas suas páginas. "Você deve experimentar e tornar as palavras menos humanas e mais uma peça de maquinário", explica Mayer.[10]

Em seu livro de 1993, *Tecnopólio*, Neil Postman distinguiu os princípios fundamentais do sistema de Taylor de administração científica. O taylorismo, escreveu, é baseado em seis suposições: "que o objetivo primário, senão o único, do labor e do pensamento humanos é a eficiência; que o cálculo técnico é, sob todos os aspectos, superior ao julgamento humano; que de fato não podemos confiar no julgamento humano porque ele é assolado pelo descuido, pela ambiguidade e por complexidade desnecessária; que a subjetividade é um obstáculo ao pensamento claro; que o que não pode ser medido ou não existe ou não tem valor; que os assuntos dos cidadãos são melhor guiados e conduzidos por especialistas".[11]

---

[8] Helen Walters, "Google's Irene Au: On Design Challenges", *Business Week*, 18 de março de 2009.

[9] Mayer, "Google I/O '08 Keynote."

[10] Laura M. Holson, "Putting a Bolder Face on Google", *The New York Times*, 28 de fevereiro de 2009.

[11] Neil Postman, *Technopoly: The Surrender of Culture to Technology* (Nova York: Vintage, 1993), 51.

O que é notável é o quão bem o resumo de Postman captura a própria ética intelectual da Google. Somente um ponto precisa ser atualizado. A Google não acredita que os assuntos dos cidadãos são melhor guiados por especialistas. Ela acredita que esses assuntos são melhor guiados por algoritmos de software — o que teria sido exatamente a crença de Taylor se na sua época tivesse em volta poderosos computadores digitais.

A Google se assemelha a Taylor no senso de honestidade que imprime a seu trabalho. Tem uma crença profunda, mesmo messiânica, na sua causa. A Google, diz o seu CEO, é mais do que um mero negócio; é "uma força moral".[12] A tão propalada "missão" da empresa é "organizar a informação do mundo e torná-la universalmente acessível e útil".[13] Cumprir essa missão, disse Schmidt ao *Wall Street Journal*, "levará, pela estimativa atual, trezentos anos".[14] O objetivo mais imediato da empresa é criar "o buscador perfeito", que define como "algo que entende exatamente o que você quer dizer e que o leva exatamente ao que você quer".[15] Na visão da Google, a informação é uma espécie de mercadoria, um recurso utilitário que pode, e deve, ser garimpado e processado com eficiência industrial. Quanto mais informações podemos "acessar", mais rápido podemos destilar a sua essência, e mais produtivos nos tornamos como pensadores. Qualquer coisa que se interponha no caminho da rápida coleta, dissecção e transmissão de dados é uma ameaça não somente aos negócios da Google, mas também à nova utopia cognitiva que ela almeja construir na internet.

---

[12] Ken Auletta, *Googled: The End of the World as We Know It* (Nova York: Penguin, 2009), 22.

[13] Google, "Company Overview", sem data, www.google.com/corporate.

[14] Kevin J. Delaney e Brooks Barnes, "For Soaring Google, Next Act Won't Be So Easy", *The Wall Street Journal*, 30 de junho de 2005.

[15] Google, "Technology Overview", sem data, www.google.com/corporate/tech.html.

A GOOGLE NASCEU de uma analogia — a analogia de Larry Page. Filho de um dos pioneiros da inteligência artificial, Page era cercado por computadores desde a tenra idade — ele se recorda de ter sido "o primeiro garoto da minha escola fundamental a aparecer com um documento de um processador de texto"[16] — e foi fazer a faculdade de engenharia na Universidade de Michigan. Seus amigos se lembram dele como sendo ambicioso, inteligente e "quase obcecado com eficiência".[17] No seu mandato como presidente da sociedade de honra da engenharia de Michigan, esteve à frente de uma campanha impetuosa, mas no final em vão, para convencer os administradores da escola a construírem um monotrilho no campus. No outono de 1995, Page partiu para a Califórnia para ocupar uma cobiçada vaga no programa de doutoramento em ciência da computação na Universidade de Stanford. Ainda garoto já havia sonhado com a criação de uma invenção extraordinária, algo que "mudaria o mundo".[18] Ele sabia que não haveria melhor lugar para que o seu sonho se realizasse do que Stanford, o córtex frontal do Vale do Silício.

Bastaram alguns meses para Page encontrar um tópico para a sua dissertação: a vasta nova rede de computadores chamada World Wide Web. Lançada na internet apenas quatro anos antes, a web estava crescendo explosivamente — tinha mais de meio milhão de sites e estava acrescentando mais de 100 mil novos por mês — e o arranjo de nodos e links da rede, incrivelmente complexa e em perpétua mudança, passou a fascinar matemáticos e cientistas da computação. Page teve uma ideia que pensou que pudesse desvendar alguns dos seus segredos. Percebeu que os links de web pages são semelhantes a citações de um artigo acadêmico. Ambos são significadores de

---

[16] Academy of Achievement, "Interview: Larry Page", 28 de outubro de 2000, www.achievement.org/autodoc/page/pag0int-1.

[17] John Battelle, *The Search: How Google and Its Rivals Rewrote the Rules of Business and Transformed Our Culture* (Nova York: Portfolio, 2005), 66-67.

[18] Ibid.

valor. Quando uma estudiosa, ao escrever um artigo, faz referência a um outro artigo publicado por outro estudioso, ela está dando seu aval à importância do outro trabalho. Quanto mais citações acumula um artigo, mais prestígio ganha no seu campo. Do mesmo modo, quando uma pessoa com uma web page faz links à página de outra, ela está dizendo que acha que a outra página é importante. Page viu que o valor de uma web page pode ser aferido pelos links que chegam a ela.

Page teve outro *insight*, também baseado na analogia com as citações: nem todos os links são criados iguais. A autoridade de qualquer página da web pode ser aferida por quantos links ela atrai para si. Uma página com uma grande quantidade de remissões para ela tem mais autoridade do que outra com somente uma ou duas. Maior a autoridade de uma web page, maior o valor dos links que saem dela. O mesmo é verdadeiro na academia: obter uma citação em um artigo que, ele próprio, foi muito citado tem mais valor do que receber citação em um trabalho menos citado. A analogia de Page o levou a perceber que o valor relativo de qualquer página da web pode ser estimado através da análise matemática de dois fatores: o número de links que ela atrai para si e a autoridade da fonte desses links. Se pudermos criar uma base de dados com todos os links da web, poderemos ter o material bruto para alimentar algum algoritmo de software que poderia avaliar e dar um ranking do valor de todas as páginas da web. Poderíamos ter a estrutura do buscador mais poderoso do mundo.

Sua dissertação nunca foi escrita. Page recrutou um outro estudante de pós-graduação de Stanford, um prodígio matemático chamado Sergey Brin, que tinha um profundo interesse em prospecção de dados, para ajudá-lo a construir tal buscador. No verão de 1996, uma primeira versão do Google — então chamado BackRub — estreou no website de Stanford. Em um ano, o tráfego do BackRub havia dominado a rede de Stanford. Se quisessem transformar o seu serviço de busca em um negócio de verdade, concluíram Page e Brin, iriam precisar de muito dinheiro para comprar o aparato computacional e largura de banda de rede. No verão de 1998, um próspero investidor do Vale do Silício veio em seu auxílio, emprestando-lhes 100 mil dólares. Eles fizeram a mudança da sua florescente empresa para duas salas vagas da casa de um amigo de um amigo na cidade vizinha de Menlo Park. Em setembro, eles a incorporaram como Google Inc. Eles escolheram o nome — um trocadilho com *googol*, a palavra para o número dez elevado à potência cem — para ressaltar o seu objetivo de organizar "um total aparentemente infinito de informações da web". Em dezembro, um artigo da *PC Magazine* elogiava o novo buscador com o nome esquisito, dizendo que "tem um jeito excepcional para retornar resultados extremamente relevantes".[19]

Graças a esse jeito, em breve o Google estava processando a maioria das milhões — e agora bilhões — de buscas realizadas na internet por dia. A empresa se tornou fabulosamente bem-sucedida, ao menos quando medida pelo tráfego por seu site. Mas ainda enfrentava o mesmo problema que trouxe a desgraça para tantas ponto com: não havia conseguido descobrir como transformar todo esse tráfego em lucro. Ninguém pagaria para pesquisar na web, e Page e Brin eram avessos a injetar anúncios nos seus resultados de busca, temendo que isso corromperia a pristina objetividade matemática do Google. "Espera-se", escreveram em artigo acadêmico de 1998, "que buscadores financiados por propaganda serão inerentemente enviesados em favor dos anunciantes e contra as necessidades dos consumidores."[20]

Mas os jovens empreendedores sabiam que não conseguiriam viver ao largo do capitalismo de risco para sempre. No final de 2000, tiveram a ideia de um plano bem bolado de apre-

[19] Ver Google, "Google Milestones", sem data, www.google.com/corporate/history.html.

[20] Sergey Brin e Lawrence Page, "The Anatomy of a Large-Scale Hypertextual Web Search Engine", *Computer Networks*, 30 (1º de abril de 1998): 107-117.

sentar pequenos anúncios textuais junto com os resultados de buscas — um plano que exigiria apenas um modesto comprometimento dos seus ideais. Em vez de vender espaço de propaganda por um preço estabelecido, resolveram leiloar o espaço. Não era uma ideia original — um outro buscador, o GoTo, já tinha espaços leiloados —, mas o Google lhe daria uma outra dimensão. Enquanto o GoTo dava um ranking aos anúncios da busca conforme o tamanho do lance do anunciante — maior o lance, maior o destaque do anúncio —, a Google em 2002 acrescentou um segundo critério. A colocação do anúncio seria determinada não somente pelo total do lance, mas também pela frequência com que as pessoas de fato clicassem no anúncio. Essa inovação assegurou que os anúncios do Google permaneceriam, como coloca a companhia, "relevantes" ao tópico das buscas. Anúncios sem valor seriam automaticamente removidos do sistema. Se os buscadores não achassem um anúncio relevante, não clicariam nele, e ele acabaria por desaparecer do site.

O sistema de leilões, chamado AdWords, teve um outro resultado muito importante: ao vincular as colocações dos anúncios aos cliques, aumentou a taxa de cliques substancialmente. Quanto mais as pessoas clicassem em um anúncio, com maior frequência e destaque ele apareceria nas páginas de resultados das buscas. Já que os anunciantes pagavam a Google por clique, os rendimentos da companhia dispararam. O sistema AdWords se revelou tão lucrativo que muitas outras editoras da web contrataram a Google para colocar os seus "anúncios contextuais" nos seus sites também, adaptando-os conforme o conteúdo de cada página. No final da década, a Google não era apenas a maior companhia da internet no mundo; era uma das maiores companhias de mídia, auferindo mais de 22 bilhões de dólares em vendas por ano, quase todas elas em propaganda, gerando um lucro de cerca de 8 bilhões de dólares. Page e Brin valiam cada um, no papel, mais de 10 bilhões de dólares.

As inovações da Google valeram a pena para seus fundadores e investidores. Mas os maiores beneficiados foram os usuários da web. O Google conseguiu transformar a internet em um meio informacional muito mais eficiente. Os primeiros buscadores tendiam a ficar travados com os dados à medida que a web se expandia — não conseguiam indexar os novos conteúdos e muito menos separar o joio do trigo. O buscador Google, ao contrário, foi fabricado para produzir melhores resultados à medida que a web crescesse. Quanto mais sites e links o Google avaliasse, mais precisamente ele classificaria a suas páginas e daria um ranking para a sua qualidade. E, à medida que o tráfego aumenta, a Google consegue coletar mais dados comportamentais, permitindo que adapte os resultados das buscas e os anúncios cada vez mais precisamente de acordo com as necessidades e desejos dos usuários. A companhia também investiu muitos bilhões de dólares construindo centros de dados apinhados com computadores ao redor do mundo, para garantir que possa entregar resultados de buscas a seus usuários em milissegundos. A popularidade e a lucratividade da Google são bem merecidas. A empresa desempenha um papel inestimável auxiliando as pessoas a navegar pelas centenas de bilhões de páginas que povoam a web. Sem o Google, e sem os outros buscadores que foram construídos baseados no seu modelo, a internet teria se tornado há muito tempo uma Torre de Babel digital.

Mas a Google, como supridora das principais ferramentas navegacionais da web, também molda a nossa relação com o conteúdo que ela nos serve tão eficientemente e em tanta profusão. A tecnologia intelectual da qual ela é pioneira promove o sobrevoo veloz e superficial sobre a informação e desencoraja qualquer envolvimento profundo e prolongado com um único argumento, ideia ou narrativa. "Nosso objetivo", diz Irenu Au, "é fazer com que os usuários entrem e saiam realmente rapidamente. Todas as nossas decisões de design são baseadas nessa estratégia."[21] Os lucros da Google são baseados diretamente na velocidade de consumo de informação pelas pessoas. Quanto mais rapidamente surfamos na superfície da web — quantos mais links clicamos nas páginas que vemos —, mais oportunidades a Google tem de coletar informações sobre nós e de nos suprir com anúncios. Seu sistema de propaganda, além disso, é explicitamente projetado para descobrir quais mensagens têm a maior probabilidade de captar a nossa atenção e então colocar essas mensagens no nosso campo de visão. Cada clique que damos na web assinala uma quebra da nossa concentração, uma ruptura de baixo para cima da nossa atenção — e é interesse econômico da Google assegurar-se de que cliquemos o mais frequentemente possível. A última coisa que a companhia gostaria de encorajar é a leitura vagarosa ou o pensamento lento, concentrado. A Google está, bem literalmente, no negócio da distração.

A GOOGLE PODE BEM vir a ser um fogo de palha. A vida das companhias de internet raramente é desagradável ou brutal, mas tende a ser breve. Visto que suas atividades são etéreas, construídas de fios invisíveis de códigos de software, suas defesas são frágeis. Tudo o que é necessário para tornar obsoleto um próspero negócio on-line é um programador esperto com uma ideia fresca. A invenção de um buscador mais preciso ou um meio melhor de circular anúncios na net pode trazer a ruína para a Google. Mas não importa por quanto tempo a companhia será capaz de manter o seu domínio no fluxo de informação digital, sua ética intelectual permanecerá a ética geral da internet como uma mídia. As editoras da web e fabricantes de ferramentas continuarão a atrair tráfego e a fazer dinheiro encorajando e alimentando o nosso apetite por informação distribuída em pequenas doses.

---

[21] Walters, "Google's Irene Au".

A história da web sugere que a velocidade dos dados só vai crescer. Durante os anos 1990, a maior parte da informação on-line se encontrava nas chamadas páginas estáticas. Não pareciam muito diferentes das páginas de revistas e os seus conteúdos permaneciam relativamente fixos. A tendência desde então tem sido tornar as páginas mais "dinâmicas", regularmente e mesmo automaticamente com novos conteúdos. Softwares de blog especializados, introduzidos em 1999, tornaram a publicação imediata algo simples para todos, e os blogueiros de maior sucesso logo perceberam que precisavam postar muitos itens por dia para segurar leitores volúveis. A seguir vieram os sites de notícias, apresentando novas matérias vinte e quatro horas por dia. Leitores de RSS, que se tornaram populares por volta de 2005, permitiram que os sites "empurrassem" manchetes e outros itens de informação para os usuários da web, valorizando ainda mais a frequência da entrega de informação.

A maior aceleração veio recentemente, com a ascensão das redes sociais como MySpace, Facebook e Twitter. Essas companhias são dedicadas a prover seus milhões de membros com uma incessante "torrente" de "atualizações em tempo real", breves notícias sobre, como diz um slogan do Twitter, "o que está acontecendo *agora mesmo*". Ao transformar mensagens íntimas — antigamente o reino da carta, do telefonema, do sussurro — no fomento de uma nova forma de mídia de massa, as redes sociais deram às pessoas novo modo irresistível de se socializar e permanecer em contato. Também colocaram uma nova ênfase no caráter imediato. Uma "atualização de status" de um amigo, colega de trabalho ou celebridade favorita perde o seu valor de circulação logo após ter sido publicada. Estar atualizado exige o monitoramento contínuo das mensagens de alerta. Há uma competição feroz entre as redes sociais para disponibilizar mensagens sempre mais frescas e em maior abundância. Quando, no começo de 2009, o Facebook respondeu ao rápido crescimento do Twitter anunciando que estava renovando o seu site para, como colocou, "aumentar a velocidade do stream", o seu fundador e executivo chefe, Mark Zuckerberg, assegurou ao seu quarto de bilhão de usuários que a companhia "continuaria a tornar o fluxo de informação ainda mais rápido".[22] Diferentemente dos primeiros editores de livros, que tinham fortes incentivos econômicos para promover a leitura de obras antigas assim como recentes, os editores on-line batalham para distribuir o mais novo do novo.

A Google não estava esperando sentada. Para combater os emergentes, estava remodelando o seu buscador para turbinar a sua velocidade. A qualidade de uma página, como determinada pelos links que recebe, não é mais o principal critério de ranking dos resultados da busca. De fato, agora é somente um dos duzentos diferentes "sinais" que a companhia monitora e mede, segundo Amit Singhal, um engenheiro chefe da Google.[23] Uma de suas maiores investidas recentes foi colocar maior prioridade no que chama de "frescor" das páginas que recomenda. A Google não apenas identifica páginas novas ou revisadas muito mais rapidamente do que costumava — agora checa as atualizações dos sites mais populares a cada poucos segundos em vez de a cada poucos dias —, mas, para muitas buscas, enviesa os seus resultados para favorecer as novas páginas em detrimento das antigas. Em maio de 2009, a companhia deu uma virada no seu serviço de buscas, permitindo que os usuários deixassem de lado considerações apenas de qualidade e que o ranking dos seus resultados fosse dado por quão recentemente a informação tivesse sido postada na web. Uns poucos meses mais tarde, anunciou uma "arquitetura de próxima geração" para o seu buscador que levava o nome

[22] Mark Zuckerberg, "Improving Your Ability to Share and Connect", blog do Facebook, 4 de março de 2009, http://blog.facebook.com/blog.php?post=57822962130.

[23] Saul Hansell, "Google Keeps Tweaking Its Search Engine", *The New York Times*, 3 de junho de 2007.

revelador de Caffeine.[24] Citando os sucessos do Twitter em acelerar o fluxo de dados, Larry Page disse que a Google não estaria satisfeita até ser capaz de "indexar a web a cada segundo, para permitir buscas em tempo real".[25]

A companhia está também empenhada em expandir ainda mais o seu domínio sobre os usuários da web e seus dados. Com os bilhões de lucros auferidos com o AdWord, foi capaz de se diversificar muito além de seu foco original em buscas de web pages. Agora tem serviços especializados de busca de, entre outras coisas, imagens, vídeos, matérias noticiosas, mapas, blogs e revistas acadêmicas, todos supridos nos resultados fornecidos pelo seu buscador principal. Também oferece sistemas operacionais computacionais, tais como o Android para smartphones e o Chrome para PCs, assim como uma vastidão de programas de software on-line, ou "apps", incluindo e-mail, processadores de texto, bloggers, armazenamento de fotos, planilhas, calendários e hospedagem na web. O Google Wave, um ambicioso serviço de rede social lançado no final de 2009, permite que as pessoas monitorem e atualizem as várias cadeias de mensagens multimídias em uma única página densamente compactada, que atualiza os seus conteúdos automaticamente e quase instantaneamente. O Wave, diz um jornalista, "transforma conversas em velozes correntes de consciência agrupadas".[26]

A ação expansionista aparentemente ilimitada da empresa tem suscitado muitas discussões, particularmente entre estudiosos de administração e jornalistas de negócios. A amplidão de sua influência e atividades frequentemente é in-

[24] Brennon Slattery, "Google Caffeinates Its Search Engine", *PC World*, 11 de agosto de 2009, www.pcworld.com/article/169989.

[25] Nicholas Carlson, "Google Co-Founder Larry Page Has Twitter-Envy", *Silicon Alley Insider*, 19 de maio de 2009, www.businessinsider.com/google-cofounder-larry-page-has-twitter-envy-2009-5.

[26] Kit Eaton, "Developers Start to Surf Google Wave, and Love It", *Fast Company*, 21 de julho de 2009, www.fastcompany.com/blog/kit-eaton/technomix/developers-start-surf-google-wave-and-love-it.

terpretada como sendo uma espécie inteiramente nova de negócio, que transcende e redefine todas as categorias tradicionais. Mas enquanto a Google é uma companhia incomum sob muitos aspectos, sua estratégia de negócios não é tão misteriosa quanto parece. A aparência multiforme da Google não é um reflexo do seu principal negócio: vender e distribuir anúncios on-line. Mais que tudo, ela deriva do vasto número de "complementos" desse negócio. Complementos são, em termos econômicos, quaisquer produtos e serviços que tendem a ser comprados ou consumidos juntos, como cachorro-quente e mostarda, ou luminárias e lâmpadas. Para a Google, tudo o que acontece na internet é um complemento do seu negócio principal. À medida que as pessoas gastam cada vez mais tempo e fazem cada vez mais coisas on-line, elas veem mais anúncios e revelam mais informações sobre elas mesmas — e a Google junta mais dinheiro. À medida que produtos e serviços adicionais passam a ser distribuídos digitalmente através de redes de computador — entretenimento, notícias, aplicativos de software, transações financeiras, chamadas telefônicas —, a gama de complementos da empresa se estende a ainda mais indústrias.

Como as vendas de produtos complementares crescem em conjunto, a companhia tem um forte interesse estratégico em reduzir o custo e expandir a disponibilidade dos complementos do seu produto principal. Não é muito exagero dizer que a companhia quer se desfazer dos seus complementos. Se os cachorros-quentes fossem de graça, as vendas de mostarda iriam para as alturas. É esse ímpeto natural para reduzir o custo dos complementos que, mais do que qualquer outra coisa, explica a estratégia de negócios da Google. Quase tudo o que a companhia faz é voltado para reduzir os custos e expandir o escopo do uso da internet. Ela quer que a informação seja de graça porque, com a queda do custo, passamos mais tempo olhando nas telas dos computadores e os lucros da companhia sobem.

A maioria dos serviços da Google não é lucrativa em si. Os analistas do setor estimam, por exemplo, que o YouTube, que ela comprou por 1,65 bilhão de dólares em 2006, perdeu entre 200 e 500 milhões de dólares em 2009.[27] Mas como serviços populares como o YouTube permitem que a Google colete mais informação, canalize mais usuários para o seu buscador e evite potenciais competidores de conquistarem posições nos seus mercados, a companhia é capaz de justificar o custo de lançá-los. A Google divulgou que não estará satisfeita até que acumule "100 por cento dos dados dos usuários".[28] O seu zelo expansionista não se refere apenas ao dinheiro, contudo. A colonização continuada de tipos adicionais de conteúdos também promove a missão da companhia de tornar a informação do mundo "universalmente acessível e útil". Seus ideais e seus interesses empresariais convergem num objetivo abrangente: digitalizar cada vez mais tipos de informação, transferir a informação para a web, alimentar com ela a sua base de dados, rodá-la nos seus algoritmos de classificação e de ranking e distribuí-la no que chama de "snippets" (fragmentos) aos surfistas da web, preferencialmente com anúncios a reboque. Com a expansão do âmbito da Google, a sua ética taylorista ganha um domínio cada vez mais cerrado sobre nossa vida intelectual.

A MAIS AMBICIOSA das iniciativas da Google — o que Marissa Mayer chama de seu "voo à Lua"[29] — é seu esforço para digitalizar todos os livros que já foram impressos e tornar o seu texto

[27] Doug Caverly, "New Report Slashes YouTube Loss Estimate by $300M", *WebProNews*, 17 de junho de 2009, www.webpronews.com/topnews/2009/06/17/new-report-slashes-youtube-loss-estimate-by-300m.

[28] Richard MacManus, "Store 100% — Google's Golden Copy", *ReadWriteWeb*, 5 de março de 2006, www.readwriteweb.com/archives/store_100_googl.php.

[29] Jeffrey Toobin, "Google's Moon Shot", *New Yorker*, 5 de fevereiro de 2007.

"encontrável e buscável on-line".[30] O programa começou em segredo em 2002, quando Larry Page colocou um scanner digital em sua sala na Googleplex e, ao toque de um metrônomo, despendeu meia hora escaneando metodicamente as páginas de um livro de trezentas páginas. Ele queria ter a ideia aproximada de quanto tempo levaria para "escanear digitalmente todos os livros do mundo". No ano seguinte, um funcionário da Google foi enviado para Phoenix para comprar uma pilha de livros velhos em um bazar de caridade. Uma vez levados à Googleplex, os volumes se tornaram os objetos de teste de uma série de experimentos que levaram ao desenvolvimento de uma nova técnica de escaneamento de "alta velocidade" e "não destrutiva". O engenhoso sistema, que envolve o uso de câmeras infravermelhas estereoscópicas, é capaz de corrigir automaticamente a curvatura das páginas que ocorre quando um livro é aberto, eliminando qualquer distorção do texto na imagem escaneada.[31] Ao mesmo tempo, uma equipe de engenheiros de software da Google realizava os últimos ajustes de um sofisticado programa de reconhecimento de caracteres capaz de lidar com "tamanhos de tipos singulares, fontes incomuns ou outras peculiaridades inesperadas — em 430 idiomas". Outro grupo de funcionários da Google se distribuiu para visitar as principais bibliotecas e editoras de livros a fim de avaliar o seu interesse em que seus livros fossem digitalizados.[32]

No outono de 2004, Page e Brin anunciaram formalmente o programa Google Print (que posteriormente foi rebatizado de Google Book Search) na Feira de Livros de Frankfurt, um evento que, desde a época de Gutenberg, tem sido o principal encontro anual da indústria editorial. Mais de uma dúzia

---

[30] Jen Grant, "Judging Book Search by Its Cover", *Official Google Blog*, 17 de novembro de 2005, http://googleblog.blogspot.com/2005/11/judgingbook-search-by-its-cover.html.

[31] Ver U.S. Patent n. 7,508,978.

[32] Google, "History of Google Books", sem data, http://books.google.com/googlebooks/history.html.

de editoras comerciais e acadêmicas assinaram como sócias da Google, incluindo nomes de peso como Houghton Mifflin, McGraw-Hill e as editoras universitárias de Oxford, Cambridge e Princeton. Cinco das mais prestigiosas bibliotecas do mundo, incluindo a Widener de Harvard, a Bodleian de Oxford, a Biblioteca Pública de Nova York, também concordaram em colaborar no esforço. Elas deram à Google permissão para escanear o conteúdo dos seus estoques. No final do ano, a empresa já tinha o texto de aproximadamente 100 mil livros em seu banco de dados.

Nem todo mundo ficou feliz com o projeto de escaneamento de bibliotecas. A Google não estava somente escaneando livros antigos que não mais estavam sob proteção de direito autoral. Também estava escaneando livros novos que, embora frequentemente não mais impressos, ainda gozavam de propriedade de direito autoral por parte de seus autores ou editores. A Google deixou claro que não tinha a intenção de ir atrás dos proprietários do direito autoral e de assegurar o seu consentimento de antemão. Em vez disso, continuaria a escanear todos os livros e incluí-los na sua base de dados a não ser que um proprietário de direito autoral enviasse um pedido formal por escrito para excluir um livro em particular. Em 20 de setembro de 2005, a Guilda dos Autores, junto com três escritores de destaque, atuando individualmente, processaram a Google, alegando que o programa de escaneamento acarretava "maciça violação do direito autoral".[33] Uma semana mais tarde, a Association of American Publishers moveu uma outra ação contra a empresa, exigindo que parasse de escanear as coleções das bibliotecas. A Google revidou, lançando uma campanha de relações públicas agressiva para propagandear os benefícios sociais do Google Book Search. Em outubro, Eric Schmidt escreveu uma coluna na terceira página do *Wall Street*

---

[33] Authors Guild, "Authors Guild Sues Google, Citing 'Massive Copyright Infringement' ", press release, 20 de setembro de 2005.

Journal que retratava o esforço de digitalização de livros em termos ao mesmo tempo comoventes e vangloriosos: "Imagine o impacto cultural de colocar dezenas de milhões de volumes, anteriormente inacessíveis, em um vasto índice, cada palavra dos quais buscável por qualquer um, rico ou pobre, da cidade ou do campo, do Primeiro e do Terceiro Mundo, *en toute langue* — e tudo, é claro, inteiramente grátis".[34]

Os processos continuaram. Depois de três anos de negociações, durante os quais a Google escaneou uns 7 milhões de livros adicionais, 6 milhões dos quais ainda estavam protegidos por direito autoral, as partes chegaram a um acordo. Sob os termos do acordo, anunciado em outubro de 2008, a Google concordou em pagar 125 milhões de dólares para compensar os proprietários de direito autoral das obras que já havia escaneado. Também concordou em estabelecer um sistema de pagamentos que desse aos autores e editores uma parte dos lucros de propaganda e de outros rendimentos provenientes do serviço do Google Book Search. Em troca das concessões, os autores e as editoras deram a sua permissão para a Google prosseguir com o seu plano de digitalizar todos os livros do mundo. A companhia também seria "autorizada, nos Estados Unidos, a vender assinaturas de uma Base de Dados de Assinatura Institucional, vender Livros individuais, colocar anúncio nas Páginas de Livros On-line e fazer outros usos comerciais dos livros".[35]

O acordo proposto desencadeou uma outra controvérsia ainda mais feroz. Os termos pareceram dar à Google o monopólio sobre versões digitais dos assim chamados "livros órfãos" — aqueles cujos proprietários do direito autoral são

---

[34] Eric Schmidt, "Books of Revelation", *The Wall Street Journal*, 18 de outubro de 2005.

[35] Corte Distrital dos Estados Unidos, Distrito Sul de Nova York, "Settlement Agreement: The Authors Guild, Inc., Association of American Publishers, Inc. et al., Plaintiffs, v. Google Inc., Defendant, Caso Nº 05 CV 8136-JES, 28 de outubro de 2008.

desconhecidos ou não foram encontrados. Muitas bibliotecas e escolas temiam que, sem competição, a Google pudesse elevar as taxas de assinatura de suas bases de dados de livros tanto quanto quisesse. A American Library Association, na apresentação de uma queixa junto à Justiça, alertou que a companhia poderia "estabelecer o preço da assinatura em um nível de maximização de lucros além do alcance de muitas bibliotecas".[36] Tanto o Departamento de Justiça Americano como a Secretaria de Direito Autoral criticaram o acordo, objetando que daria à Google poder demais sobre o futuro mercado de livros digitais.

Outros críticos tinham uma preocupação correlata, porém mais geral: que o controle comercial sobre a distribuição de informação digital levaria inevitavelmente a restrições ao fluxo do conhecimento. Eles tinham suspeitas em relação aos motivos da Google, apesar de sua retórica altruísta. "Quando empresas como a Google olham para bibliotecas, não veem meramente templos do saber", escreveu Robert Darnton, que, além de ser professor em Harvard, é supervisor do seu sistema de bibliotecas. "Elas veem bens potenciais, ou como chamam, 'conteúdos', prontos para serem garimpados." Embora a Google tenha perseguido um objetivo elogiável de "promover acesso à informação", reconhece Darnton, conceder a uma empresa voltada para o lucro um monopólio "não de ferrovias ou do aço mas da informação" acarretaria um risco muito grande. "O que acontecerá se os seus líderes atuais venderem a companhia ou se aposentarem?", pergunta. "O que acontecerá se a Google preferir a lucratividade ao acesso?"[37] No final de 2009, o acordo original foi abandonado, e a Google e as outras partes estão tentando ganhar apoio para uma alternativa ligeiramente menos abrangente.

---

[36] American Library Association, "Library Association Comments on the Proposed Settlement", queixa à Corte Distrital dos Estados Unidos, Distrito Sul de Nova York, Caso Nº 05 CV 8136-DC, 4 de maio de 2009.

[37] Robert Darnton, "Google and the Future of Books", *The New York Review of Books*, 12 de fevereiro de 2009.

O debate sobre o Google Book Search é esclarecedor por várias razões. Revela o quanto ainda temos que avançar para adaptar o espírito e a letra da lei do direito autoral, particularmente em relação ao uso justo, à Era Digital. (O fato de que algumas das empresas editoriais que são partes do processo contra a Google também são associadas do Google Book Search revela o quanto a atual situação é obscura.) Também nos fala muito sobre os ideais elevados da Google e os métodos autoritários que às vezes usa para persegui-los. Um observador, o advogado e escritor de tecnologia Richard Koman, sustenta que a Google "passou a acreditar verdadeiramente na sua bondade, uma crença que justifica o seu próprio conjunto de regras em relação à ética corporativa, anticompetição, serviços aos clientes e seu lugar na sociedade".[38]

O mais importante de tudo é que a controvérsia mostra que todos os livros serão digitalizados — e que é provável que o esforço prossiga rápido. A discussão sobre o Google Book Search não tem nada a ver com o princípio de escanear livros impressos em uma base digital; tem a ver com a comercialização e o controle dessa base de dados. Se a Google acabar, ou não, sendo a única proprietária do que Darnton chama de "a maior biblioteca do mundo", essa biblioteca será construída; e seus volumes digitais, depositados através da net em todas as bibliotecas do mundo, acabarão por suplantar muitos dos livros físicos que por muito tempo estiveram guardados nas estantes.[39] Os benefícios práticos de tornar esses livros "encontráveis e buscáveis on-line" são tão grandes que é difícil imaginar que

[38] Richard Koman, "Google, Books and the Nature of Evil", blog *ZDNet Government*, 30 de abril de 2009, http://government.zdnet.com/?p=4725.

[39] No que pode ser um prenúncio do futuro, uma prestigiosa escola preparatória de Massachusetts, a Cushing Academy, anunciou em 2009 que estava removendo todos os livros da sua biblioteca e substituindo-os por computadores desktop, TVs de tela plana e uma quantidade de Kindles e outros leitores eletrônicos. O diretor da escola, James Tracy, proclamou a biblioteca sem livros como "um modelo para a escola do século XXI". David Abel, "Welcome to the Library. Say Goodbye to the Books", *Boston Globe*, 4 de setembro de 2009.

alguém se oponha ao esforço. A digitalização de livros antigos, assim como a de antigos papiros e outros documentos, já está abrindo novos caminhos excitantes para a pesquisa do passado. Alguns preveem "um segundo Renascimento" da descoberta histórica.[40] Como diz Darnton: "Digitalizar devemos".

Mas a inevitabilidade de transformar as páginas de livros em imagens on-line não deve impedir que consideremos os efeitos colaterais. Tornar um livro encontrável e buscável on--line é também desmembrá-lo. A coesão do seu texto, a linearidade do seu argumento ou narrativa, enquanto fluem através de muitíssimas páginas, é sacrificada. O que o antigo artífice romano teceu junto quando criou o primeiro códice é descosturado. A quietude, que era "parte do significado" do códice, também é sacrificada. Circundando toda página ou trecho de texto do Google Book Search há uma pletora de links, ferramentas, abas e anúncios, cada um ansioso por fisgar uma parte da atenção fragmentada do leitor.

Para a Google, com a sua fé na eficiência como o bem supremo e seu correspondente desejo de "fazer com que os usuários saiam e entrem rapidamente", o desmembramento do livro não acarreta nenhuma perda, só ganhos. O administrador do Google Book Search, Adam Mathes, reconhece que "os livros frequentemente vivem uma vida vibrante off-line", mas diz que poderão "viver uma vida ainda mais excitante on-line".[41] O que quer dizer isso? A acessibilidade é só o começo. A Google diz que quer que nós possamos "rearranjar" os conteúdos dos livros digitalizados que encontrarmos, para fazer toda a "associação, partilha e agregação" que são rotineiras com os conteúdos da web, mas que "não podemos fazer facilmente com livros físicos". A companhia já introduziu uma ferramen-

[40] Alexandra Alter, "The Next Age of Discovery", *The Wall Street Journal*, 8 de maio de 2009.

[41] Adam Mathes, "Collect, Share, and Discover Books", *Official Google Blog*, 6 de setembro de 2007, http://googleblog.blogspot.com/2007/09/collect-shareand-discover--books.html.

ta de "corta e cola" que "permite que você facilmente recorte e publique passagens de livros de domínio público no seu blog ou website".[42] Também lançou um serviço que se chama Popular Passages, que realça excertos de livros que são citados frequentemente, e para alguns volumes começou a exibir "nuvens de palavras" que permitem ao leitor, como diz a companhia, "explorar um livro em dez segundos".[43] Seria estúpido se queixar de tais ferramentas. Elas são úteis. Mas elas também deixam claro que, para a Google, o valor de um livro não é como uma obra literária autocontida, mas como uma outra pilha de dados a ser prospectada. A grande biblioteca que a Google está correndo para criar não deve ser confundida com as bibliotecas que conhecemos até então. Não é uma biblioteca de livros. É uma biblioteca de fragmentos.

A ironia do esforço da Google para trazer maior eficiência à leitura é que ele solapa o tipo de eficiência muito diferente que a tecnologia do livro trouxe à leitura — e às nossas mentes — em primeiro lugar. Ao nos libertar da luta para decodificar o texto, a forma que a escrita assumiu ao ocupar uma página de pergaminho ou papel permitiu que nos tornássemos leitores profundos, que voltássemos a nossa atenção e o nosso poder mental para a interpretação do significado. Com a escrita na tela, ainda conseguimos decodificar o texto rapidamente — lemos, se é que lemos, mais rápido do que nunca —, mas não mais somos levados a uma compreensão profunda, construída pessoalmente, das conotações do texto. Em vez disso, somos apressados para ir adiante até um outro pedaço de informação relacionada, e outra, e outra. O garimpo superficial do "conteúdo relevante" substitui a lenta escavação do significado.

[42] Manas Tungare, "Share and Enjoy", blog Inside Google Books, 6 de setembro de 2007, http://booksearch.blogspot.com/2007/08/share-and-enjoy.html.

[43] Bill Schilit e Okan Kolak, "Dive into the Meme Pool with Google Book Search", blog Inside Google Books, 6 de setembro de 2007, http://booksearch.blogspot.com/2007/09/dive-into-meme-pool-with-google-book.html; e Diego Puppin, "Explore a Book in 10 Seconds", blog Inside Google Books, 1º de julho de 2009, http://booksearch.blogspot.com/2009/06/explore-book-in-10-seconds.html.

ERA UMA TÉPIDA manhã de verão em Concord, em Massachusetts. O ano era 1884. Um aspirante a romancista chamado Nathaniel Hawthorne estava sentado em uma pequena clareira na floresta, um local particularmente tranquilo perto da cidade, conhecido como Sleepy Hollow. Profundamente concentrado, ele estava atento a toda impressão passageira, transformando-se no que Emerson, o líder do movimento Transcendentalista de Concord, havia oito anos denominado um "globo ocular transparente". Hawthorne via, como registraria em seu caderno de anotações mais tarde naquele dia, como "a luz do sol cintilava através da sombra, e a sombra apagava a luz do sol, refletindo aquele agradável estado da mente em que alegria e melancolia se entrelaçam". Ele sentiu uma ligeira brisa, "o mais gentil suspiro imaginável, e contudo com uma potência espiritual, a tal ponto que parece penetrar, com o seu frescor suave, etéreo, através do barro exterior, e soprar sobre o próprio espírito, que tremula com gentil delícia". Ele aspirou na brisa um toque da "fragrância dos pinheiros brancos". Ouviu "a batida do relógio da aldeia" e "a distância ceifadores afiando as suas foices", embora "esses sons de labor, quando apropriadamente remotos, senão aumentam a quietude de quem está nesse sossego, inteiramente envolto pelas brumas de suas meditações".

Abruptamente, desfez-se o seu devaneio:

> Mas, ouça! Eis o assobio da locomotiva — o guincho longo, áspero acima de toda aspereza, pois o espaço de uma milha não pode abrandá-lo em harmonia. Conta uma história de homens ocupados, de cidadãos das ruas quentes, que vêm passar o dia em uma aldeia do campo — homens de negócios — para resumir, só inquietude; e não é de se admirar que solte esse guincho sobressaltado, pois ela traz o mundo ruidoso ao meio de nossa paz indolente.[44]

[44] As passagens dos cadernos de anotações de Hawthorne são citadas de Julian Hawthorne, *Nathaniel Hawthorne and His Wife: A Biography*, vol. 1 (Boston: James R. Osgood, 1885), 498–503.

Leo Marx abre *The Machine in the Garden*, o seu estudo clássico de 1964 da influência da tecnologia na cultura americana, recontando a história da manhã de Hawthorne em Sleepy Hollow. O tema real do escritor, argumenta Marx, é "a paisagem da psique" e, em particular, o contraste entre duas condições da consciência". A quieta clareira na floresta provê o pensador solitário com "um isolamento singular da perturbação", um espaço protegido para a reflexão. A clamorosa chegada do trem, com a sua carga de "homens ocupados", traz "a dissonância psíquica associada com o estabelecimento da industrialização".[45] A mente contemplativa é subjugada pelo rebuliço mecânico do mundo barulhento.

A ênfase que a Google e outras empresas da internet colocam na eficiência do intercâmbio de informação como a chave para o progresso intelectual não é nada de novo. Foi, ao menos desde o começo da Revolução Industrial, um tema comum da história da mente. Fornece uma contraparte forte e continuada a uma visão muito diferente, promulgada pelos transcendentalistas americanos, assim como pelos românticos ingleses antes deles, de que a verdadeira iluminação vem somente através da contemplação e da introspecção. A tensão entre as duas perspectivas é uma manifestação do conflito mais amplo entre, nos termos de Marx, "a máquina" e "o jardim" — o ideal industrial e o ideal pastoral —, que desempenhou um papel tão importante em moldar a sociedade moderna.

Quando transposto ao reino do intelecto, o ideal industrial coloca uma ameaça potencialmente mortal, como Hawthorne entendeu, ao ideal pastoral do pensamento meditativo. Isso não significa que promover a rápida descoberta e recuperação da informação seja ruim. Não é. O desenvolvimento integral de uma mente exige tanto a habilidade de encontrar e rapidamente analisar uma ampla gama de informações, como a

[45] Leo Marx, *The Machine in the Garden: Technology and the Pastoral Ideal in America* (Nova York: Oxford University Press, 2000), 28–29.

capacidade de reflexão ilimitada. Deve haver um tempo para a coleta eficiente de dados e um tempo para a contemplação ineficiente, um tempo para operar a máquina e um tempo para sentar ociosamente no jardim. Precisamos trabalhar no "mundo de números" da Google, mas também precisamos ser capazes de nos retirar para Sleepy Hollow. O problema hoje é que estamos perdendo a nossa capacidade de manter um equilíbrio entre esses dois estados mentais muito diferentes. Mentalmente, estamos em perpétuo movimento.

Mesmo quando a prensa de Gutenberg estava tornando a mente literária a mente geral, ela colocava em movimento o processo que agora ameaça tornar obsoleta a mente literária. Quando livros e periódicos começaram a inundar o mercado, as pessoas pela primeira vez se sentiram esmagadas pela informação. Robert Burton, em sua obra-prima de 1628, *An Anatomy of Melancholy,* descreve "o vasto caos e a confusão dos livros" que confrontava o leitor do século XVII: "Somos oprimidos por eles, nossos olhos doem com a leitura, nossos dedos com o virar as páginas". Uns poucos anos antes, em 1600, outro escritor inglês, Barnaby Rich, tinha se queixado: "Uma das grandes doenças da nossa época é a infinidade de livros, que exercem tal sobrecarga no mundo que não é possível digerir a abundância de matéria fútil que todo dia é chocada e divulgada".[46]

Desde então, sempre estivemos buscando com urgência cada vez maior modos novos de trazer ordem à confusão de informação que enfrentamos todo dia. Por séculos, os métodos de gerenciamento de informação pessoal tendiam a ser simples, manuais e idiossincráticos — rotinas para o uso de arquivos e prateleiras, alfabetização, anotação, notas e listas, catálogos e guias, regras práticas. Havia também os mecanismos institucionais mais elaborados, mas, ainda em sua maior parte, manuais

[46] Citado em Will Durant e Ariel Durant, *The Age of Reason Begins* (Nova York: Simon & Schuster, 1961), 65.

para classificar e armazenar informação, que se encontravam nas bibliotecas, universidades e burocracias comerciais e governamentais. Durante o século XX, a inundação de informação cresceu, as tecnologias de processamento de dados avançaram, e os métodos e ferramentas para o gerenciamento de informação tanto pessoal como institucional se tornaram mais elaborados, mais sistemáticos e cada vez mais automatizados. Começamos a procurar, nas próprias máquinas que exacerbaram a sobrecarga de informação, meios de aliviar o problema.

Vannevar Bush deu a tônica de nossa abordagem moderna para o gerenciamento de informação no seu artigo amplamente discutido "As We May Think", que apareceu na *Atlantic Monthly* em 1945. Bush, um engenheiro elétrico que serviu como consultor científico de Franklin Roosevelt durante a Segunda Guerra Mundial, estava preocupado com o fato de que o progresso estava sendo travado pela incapacidade dos cientistas de estarem a par de informações relevantes para o seu trabalho. A publicação de material novo, escreveu, "estendeu-se muito além da nossa presente capacidade de fazer uso dos registros. A soma da experiência humana tem se expandido a uma taxa prodigiosa, e os meios que temos para nos desenredarmos no consequente labirinto até o item de importância são, atualmente, os mesmos que costumavam ser no tempo dos barcos a vela".

Mas havia no horizonte uma solução tecnológica ao problema de sobrecarga de informação, argumentava Bush: "O mundo chegou a uma era de aparelhos complexos e baratos de grande confiabilidade; e algo deve sair daí". Ele propunha um novo tipo de máquina de catalogação pessoal, chamada memex, que seria útil não somente para cientistas, mas também para qualquer um empregando "processos lógicos de pensamento". Incorporado a uma escrivaninha, o memex, escreveu Bush, "é um aparelho no qual um indivíduo armazena [em forma comprimida] todos os seus livros, gravações e comunicações, e que é mecanizado de tal forma que podem ser consultados com velocidade e flexibilidade extraordinárias". No alto da escrivaninha há "telas translúcidas" nas quais são projetadas imagens dos materiais armazenados, assim como "um teclado" e "conjuntos de botões e alavancas" para navegar na base de dados. A "característica essencial" da máquina é o uso da "indexação associativa" para conectar diferentes informações: "Qualquer item poderia ser usado à vontade para selecionar imediata e automaticamente o outro". Esse processo "de vincular duas coisas entre si é", enfatizava Bush, "a coisa importante".[47]

Com o seu memex, Bush antecipou tanto o computador pessoal como o sistema de hipermídia da World Wide Web. O seu artigo inspirou muitos dos que desenvolveram originalmente o hardware e o software dos PCs, inclusive os primeiros aficionados por hipertexto, tais como o afamado engenheiro computacional Douglas Engelbart e o inventor do HyperCard, Bill Atkinson. Mas, embora a visão de Bush tenha se concretizado numa extensão nunca imaginada por ele durante a sua vida — estamos cercados pela prole do memex —, o problema que ele se propôs a resolver, a sobrecarga de informação, não foi aliviado. De fato, está pior do que nunca. Como observou David Levy, "o desenvolvimento dos sistemas pessoais de informação digital e do hipertexto global parece não ter resolvido o problema que Bush identificou, mas o exacerbado".[48]

Em retrospectiva, a razão da falha parece óbvia. Ao reduzir dramaticamente os custos de criar, armazenar e partilhar informação, as redes de computador colocaram muito mais informação a nosso alcance do que jamais tivemos acesso antes. E as poderosas ferramentas para descobrir, filtrar e distribuir informação, desenvolvidas por companhias como

---

[47] Vannevar Bush, "As We May Think", *Atlantic Monthly*, julho de 1945.

[48] David M. Levy, "To Grow in Wisdom: Vannevar Bush, Information Overload and the Life of Leisure", *Proceedings of the 5th ACM/IEEE-CS Joint Conference on Digital Libraries*, 2005, 281–286.

a Google, asseguram que estejamos sempre inundados por informações que são de *interesse imediato* para nós — em quantidades muito maiores do que aquelas com as quais nosso cérebro consegue lidar. À medida que as tecnologias de processamento de dados se aprimoram, que nossas ferramentas de busca e filtragem se tornam mais precisas, a enxurrada de informação relevante só se intensifica. Muito do que é do nosso interesse se torna visível para nós. A sobrecarga de informação se tornou uma aflição permanente e nossas tentativas de minorá-la apenas a agravam. A única saída é aumentar o nosso escaneamento e o nosso passar de olhos, confiar cada vez mais intensamente nas máquinas que a tudo respondem, que são a fonte do problema. Hoje, mais informação "nos é disponível do que nunca antes", escreve Levy, "mas há menos tempo para fazer uso dela — e, especificamente, fazer uso dela com qualquer profundidade de reflexão".[49] Amanhã, a situação será ainda pior.

Antigamente, achava-se que o filtro mais importante do pensamento humano era o tempo. "A melhor regra de leitura será um método da natureza, e não um mecânico", escreveu Emerson em seu ensaio de 1858, "Books". Todos os escritores devem submeter "o seu desempenho ao sábio ouvido do Tempo, que senta e que pondera, e, daqui a dez anos, de 1 milhão de páginas, reimprime uma. De novo, é julgado, é soprado por todos os ventos da opinião, e por que terrível seleção não passará, antes de ser reimpresso depois de vinte anos, e reimpresso depois de trinta anos!".[50] Não temos mais a paciência para esperar pelo lento e escrupuloso escrutínio do tempo. Inundados a todo momento por informações de interesse imediato, não temos outra escolha senão recorrer a filtros automáticos, que dão privilégio, instantaneamente, ao novo e ao popular. Na net, os ventos da opinião se tornaram um redemoinho.

---

[49] Ibid.

[50] Ralph Waldo Emerson, "Books", *Atlantic Monthly*, janeiro de 1858.

Após o trem ter descarregado a sua carga de homens ocupados e partido da estação de Concord, Hawthorne tentou, com pouco sucesso, retornar a seu estado de profunda concentração. Ele vislumbrou um formigueiro a seus pés e, "como um gênio malevolente", lançou uns poucos grãos de areia nele, bloqueando a sua entrada. Ele observou "um de seus habitantes", voltando de "algum negócio público ou privado", se esforçando para entender o que tinha acontecido com a sua casa: "Que surpresa, que pressa, que confusão da mente são expressas no seu movimento! Como deve ser inexplicável para ela o poder que efetuou essa maldade!". Mas logo Hawthorne foi distraído da agonia da formiga. Notando uma mudança no padrão bruxuleante de sombra e sol, olhou para as nuvens "espalhadas pelo céu" e discerniu nas formas mutáveis "as ruínas despedaçadas da utopia de um sonhador".

EM 2007, a Associação Americana para o Desenvolvimento da Ciência convidou Larry Page para proferir o discurso inaugural em sua conferência anual, o mais prestigioso encontro de cientistas. A palestra foi algo improvisado, cheio de divagações, mas proporcionou um vislumbre fascinante da mente do jovem empreendedor. Mais uma vez encontrando inspiração na analogia, partilhou com a audiência a sua concepção da vida e do intelecto humanos. "A minha teoria é que, se você olhar para a sua programação, para o seu DNA, ele tem cerca de 600 megabytes comprimidos", disse ele. "É menor que qualquer sistema operacional moderno, menor que o Linux ou o Windows... e isso inclui o booting do nosso cérebro, por definição. Assim, os algoritmos do seu programa provavelmente não são lá tão complicados: [a inteligência] provavelmente tem mais a ver com a computação global."[51]

[51] Larry Page, discurso inaugural na Conferência Anual da AAAS, San Francisco, 16 de fevereiro de 2007, http://news.cnet.com/1606-2_3-6160334.html.

O computador digital substituiu há muito tempo o relógio, o chafariz e a máquina da fábrica como a nossa metáfora predileta para explicar a constituição e o funcionamento do cérebro. Usamos tão rotineiramente termos computacionais para descrever nosso cérebro que não percebemos mais que estamos falando metaforicamente. (Referimo-nos aos "circuitos", "conexões", "inputs" e "programação" mais do que umas poucas vezes neste livro.) Mas a visão de Page é extrema. Para ele, o cérebro não apenas se assemelha a um computador; ele é um computador. Sua suposição ajuda muito a explicar por que a Google equaciona inteligência com processamento de dados eficiente. Se nosso cérebro é computador, então a inteligência pode ser reduzida a uma questão de produtividade — de rodar mais bits de dados mais rapidamente no grande chip dentro do nosso crânio. A inteligência humana se torna indistinguível da inteligência da máquina.

Page desde o início viu o Google como forma embrionária de inteligência artificial. "A inteligência artificial seria a versão final do Google", disse em uma entrevista de 2000, muito antes do nome da sua companhia se tornar uma palavra de uso comum. "Agora não estamos nem sequer perto disso. Contudo, estamos nos aproximando disso por incrementos, e é basicamente nisso que trabalhamos."[52] Em discurso de 2003, em Stanford, ele foi um pouco além na descrição da ambição de sua companhia: "O buscador final é algo tão inteligente como uma pessoa — ou mais inteligente".[53] Sergey Brin, que diz ter começado a escrever programas de inteligência artificial quando estava no colégio, partilha o entusiasmo do seu colega na criação de uma máquina realmente pensante.[54] "Certamente, se você tivesse toda a informação do mundo conectada direta-

[52] Academy of Achievement, "Interview: Larry Page".

[53] Rachael Hanley, "From Googol to Google: Co-founder Returns", *Stanford Daily*, 12 de fevereiro de 2003.

[54] Academy of Achievement, "Interview: Larry Page".

mente ao seu cérebro, ou um cérebro artificial que fosse mais inteligente que o seu cérebro, você se sairia melhor", disse a um repórter da *Newsweek* em 2004.[55] Em uma entrevista na televisão mais ou menos na mesma época, Brin chegou a sugerir que o "buscador final" se pareceria muito com o HAL de Stanley Kubrick. "Agora, espero que ele nunca tenha um bug como HAL teve quando matou os ocupantes da espaçonave", disse. "Mas estamos colocando empenho nisso, e penso que já percorremos parte do caminho."[56]

O desejo de construir um sistema de inteligência artificial como o HAL pode parecer estranho a muita gente. Mas é uma ambição natural, e mesmo admirável, para um par de jovens cientistas computacionais brilhantes, com vastas quantidades de dinheiro a sua disposição e empregando um pequeno exército de programadores e engenheiros. Um empreendimento fundamentalmente científico, a Google é motivada por um desejo de, nas palavras de Eric Schmidt, "usar a tecnologia para resolver problemas que nunca foram resolvidos antes",[57] e a inteligência artificial é o problema mais difícil de todos. Por que Brin e Page não desejariam resolvê-lo?

No entanto, a sua suposição fácil de que todos nós "nos sairíamos melhor" se nosso cérebro fosse suplementado, ou mesmo substituído pela inteligência artificial, tanto é perturbadora como reveladora. Ela ressalta a firmeza e a certeza que a Google deposita na sua crença taylorista de que a inteligência é o resultado de um processo mecânico, uma série de passos discretos que podem ser isolados, mensurados e otimizados. "Os seres humanos têm vergonha de terem nascido em vez de terem sido feitos", observou certa vez o filósofo do século XX

---

[55] Steven Levy, "All Eyes on Google", *Newsweek*, 12 de abril de 2004.

[56] Spencer Michaels, "The Search Engine That Could", *NewsHour with Jim Lehrer*, 29 de novembro de 2002.

[57] Ver Richard MacManus, "Full Text of Google Analyst Day Powerpoint Notes", blog Web 2.0 Explorer, 7 de março de 2006, http://blogs.zdnet.com/web2explorer/?p=132.

Günther Anders, e nos pronunciamentos dos fundadores da Google podemos sentir a mesma vergonha, assim como a ambição que ela engendra.[58] No mundo da Google, que é o mundo onde entramos quando estamos on-line, há pouco lugar para a tranquilidade ponderada da leitura profunda ou a dispersão difusa da contemplação. A ambiguidade não é uma abertura para o *insight*, mas um bug a ser reparado. O cérebro humano é apenas um computador desatualizado que necessita de um processador mais rápido e de um disco rígido maior — e algoritmos melhores para dirigir o curso dos seus pensamentos.

"Tudo o que os seres humanos estão fazendo para facilitar a operação de redes de computador é ao mesmo tempo, mas por diferentes razões, facilitar as redes de computador a operarem os seres humanos."[59] Assim escreveu George Dyson em *Darwin among the Machines*, sua história de 1997 sobre a busca da inteligência artificial. Oito anos depois da publicação do livro, Dyson foi convidado para dar uma palestra na Googleplex comemorando a obra de John von Neumann, o físico que, em 1945, baseado no trabalho de Alan Turing, elaborou o primeiro projeto detalhado de um computador moderno. Para Dyson, que passou muito da sua vida especulando sobre as vidas interiores das máquinas, a visita à Google deve ter sido divertida. Aqui, afinal, estava uma companhia ávida para empregar seus enormes recursos, incluindo muitos dos mais brilhantes cientistas computacionais do mundo, para criar um cérebro artificial.

Mas a visita deixou Dyson perturbado. No final de um ensaio que escreveu sobre a experiência, recordou um solene alerta que Turing havia feito em seu trabalho "Computing Machinery and Intelligence". Em nossas tentativas de construir máquinas inteligentes, escrevera o matemático, "não deveríamos estar

[58] Citado em Jean-Pierre Dupuy, *On the Origins of Cognitive Science: The Mechanization of the Mind* (Cambridge, MA: MIT Press, 2009), xiv.

[59] George B. Dyson, *Darwin among the Machines: The Evolution of Global Intelligence* (Reading, MA: Addison-Wesley, 1997), 10.

irreverentemente usurpando o Seu poder de criar almas, não mais do que estamos na procriação de filhos". Dyson então repetiu um comentário que "um amigo incomumente perceptivo" havia feito depois de uma visita anterior à Googleplex: "Eu achei o aconchego quase avassalador. Golden retrievers felizes correndo em câmera lenta por entre os borrifadores no gramado. Pessoas acenando e sorrindo, brinquedos por toda parte. Imediatamente suspeitei que um mal inimaginável estava acontecendo em algum lugar nos cantos escuros. Se o diabo viesse à Terra, que local seria melhor para que ele se escondesse?".[60] A reação, embora obviamente extrema, é compreensível. Com a sua enorme ambição, sua imensa conta bancária e seus projetos imperialistas para o mundo do conhecimento, a Google é um depositário natural dos nossos temores assim como das nossas esperanças. "Alguns dizem que a Google é Deus", reconheceu Sergey Brin, "outros dizem que a Google é Satã."[61]

O que *está* à espreita nos cantos escuros da Googleplex? Estamos próximos da vinda de uma IA (inteligência artificial)? Nossos suseranos de silício estão à nossa porta? Provavelmente não. A primeira conferência acadêmica dedicada à busca da inteligência artificial foi realizada no verão de 1956 — no campus do Darmouth — e parecia óbvio naquela época que os computadores em breve seriam capazes de replicar o pensamento humano. Os matemáticos e engenheiros que participaram do conclave de um mês de duração sentiam que, como escreveram em uma declaração, "todo aspecto do aprendizado ou de qualquer outra característica da inteligência pode em princípio ser tão bem descrito que uma máquina pode ser capaz de simulá-lo".[62] Era apenas uma questão de escrever os pro-

---

[60] George Dyson, "Turing's Cathedral", *Edge*, 24 de outubro de 2005, www.edge.org/3rd_culture/dyson05/dyson_05index.html.

[61] Greg Jarboe, "A 'Fireside Chat' with Google's Sergey Brin", *Search Engine Watch*, 16 de outubro de 2003, http://searchenginewatch.com/3081081.

[62] Ver Pamela McCorduck, *Machines Who Think: A Personal Inquiry into the History and Prospects of Artificial Intelligence* (Natick, MA: Peters, 2004), 111.

gramas certos, de traduzir os processos conscientes da mente nos passos de um algoritmo. Mas, apesar de anos de esforço posterior, o funcionamento da inteligência humana tem se esquivado de uma descrição precisa. No meio século desde a conferência de Dartmouth, os computadores avançaram à velocidade da luz, mas continuam sendo, em termos humanos, uns completos idiotas. Nossas máquinas "pensantes" não têm a menor ideia do que elas estão pensando. A observação de Lewis Mumford de que "nenhum computador pode fazer um símbolo novo com os seus próprios recursos" permanece tão válida hoje como quando ele a fez em 1997.[63]

Mas os defensores da IA não desistiram. Apenas deslocaram o seu foco. Abandonaram em grande parte o objetivo de desenvolver programas de software que replicassem a aprendizagem humana e outras características explícitas da inteligência. Em vez disso, estão tentando replicar, nos circuitos de um computador, os sinais elétricos que correm entre os bilhões de neurônios do cérebro, na crença de que a inteligência então "emerja" da máquina como a mente emerge do cérebro físico. Se chegarmos à "computação global" certa, como Page disse, então os algoritmos da inteligência escreverão a eles mesmos. Em um ensaio de 1996 sobre o legado de *2001*, de Stanley Kubrick, o inventor e futurista Ray Kurzweil sustentou que, uma vez que formos capazes de escanear um cérebro em suficiente detalhe para "determinar a arquitetura das conexões interneuronais em diferentes regiões", conseguiremos "projetar redes neurais simuladas que operarão de maneira similar". Embora "ainda não possamos construir um cérebro como o do HAL", Kurzweil concluiu, "podemos descrever agora mesmo como poderíamos fazê-lo".[64]

---

[63] Lewis Mumford, *The Myth of the Machine: Technics and Human Development* (Nova York: Harcourt Brace Jovanovitch, 1967), 29.

[64] David G. Stork, ed., HAL's Legacy: 2001's *Computer as Dream and Reality* (Cambridge, MA: MIT Press, 1996), 165–166.

Há poucas razões para acreditar que esta nova abordagem para incubar uma máquina inteligente prove ser mais frutífera do que a antiga. Ela também é construída com base em suposições reducionistas. Dá como certo que o cérebro opera de acordo com as mesmas regras matemáticas formais de um computador — em outras palavras, que o cérebro e o computador falam a mesma linguagem. Mas isso é uma falácia decorrente do nosso desejo de explicar fenômenos que não compreendemos com as ferramentas que temos. O próprio John von Neumann advertiu contra cairmos vítimas dessa falácia. "Quando falamos sobre matemática", escreveu no fim da sua vida, "podemos estar discutindo uma linguagem *secundária*, baseada na linguagem *primária* verdadeiramente usada pelo nosso sistema nervoso central." Qualquer que possa ser a linguagem do sistema nervoso, "ela não pode deixar de diferir consideravelmente daquilo que consciente e explicitamente consideramos como a matemática".[65]

É também uma falácia pensar que o cérebro físico e a mente pensante existam como camadas separadas em uma "arquitetura" precisamente construída. Os pioneiros da neuroplasticidade mostram que o cérebro e a mente estão extraordinariamente entremeados, um moldando o outro. Como Ari Schulman escreveu no artigo de 2009 "Why Minds Are Not Like Computers" na *New Atlantis*, "tudo indica que, em vez de ser uma hierarquia nitidamente separável como um computador, a mente é uma hierarquia entrelaçada de organização e causalidade. Mudanças na mente causam mudanças no cérebro, e vice-versa". Criar um modelo computacional do cérebro que simule acuradamente a mente exigiria a replicação de "*cada* nível do cérebro que afeta e é afetado pela mente".[66] Desde que não estamos nem perto de desentrelaçar

---

[65] John von Neumann, *The Computer and the Brain*, 2. ed. (New Haven, CT: Yale University Press, 2000), 82. Os destaques são de Von Neumann.

[66] Ari N. Schulman, "Why Minds Are Not Like Computers", *New Atlantis*, inverno de 2009.

a hierarquia do cérebro, muito menos de compreender como os seus níveis agem e interagem, a fabricação de uma mente artificial deverá permanecer uma aspiração para as gerações futuras, senão para sempre.

A Google não é nem Deus nem Satã, e se há sombras na Googleplex, elas não são mais do que ilusões de grandeza. O que é perturbador sobre a companhia não é o seu desejo infantil de criar uma máquina incrivelmente nova que será capaz de pensar além dos seus criadores, mas a concepção mesquinha da mente humana que dá origem a esse desejo.

Capítulo 9

Busque, memória

Sócrates tinha razão. À medida que as pessoas se acostumam a escrever seus pensamentos e a ler os pensamentos escritos por outros, tornam-se menos dependentes dos conteúdos da sua própria memória. O que certa vez tivera que ser armazenado na cabeça poderia em vez disso ser armazenado em tabuletas e em papiros ou entre as capas dos códices. As pessoas começaram, como previu o grande orador, a trazer as coisas à mente não "de dentro de si, mas com o auxílio de sinais exteriores". A confiança na memória pessoal diminuiu ainda mais com a difusão da prensa tipográfica e a concomitante expansão das publicações e do alfabetismo. Livros e jornais, à mão em bibliotecas ou nas estantes de casas particulares, tornaram-se suplementos da armazenagem biológica do cérebro. As pessoas não mais tinham que memorizar tudo. Elas podiam procurar.

Mas isso não foi tudo. A proliferação das páginas impressas teve outro efeito, que Sócrates não previu, mas que bem poderia ter saudado. Os livros proporcionaram às pessoas um suprimento muito maior de fatos, opiniões, ideias e histórias do que eram disponíveis antes, e tanto o método como a cultura da leitura profunda encorajaram a depositar na memória a informação impressa. No século VII, Isidoro, bispo de Sevilha, observou como ler "os dizeres" dos pensadores nos livros "tornava a sua fuga da memória menos fácil".[1] Visto que cada pessoa era livre para traçar o seu próprio curso de leitura, definir o seu próprio roteiro de estudo, a memória individual tornou-se menos um construto socialmente determinado e mais a fundação de uma perspectiva e personalidade distintivas. Inspiradas pelo livro, as pessoas começaram a ver a si próprias como as autoras das suas próprias memórias. Shakespeare fez Hamlet chamar essa memória de "o livro e o volume do meu cérebro".

Ao se preocupar com que a escrita pudesse enfraquecer a memória, Sócrates estava, como diz o romancista e intelectual italiano Umberto Eco, exprimindo "um temor eterno: o temor de que uma nova realização tecnológica pudesse abolir ou destruir algo que consideramos precioso e fértil, algo que representa para nós um valor em si mesmo, e um valor profundamente espiritual". O temor nesse caso revelou-se mal colocado. Os livros proporcionam um suplemento à memória, mas também, como coloca Eco, "desafiam e aprimoram a memória; eles não a entorpecem".[2]

O humanista holandês Desiderius Erasmus, em seu livro texto *De copia,* enfatizou a conexão entre memória e leitura. Insistia que os seus alunos anotassem os seus livros com "pequeno sinal apropriado", para marcar "as ocorrências de palavras extraordinárias, dicção nova ou arcaica, lances brilhantes de estilo, adágios, exemplos e observações de peso que merecessem ser memorizados". Também sugeriu que todo estudante e professor mantivesse um caderno, organizado por assunto, "de tal modo que, quando encontrasse algo digno de registro, escrevesse nele, na seção apropriada". Transcrevendo os excertos por extenso e recitando-os regularmente, auxilia-

[1] Citado em Alberto Manguel, *A History of Reading* (Nova York: Viking, 1996), 49.

[2] Umberto Eco, "From Internet to Gutenberg", palestra proferida na Academia Italiana de Estudos Avançados da América, da Universidade de Colúmbia, 12 de novembro de 1996, www.umbertoeco.com/en/from-internet-to-gutenberg-1996.html.

ria a assegurar que permanecessem fixados na memória. As passagens deveriam ser vistas como "espécies de flores" que, colhidas das páginas dos livros, poderiam ser preservadas nas páginas da memória.[3]

Erasmus, que quando era garoto na escola, havia memorizado grandes porções de literatura clássica, incluindo as obras completas do poeta Horácio e do dramaturgo Terêncio, não estava recomendando a memorização pela memorização e nem como um exercício repetitivo para reter fatos. Para ele, a memorização era muito mais do que um meio de armazenagem. Era o primeiro passo de um processo de síntese, um processo que levava a uma compreensão mais profunda e pessoal da própria leitura. Acreditava, como explica a historiadora clássica Erika Rummel, que uma pessoa deveria "digerir ou internalizar o que aprende e refletir antes do que reproduzir servilmente as qualidades desejáveis do autor moderno". Longe de ser um processo mecânico, irrefletido, o tipo de memorização de Erasmus engajava a mente totalmente. Exigia, escreve Rummel, "criatividade e julgamento".[4]

O conselho de Erasmus ecoa aquele do romano Sêneca, que também usava uma metáfora botânica para descrever o papel essencial que a memória desempenha na leitura e no pensamento. "Devemos imitar as abelhas", escreveu Sêneca, "e devemos manter em compartimentos separados o que colhemos de nossas leituras diversas, pois coisas conservadas separadamente se conservam melhor. Então, aplicando diligentemente todos os recursos dos nossos talentos natos, deveríamos mesclar todos os néctares que provamos, e transformá-los em uma única substância doce, de tal modo que, mesmo se for aparente de onde ela se originou, apareça bem diferente do que era em

[3] Citado em Ann Moss, *Printed Commonplace-Books and the Structuring of Renaissance Thought* (Oxford: Oxford University Press, 1996), 102–104.

[4] Erika Rummel, "Erasmus, Desiderius", in: *Philosophy of Education*, ed. J. J. Chambliss (Nova York: Garland, 1996), 198.

seu estado original."[5] A memória, tanto para Sêneca como para Erasmus, era mais um cadinho do que um recipiente. Era a elaboração de algo novo, a essência de um ser único.

A recomendação de Erasmus de que todo leitor mantivesse um caderno de citações memoráveis foi seguida ampla e entusiasticamente. Tais cadernos, que vieram a ser chamados de "livros de lugares-comuns", ou apenas "lugares-comuns", se tornaram acessórios do ensino renascentista. Todo estudante mantinha um.[6] No século XVII, seu uso havia se difundido além das escolas. Os lugares-comuns passaram a ser vistos como ferramentas necessárias para o cultivo de uma mente educada. Em 1623, Francis Bacon observou que "dificilmente poderia haver algo mais útil" como "um são auxílio para a memória" do que um "um bom e erudito digesto de lugares-comuns". Acrescentando a recordação de trabalhos escritos na memória, escreveu, um lugar-comum bem mantido "supriria matéria para a fantasia".[7] Por todo o século XVIII, de acordo com a professora de linguística da Universidade Americana, Naomi Baron, "um livro de lugares-comuns de um cavalheiro" servia "tanto como um meio quanto como uma crônica de seu desenvolvimento intelectual".[8]

A popularidade dos livros de lugares-comuns declinou à medida que o ritmo da vida acelerava no século XIX, e, no meio do século XX, a própria memorização começou a ser desmerecida. Educadores progressistas baniram a prática das salas de aula, descartando-a como o vestígio de uma era menos esclarecida. O que por tanto tempo havia sido visto como

[5] Citado em Moss, *Printed Commonplace-Books*, 12.

[6] Ann Moss escreve que "o livro de lugares-comuns era parte da experiência intelectual inicial de todo garoto de escola" do Renascimento. *Printed Commonplace-Books*, viii.

[7] Francis Bacon, *The Works of Francis Bacon*, vol. 4, ed. James Spedding, Robert Leslie Ellis e Douglas Denon Heath (Londres: Longman, 1858), 435.

[8] Naomi S. Baron, Always *On: Language in an Online and Mobile World* (Oxford: Oxford University Press, 2008), 197.

um estímulo para o *insight* pessoal e a criatividade, passou a ser visto como uma barreira para a imaginação e, então, simplesmente como um desperdício de energia mental. A introdução de novos meios de armazenagem e registro ao longo do último século — fitas de áudio, fitas de vídeo, microfilmes e microfichas, fotocopiadoras, calculadoras, discos de computador — expandiu enormemente o escopo e a disponibilidade de uma "memória artificial". Guardar informação na própria cabeça parecia cada vez menos essencial. O aparecimento dos bancos de dados ilimitados e facilmente buscáveis da internet trouxe uma nova mudança, não apenas no modo como vemos a memorização, mas também no modo como vemos a própria memória. Rapidamente a net passou a ser vista como uma substituta, em vez de apenas um suplemento da memória pessoal. Hoje em dia as pessoas rotineiramente falam sobre memória artificial como indistinguível da memória biológica.

Clive Thompson, que escreve na *Wired*, refere-se à net como um "cérebro out-board" que está assumindo o papel anteriormente desempenhado pela memória interna. "Eu quase desisti do esforço para lembrar qualquer coisa", diz, "porque posso recuperar instantaneamente a informação on-line." Sugere que "ao descarregarmos dados no silício, liberamos a nossa massa cinzenta para tarefas mais genuinamente 'humanas', como reflexão e devaneio".[9] David Brooks, o popular colunista do *New York Times*, faz uma observação similar. "Eu tinha pensado que a magia da era da informação era que ela nos permitiria saber mais", escreve, "mas então percebi que a magia da era da informação é que ela nos permite saber menos. Ela nos proporciona servos cognitivos externos — sistemas de memória de silício, filtros on-line colaborativos, algoritmos de preferência do consumidor e conhecimento em rede. Podemos colocar a carga nesses servos e liberarmos a nós mesmos."[10]

---

[9] Clive Thompson, "Your Outboard Brain Knows All", *Wired*, outubro de 2007.

[10] David Brooks, "The Outsourced Brain", *The New York Times*, 26 de outubro de 2007.

Peter Suderman, que escreve para a *American Scene*, defende que, com conexões mais ou menos permanentes com a internet, "não é mais muito eficiente utilizar nosso cérebro para armazenar informação". A memória, diz, deveria agora funcionar como um simples índice, apontando para os locais na web onde podemos localizar a informação de que precisamos, no momento em que precisarmos: "Por que memorizar o conteúdo de um único livro quando você pode usar o seu cérebro para conter um guia rápido para uma biblioteca inteira? Em vez de memorizar informações, nós as armazenamos digitalmente e apenas nos lembramos de onde a armazenamos. Como a web "nos ensina a pensar como ela", diz, acabaremos mantendo "bem pouco conhecimento profundo" nas nossas cabeças.[11] Don Tapscott, o escritor de tecnologia, coloca isso mais rispidamente. Agora que podemos procurar qualquer coisa "com um clique no Google", diz, "memorizar longas passagens ou fatos históricos" é obsoleto. A memorização é "uma perda de tempo".[12]

Nossa adesão à ideia de que bases de dados de computador fornecem um substituto efetivo e mesmo superior da memória pessoal não é particularmente surpreendente. É o ápice de uma mudança, ao longo de um século, da visão popular da mente. Como as máquinas que usamos para armazenar dados têm se tornado menos volumosas, mais flexíveis e responsivas, fomos nos acostumando à ideia de não distinguir memória artificial e biológica. Mas, contudo, é um extraordinário desenvolvimento. A noção de que a memória pode ser objeto de "*terceirização*", como Brooks coloca, teria sido inimaginável em qualquer momento anterior de nossa história. Para os gregos, a memória era uma deusa: Mnemosine, a mãe das musas. Para Agostinho, era "uma profundidade vasta e infinita", um

---

[11] Peter Suderman, "Your Brain Is an Index", *American Scene*, 10 de maio de 2009, www.theamericanscene.com/2009/05/11/your-brain-is-an-index.

[12] Alexandra Frean, "Google Generation Has No Need for Rote Learning", *Times* (Londres), 2 de dezembro de 2008; e Don Tapscott, *Grown Up Digital* (Nova York: McGraw-Hill, 2009), 115.

reflexo do poder de Deus no homem.[13] A visão clássica permaneceu a visão comum durante a Idade Média, o Renascimento e o Iluminismo — até, de fato, o final do século XIX. Quando, em uma palestra proferida em 1892 para um grupo de professores, William James declarou que "a arte da lembrança é a arte do pensamento", ele estava afirmando o óbvio.[14] Agora, as suas palavras parecem antiquadas. Não apenas a memória perdeu a sua divindade; ela parece estar bem perto de perder a sua humanidade. Mnemosine se tornou uma máquina.

A transformação da nossa visão da memória é ainda outra manifestação da nossa aceitação da metáfora que retrata o cérebro como um computador. Se a memória biológica funciona como um disco rígido, armazenando dados em localizações fixas e disponibilizando-os como insumos para os cálculos do cérebro, então descarregar aquela capacidade de memória na web não somente é possível mas, como defendem Thompson e Brooks, libertador. Proporciona a nosso cérebro uma memória muito mais vasta, ao mesmo tempo que libera espaço para computações mais valiosas e mesmo "mais humanas". A analogia tem uma simplicidade que a torna irresistível, e certamente é mais "científica" do que a sugestão de que nossa memória seja como um livro de flores prensadas ou o mel no favo de uma colmeia. Mas há um problema com a nossa nova concepção da memória, pós-internet. Ela está errada.

DEPOIS DE DEMONSTRAR, no começo da década de 1970, que "as sinapses mudam com a experiência", Eric Kandel continuou a sondar o sistema nervoso da vagarosa lesma-do-mar por muitos anos. Contudo, o foco do seu trabalho se deslocou. Começou a olhar além dos disparos neuronais de respostas

[13] Santo Agostinho, *Confessions*, trad. Henry Chadwick (Nova York: Oxford University Press, 1998), 187.

[14] William James, *Talks to Teachers on Psychology: And to Students on Some of Life's Ideals* (Nova York: Holt, 1906), 143.

reflexas simples, tais como a retração da sua guelra quando tocada, para a questão muito mais complicada de como o cérebro armazena a informação como memórias. Kandel queria, em particular, lançar luz sobre um dos enigmas centrais e que desperta mais perplexidade nas neurociências: como exatamente o cérebro transforma as fugazes memórias de curto prazo, tais como as que entram e saem da nossa memória de trabalho em todos os nossos momentos de vigília, em memórias de longo prazo, que podem durar toda uma vida?

Os neurologistas e psicólogos sabem, desde o final do século XIX, que o nosso cérebro mantém mais de um tipo de memória. Em 1885, o psicólogo alemão Hermann Ebbinghaus conduziu uma série exaustiva de experimentos, usando a si mesmo como o único sujeito, que envolvia memorizar 2 mil palavras sem sentido. Descobriu que a sua capacidade de reter uma palavra na memória se fortalecia quanto mais vezes estudava a palavra, e que era muito mais fácil memorizar meia dúzia de palavras de uma só vez do que memorizar uma dúzia. Ele descobriu que o processo de esquecimento tinha dois estágios. A maioria das palavras que ele decorava desaparecia da memória muito rapidamente, dentro de uma hora depois de ele as haver repetido, mas um conjunto menor persistia por muito mais tempo — e fugia da memória somente muito gradualmente. Os resultados dos testes de Ebbinghaus levaram William James a concluir, em 1980, que as memórias eram de dois tipos: "memórias primárias", que evaporam da mente logo depois do evento que as inspirou, e "memórias secundárias", que o cérebro pode guardar indefinidamente.[15]

Mais ou menos na mesma época, estudos com boxeadores revelaram que um golpe concussivo na cabeça poderia provocar amnésia retrógrada, apagando todas as memórias acumuladas nos poucos minutos ou horas anteriores, mas deixando intac-

[15] Ver Eric R. Kandel, *In Search of Memory: The Emergence of a New Science of Mind* (Nova York: Norton, 2006), 208–210.

tas memórias antigas. O mesmo fenômeno foi observado em epilépticos depois de sofrerem ataques. Tais observações implicavam que uma memória, mesmo forte, permanecia instável por um breve período depois de formada. Um certo tempo é necessário para que uma memória primária, ou de curto prazo, seja transformada em memória secundária, ou de longo prazo.

Essa hipótese foi confirmada por pesquisas realizadas por outros dois psicólogos alemães, Georg Müller e Alfons Pilzecker, no final dos anos 1890. Em uma variação dos experimentos de Ebbinghaus, solicitaram a um grupo de pessoas que memorizasse uma lista de palavras sem sentido. Um dia mais tarde, testaram o grupo e verificaram que os sujeitos não tinham problemas em recordar a lista. Os pesquisadores então conduziram o mesmo experimento com outro grupo de pessoas, mas dessa vez fizeram com que os sujeitos decorassem uma segunda lista de palavras imediatamente depois da primeira. No teste do dia seguinte, esse grupo era incapaz de lembrar o conjunto inicial de palavras. Müller e Pilzecker então conduziram uma outra prova, mas com uma variação. O terceiro grupo de sujeitos memorizava a primeira lista de palavras e então, depois de um intervalo de duas horas, recebia uma segunda lista para decorar. Esse grupo, como o primeiro, teve pouca dificuldade em lembrar a lista inicial de palavras no dia seguinte. Müller e Pilzecker concluíram que leva uma hora mais ou menos para que as memórias se fixem, ou "consolidem" no cérebro. Memórias de curto prazo não se tornam memórias de longo prazo imediatamente, e o processo da sua consolidação é delicado. Qualquer disrupção, seja um murro na cabeça ou uma simples distração, pode varrer as memórias nascentes da mente.[16]

Estudos posteriores confirmaram a existência das formas de curto e de longo prazo da memória e forneceram evidências adicionais da importância da fase de consolidação, durante a

[16] Ibid., 210–211.

qual as primeiras são convertidas nas últimas. Na década de 1960, o neurologista Louis Flexner, da Universidade da Pensilvânia, fez uma descoberta particularmente intrigante. Depois de injetar em ratos uma droga antibiótica que inibia a produção de proteínas nas suas células, verificou que os animais eram incapazes de formar memórias de longo prazo (sobre como evitar receber um choque dentro de um labirinto), mas que continuavam a armazenar memórias de curto prazo. A implicação era clara: as memórias de longo prazo não eram apenas formas mais fortes das memórias de curto prazo. Os dois tipos de memórias acarretavam processos biológicos distintos. Armazenar memórias de longo prazo exigia a síntese de novas proteínas. Memórias de curto prazo, não.[17]

Inspirado nos resultados revolucionários dos seus primeiros experimentos com a *Aplysia*, Kandel recrutou uma equipe de pesquisadores talentosos, incluindo psicólogos, fisiologistas e biólogos celulares, para auxiliá-lo a sondar o funcionamento físico tanto da memória de curto prazo como da de longo prazo. Eles começaram a rastrear meticulosamente o curso dos sinais neuronais de uma lesma marinha, "uma célula por vez", enquanto o animal aprendia a se adaptar a estímulos exteriores, como cutucões e choques no seu corpo.[18] Logo confirmaram o que Ebbinghaus havia observado: quanto mais vezes uma experiência era repetida, maior a duração da memória dessa experiência. A repetição encorajava a consolidação. Quando examinaram os efeitos fisiológicos da repetição em neurônios e sinapses individuais, descobriram algo espantoso. Não somente a concentração de neurotransmissores nas sinapses mudava, alterando a intensidade das conexões existentes entre os neurônios, mas os neurônios geravam terminações sinápticas inteiramente novas. A formação de memórias de lon-

[17] Louis B. Flexner, Josefa B. Flexner e Richard B. Roberts, "Memory in Mice Analyzed with Antibiotics", *Science*, 155 (1967): 1377–1383.

[18] Kandel, *In Search of Memory*, 221.

go prazo, em outras palavras, envolvia não somente mudanças bioquímicas, mas também anatômicas. Isso explicava, percebeu Kandel, por que a consolidação de memórias exige novas proteínas. As proteínas desempenham um papel essencial na produção de mudanças estruturais das células.

As alterações anatômicas nos circuitos de memória relativamente simples da lesma eram extensivas. Em um caso, os pesquisadores verificaram que, antes da consolidação de uma memória de longo prazo, um neurônio sensorial particular tinha cerca de 1.300 conexões sinápticas com aproximadamente vinte e cinco outros neurônios. Somente cerca de 40 por cento dessas conexões estavam ativas — em outras palavras, enviando sinais através da produção de neurotransmissores. Depois da memória de longo prazo ter se formado, o número de conexões sinápticas tinha mais do que dobrado, para cerca de 2.700, e a proporção daquelas que eram ativas havia aumentado de 40 para 60 por cento. As novas sinapses permaneciam enquanto a memória persistisse. Quando se permitia que ela começasse a esmorecer — descontinuando a repetição da experiência —, o número de sinapses se reduzia a cerca de 1.500. O fato de, mesmo depois de uma memória ter sido esquecida, o número de sinapses permanecer um pouco mais alto do que era originalmente ajuda a explicar por que é mais fácil aprender algo uma segunda vez.

Com a nova rodada de experimentos com a *Aplysia*, Kandel escreveu em suas memórias de 2006, *In Search of Memory: The Emergence of a New Science of Mind*: "pudemos ver pela primeira vez que o número de sinapses no cérebro não é fixo — ele se modifica com o aprendizado! Além disso, a memória de longo prazo persiste por tanto tempo quanto se mantiverem as mudanças anatômicas". A pesquisa também revelou a diferença fisiológica básica entre os dois tipos de memória: "A memória de curto prazo produz uma modificação da função da sinapse, fortalecendo ou enfraquecendo conexões preexistentes; a memória de longo prazo exige mudanças anatômicas".[19] Os achados de Kandel se alinham perfeitamente com as descobertas sobre a neuroplasticidade feitas por Michael Merzenich e outros. Experimentos posteriores logo deixaram claro que as mudanças bioquímicas e estruturais envolvidas na consolidação da memória não se restringiam às lesmas. Elas também ocorriam nos cérebros de outros animais, incluindo primatas.

Kandel e seus colegas haviam desvendado alguns dos segredos da memória no nível celular. Agora, queriam ir mais fundo — até os processos moleculares no interior das células. Os pesquisadores estavam, como Kandel colocou mais tarde, "entrando em um território completamente não mapeado".[20] Primeiramente, olharam as mudanças moleculares que ocorrem nas sinapses quando se formam as memórias de curto prazo. Verificaram que o processo envolve muito mais do que meramente a transmissão de um neurotransmissor — glutamato, nesse caso — de um neurônio para o outro. Outros tipos de células, chamadas interneurônios, também estão envolvidos. Os interneurônios produzem o neurotransmissor serotonina, que realiza o ajuste fino da conexão sináptica, modulando o glutamato liberado na sinapse. Trabalhando com os bioquímicos James Schwartz e Paul Greengard, Kandel descobriu que o ajuste fino ocorre através de uma série de sinais moleculares. A serotonina liberada pelos interneurônios se liga a um receptor do neurônio pré-sináptico — o neurônio portador do pulso elétrico —, que dá início a uma reação química que leva o neurônio a produzir uma molécula chamada AMP cíclico. O AMP cíclico, por sua vez, ativa uma proteína chamada quinase A, uma enzima catalítica que incita a célula a liberar mais glutamato na sinapse, assim fortalecendo a conexão sináptica, prolongando a atividade elétrica nos neurônios conectados e permitindo que o cérebro retenha a memória de curto prazo por segundos ou minutos.

[19] Ibid., 214-215.

[20] Ibid., 221.

O próximo desafio que Kandel enfrentou foi descobrir como tais memórias de curto prazo, de breve duração, poderiam ser transformadas em memórias de longo prazo muito mais permanentes. Qual era a base molecular do processo de consolidação? Responder a essa questão exigia que ele penetrasse no reino da genética.

Em 1983, o prestigioso e bem financiado Instituto Médico Howard Hughes pediu a Kandel, junto com Schwartz e o neurocientista Richard Axel, da Universidade de Colúmbia, que chefiassem um grupo de pesquisa em reconhecimento molecular, com base em Colúmbia. Em breve o grupo conseguiu colher neurônios de larvas de *Aplysia* e fazer com que desenvolvessem, como uma cultura de tecido no laboratório, um circuito neural básico incorporando um neurônio pré-sináptico, um neurônio pós-sináptico e a sinapse entre eles. Para emular a ação dos interneurônios moduladores, os cientistas injetavam serotonina na cultura. Um simples borrifo de serotonina, replicando uma experiência de aprendizado individual, disparava, como esperado, uma liberação de glutamato — produzindo o breve fortalecimento da sinapse que é característica da memória de curto prazo. Cinco borrifos separados de serotonina, em contraste, fortaleciam a sinapse por dias e ainda incitavam a formação de novas terminações sinápticas — mudanças características da memória de longo prazo.

O que ocorre após repetidas injeções de serotonina é que a enzima quinase A, conjuntamente com outra enzima, chamada MAP, desloca-se do citoplasma externo do neurônio para o seu núcleo. Lá, a quinase A ativa uma proteína chamada CERB-1, que por sua vez aciona um conjunto de genes que sintetiza as proteínas de que o neurônio necessita para fazer crescer novas terminações sinápticas. Ao mesmo tempo, a MAP ativa uma outra proteína, a CERB-2, que desliga um conjunto de genes que inibe o crescimento de novas terminações. Através de um complexo processo químico de "marcação" celular, as resultantes mudanças sinápticas são concentradas em regiões particulares da superfície do neurônio e são perpetuadas por longos períodos de tempo. É através desse elaborado processo, envolvendo sinais e alterações químicas e genéticas, que as sinapses tornam-se capazes de guardar memórias ao longo de dias ou mesmo anos. "O crescimento e manutenção de novas terminações sinápticas", escreve Kandel, "faz a memória persistir."[21] O processo também diz algo importante sobre como, graças à plasticidade de nosso cérebro, as nossas experiências moldam continuamente nosso comportamento e nossa identidade: "O fato de que um gene deve ser ligado para formar memória de longo prazo mostra claramente que os genes não são simplesmente determinantes do comportamento, mas que também respondem a estímulos ambientais, como a aprendizagem".[22]

A VIDA MENTAL de uma lesma marinha, parece seguro dizer, não é particularmente excitante. Os circuitos de memória que Kandel e sua equipe estudaram eram muito simples. Envolviam a armazenagem do que os psicólogos chamam de memórias "implícitas" — as memórias inconscientes de experiências passadas, que são evocadas automaticamente ao executar uma ação reflexa ou ensaiar uma habilidade aprendida. Uma lesma se baseia em memórias implícitas quando retrai a sua guelra. Uma pessoa se baseia nelas quando dribla uma bola de basquete ou anda de bicicleta. Com explica Kandel, uma memória implícita "é evocada diretamente através da performance, sem qualquer esforço consciente ou mesmo percepção de que estamos nos baseando em memórias".[23]

Quando falamos das nossas memórias, estamos normalmente nos referindo às memórias "explícitas" — as recordações

---

[21] Ibid., 276.

[22] Ibid.

[23] Ibid., 132.

de pessoas, eventos, fatos, ideias, sentimentos e impressões que somos capazes de evocar na memória de trabalho de nossa mente consciente. A memória explícita engloba tudo que dizemos "lembrar" a respeito do passado. Kandel se refere à memória explícita como "memória complexa" — e por boas razões. A armazenagem de longo prazo das memórias explícitas envolve todos os processos bioquímicos e moleculares da "consolidação sináptica" que estão em jogo ao armazenar memórias implícitas. Mas também exige uma segunda forma de consolidação, chamada "consolidação de sistema", que envolve interações concertadas entre áreas distantes do cérebro. Apenas recentemente os cientistas começaram a documentar o funcionamento da consolidação de sistema, e muitos dos seus achados ainda permanecem experimentais. O que é claro, contudo, é que a consolidação de memórias explícitas envolve uma "conversa" longa e complicada entre o córtex cerebral e o hipocampo.

O hipocampo, uma parte do cérebro pequena e antiga, situa-se abaixo do córtex, encerrado profundamente dentro dos lobos temporais mediais. Além de ser a sede do nosso senso de navegação — é onde os taxistas londrinos guardam os seus mapas mentais das ruas da cidade —, o hipocampo desempenha um importante papel na formação e gerenciamento de memórias explícitas. Muito do crédito pela descoberta da conexão do hipocampo com o armazenamento de memória é devido a um homem desafortunado chamado Henry Molaison. Nascido em 1926, Molaison foi acometido de epilepsia depois de sofrer um grave trauma craniano na juventude. Durante a idade adulta, experimentava ataques epilépticos cada vez mais debilitantes. A fonte da sua aflição foi finalmente rastreada como devida à área do seu hipocampo, e em 1953 os médicos removeram a maior parte do seu hipocampo, assim como outras partes dos lobos temporais mediais. A cirurgia curou a epilepsia de Molaison, mas teve um estranho efeito sobre a sua memória. Suas memórias implícitas permaneceram intactas assim como suas memórias explícitas mais antigas. Ele podia lembrar eventos da sua infância com grandes detalhes. Mas muitas das suas memórias explícitas mais recentes — datando de uns poucos anos antes da cirurgia — haviam desaparecido. E ele não mais conseguia armazenar novas memórias explícitas. Os eventos escapavam da sua mente momentos após haverem acontecido.

A experiência de Molaison, meticulosamente documentada pela psicóloga inglesa Brenda Milner, sugeriu que o hipocampo é essencial para a consolidação de novas memórias explícitas, mas que depois de um tempo muitas dessas memórias passam a existir independentemente do hipocampo.[24] Experimentos extensivos nas últimas décadas ajudaram a desvendar esse enigma. A memória de uma experiência parece ser armazenada inicialmente não somente nas regiões corticais que gravam a experiência — o córtex auditivo para a memória de um som, o córtex visual para a memória de algo visto, e assim por diante — mas também no hipocampo. O hipocampo providencia um local de hospedagem ideal para novas memórias porque suas sinapses conseguem mudar muito rapidamente. No curso de uns poucos dias, através de um ainda misterioso processo de sinalização, o hipocampo ajuda a estabilizar a memória no córtex, começando a sua transformação de memória de curto prazo em memória de longo prazo. No final, uma vez que a memória esteja plenamente consolidada, ela parece ser apagada do hipocampo. O córtex torna-se o seu único local de hospedagem. Transferir totalmente uma memória explícita do hipocampo para o córtex é um processo gradual que pode levar anos.[25] É por isso que tantas das memórias de Molaison desapareceram junto com o seu hipocampo.

---

[24] Até seu nome ter sido revelado após sua morte em 2008, Molaison era referido na literatura científica como H. M.

[25] Ver Larry R. Squire e Pablo Alvarez, "Retrograde Amnesia and Memory Consolidation: A Neurobiological Perspective", *Current Opinion in Neurobiology*, 5 (1995): 169–177.

O hipocampo parece atuar como se fosse um regente de orquestra ao reger a sinfonia da nossa memória consciente. Além do seu envolvimento em fixar memórias particulares no córtex, acredita-se que desempenhe um importante papel em entretecer as várias memórias contemporâneas — visuais, espaciais, auditivas, táteis, emocionais — que são armazenadas separadamente no cérebro, mas que se aglutinam para formar uma única recordação, aparentemente sem descontinuidades, de um evento. Os neurocientistas também teorizam que o hipocampo ajuda a conectar as novas memórias com as antigas, formando a rica trama de conexões neurais que dão à memória a sua flexibilidade e profundidade. Muitas das conexões entre as memórias provavelmente são formadas quando estamos dormindo e o hipocampo está aliviado de algumas das suas outras tarefas cognitivas. Como o psiquiatra Daniel Siegel explica em seu livro *The Developing Mind*: "Embora preenchidos com uma combinação de ativações aparentemente aleatórias, aspectos das experiências do dia, e elementos do passado distantes, os sonhos parecem ser um modo fundamental pelo qual a mente consolida as inumeráveis recordações explícitas em um conjunto coerente de representações para a memória permanente, consolidada".[26] Quando o nosso sono sofre, mostram os estudos, também sofre a memória.[27]

Resta muito a ser aprendido sobre os mecanismos da memória explícita e mesmo da implícita, e muito do que agora sabemos será revisado e refinado através de pesquisas futuras. Mas o corpo crescente de evidências deixa claro que a memó-

[26] Daniel J. Siegel, *The Developing Mind* (Nova York: Guilford, 2001), 37–38.

[27] Em um estudo de 2009, pesquisadores franceses e americanos encontraram evidências de que breves e intensas oscilações que vibram no hipocampo durante o sono desempenham um importante papel na restauração de memórias do córtex. Quando os pesquisadores suprimiram as oscilações nos cérebros de ratos, estes foram incapazes de consolidar memórias espaciais de longo prazo. Gabrielle Girardeau, Karim Benchenane, Sidney I. Wiener et al., "Selective Suppression of Hippocampal Ripples Impairs Spatial Memory", *Nature Neuroscience*, 13 de setembro de 2009, www.nature.com/neuro/journal/vaop/ncurrent/abs/nn.2384.html.

ria dentro das nossas cabeças é o produto de um processo natural extraordinariamente complexo que é, a cada momento, delicadamente ajustado ao ambiente único em que cada um de nós vive e ao padrão único de experiências pelo qual cada um de nós passa. As antigas metáforas botânicas da memória, com a sua ênfase no crescimento contínuo, indeterminado, são, no final das contas, notavelmente apropriadas. De fato, elas parecem ser mais adequadas do que as nossas novas metáforas da moda, high-tech, que equacionam memória biológica com bits precisamente definidos de dados digitais armazenados em bases de dados por chips de computador. Governada por sinais biológicos altamente variáveis, químicos, elétricos e genéticos, a memória humana, em todos os seus aspectos — o modo como é formada, mantida, conectada e evocada — tem quase infinitas gradações. A memória de computador existe apenas como bits binários — uns e zeros —, que são processados através de circuitos fixos, que podem estar abertos ou fechados, mas com nada no meio.

Kobi Rosenblum, que é o chefe do Departamento de Neurobiologia e Etologia da Universidade de Haifa, em Israel, tem, como Eric Kandel, feito pesquisas extensivas sobre a consolidação da memória. Uma das lições salientes que emergiram do seu trabalho é como a memória biológica é diferente da memória de computador. "O processo de criação da memória de longo prazo no cérebro humano", diz, "é um dos incríveis processos tão claramente diferentes dos de 'cérebros artificiais' como aqueles de um computador. Enquanto um cérebro artificial absorve informação e a salva imediatamente na sua memória, o cérebro humano continua a processar a informação por muito tempo depois tê-la recebido, e a qualidade das memórias depende de como a informação é processada."[28] Memória biológica é viva. Memória computacional, não.

[28] University of Haifa, "Researchers Identified a Protein Essential in Long Term Memory Consolidation", Physorg.com, 9 de setembro de 2008, www.physorg.com/news140173258.html.

Aqueles que celebram a "*terceirização*" da memória na web estão se deixando confundir por uma metáfora. Passam por cima da natureza fundamentalmente orgânica da memória biológica. O que dá à memória real a sua riqueza e o seu caráter, para não mencionar o seu mistério e a sua fragilidade, é a sua contingência. Ela existe no tempo, mudando à medida que o corpo muda. De fato, o ato mesmo de evocar uma memória parece reiniciar o processo todo de consolidação, incluindo a geração de proteínas para formar novas terminações sinápticas.[29] Uma vez que tenhamos trazido uma memória de longo prazo explícita de volta à memória de trabalho, ela de novo se torna uma memória de curto prazo. Quando a reconsolidamos, ganha um novo conjunto de conexões — um novo contexto. Como explica Joseph LeDoux, "o cérebro que produz o ato de lembrar não é o cérebro que formou a memória inicial. De modo que, para que a antiga memória faça sentido para o cérebro presente, ela tem que ser atualizada".[30] A memória biológica está em um perpétuo estado de renovação. A memória armazenada em um computador, ao contrário, toma a forma de bits distintos e estáticos; você pode mudar os bits de um dispositivo de armazenamento para outro quantas vezes quiser, e eles permanecerão precisamente como eram.

Os proponentes da ideia da *terceirização* (*outsourcing*) também confundem memória de trabalho com memória de longo prazo. Quando uma pessoa não consegue consolidar um fato, uma ideia ou uma experiência em uma memória de longo prazo, ela não está "liberando" espaço no seu cérebro para outras funções. Contrariamente à memória de trabalho, com a sua capacidade restrita, a memória de longo prazo se expande e se contrai com uma elasticidade quase ilimitada, graças à capacidade do cérebro de expandir e podar terminações sináp-

---

[29] Ver Jonah Lehrer, *Proust Was a Neuroscientist* (Nova York: Houghton Mifflin, 2007), 84-85.

[30] Joseph LeDoux, *Synaptic Self: How Our Brains Become Who We Are* (Nova York: Penguin, 2002), 161.

ticas e ajustar continuamente a intensidade dessas conexões. "Diferentemente de um computador", escreve Nelson Cowan, um especialista de memória que leciona na Universidade de Michigan, "o cérebro humano normal nunca atinge um ponto em que as experiências não podem mais ser guardadas na memória; o cérebro nunca fica cheio."[31] Diz Torkel Klingberg: "O total de informação que pode ser armazenado na memória de longo prazo é virtualmente ilimitado".[32] As evidências sugerem, ademais, que, à medida que construímos a nossa reserva de memórias, a nossa mente se torna mais aguçada. O próprio ato de lembrar, explica a psicóloga clínica Sheila Crowell em *The Neurobiology of Learning*, parece modificar o cérebro de um modo que pode tornar mais fácil aprender novas ideias e habilidades no futuro.[33]

Nós não restringimos as nossas capacidades mentais quando armazenamos novas memórias de longo prazo. Nós as fortalecemos. A cada expansão da nossa memória corresponde um aumento da nossa inteligência. A web proporciona um suplemento conveniente e irresistível para a memória pessoal, mas quando começamos a usar a net como um substituto para a memória pessoal, desviando dos processos interiores de consolidação, arriscamo-nos a esvaziar as nossas mentes das suas riquezas.

Nos anos 1970, quando as escolas começaram a permitir que os estudantes usassem calculadoras portáteis, muitos pais objetaram. Eles receavam que a confiança nas máquinas enfraqueceria a apreensão pelas crianças de conceitos matemáticos. Os temores, como revelaram estudos posteriores, eram

[31] Nelson Cowan, *Working Memory Capacity* (Nova York: Psychology Press, 2005), 1.

[32] Torkel Klingberg, *The Overflowing Brain: Information Overload and the Limits of Working Memory*, trad. Neil Betteridge (Oxford: Oxford University Press, 2009), 36.

[33] Sheila E. Crowell, "The Neurobiology of Declarative Memory", in: John H. Schumann, Shelia E. Crowell, Nancy E. Jones et al., *The Neurobiology of Learning: Perspectives from Second Language Acquisition* (Mahwah, NJ: Erlbaum, 2004), 76.

em grande parte infundados.[34] Não mais tendo que gastar tanto tempo em cálculos repetitivos, muitos estudantes ganharam uma compreensão mais profunda dos princípios subjacentes aos exercícios. Hoje, a história da calculadora é muitas vezes utilizada para dar apoio ao argumento de que a nossa dependência crescente das bases de dados é benigna, libertadora. Ao nos libertar do trabalho de lembrar, diz-se, a web nos permite dedicar mais tempo ao trabalho criativo. Mas o paralelo não é válido. A calculadora de bolso aliviou a pressão sobre a memória de trabalho, permitindo-nos que empregássemos o armazenamento crítico de curto prazo para o raciocínio mais abstrato. Como mostrou a experiência de muitos estudantes de matemática, a calculadora tornou mais fácil para o cérebro transferir ideias da memória de trabalho para a memória de longo prazo e codificá-las em esquemas conceituais que são tão importantes na construção do conhecimento. A web tem um efeito muito diferente. Ela coloca *mais pressão* sobre a nossa memória de trabalho, não somente desviando recursos das nossas faculdades de raciocínio mais elevado, mas também obstruindo a consolidação de memórias de longo prazo e o desenvolvimento de esquemas. A calculadora, uma ferramenta poderosa, mas altamente especializada, acabou sendo um auxílio para a memória. A web é uma tecnologia do esquecimento.

O QUE DETERMINA O QUE lembramos e o que esquecemos? A chave para a consolidação da memória é estarmos atentos. Armazenar memórias explícitas e, igualmente importante, fazer conexões entre elas, exige uma forte concentração mental, amplificada por repetição ou um intenso engajamento intelectual e emocional. Quanto mais aguçada a atenção, mais aguçada a memória. “Para que uma memória persista”,

[34] Ver, por exemplo, Ray Hembree e Donald J. Dessart, "Effects of Handheld Calculators in Precollege Mathematics Education: A Meta-analysis", *Journal for Research in Mathematics Education*, 17, no. 2 (1986): 83–99.

escreve Kandel, "a informação que chega deve ser completa e profundamente processada. Isso é realizado prestando atenção à informação e associando-a significativa e sistematicamente com o conhecimento já estabelecido na memória."[35] Se não formos capazes de prestar atenção à informação na nossa memória de trabalho, a informação durará apenas enquanto os neurônios que a guardarem mantiverem a sua carga elétrica — uns poucos segundos no máximo. Então ela some, deixa pouco ou nenhum traço na mente.

A atenção parece ser etérea — um "fantasma dentro da cabeça", como diz o psicólogo do desenvolvimento Bruce McCandliss[36] — mas é um estado físico genuíno e produz efeitos materiais no cérebro. Recentes experimentos com ratos indicam que o ato de prestar atenção a uma ideia ou experiência dispara uma reação em cadeia que esquadrinha todo o cérebro. A atenção consciente começa nos lobos frontais do córtex cerebral, com a imposição de um controle executivo de cima para baixo sobre o foco da mente. O estabelecimento da atenção leva os neurônios do cérebro a enviarem sinais aos neurônios do mesencéfalo, que produz o poderoso neurotransmissor dopamina. Os axônios desses neurônios chegam até o hipocampo, fornecendo um canal de distribuição para o neurotransmissor. Uma vez que a dopamina seja canalizada às sinapses do hipocampo, ela dá a partida para a consolidação da memória explícita, provavelmente ativando genes que incitam a síntese de novas proteínas.[37]

O influxo de mensagens competindo entre si, que recebemos sempre que estamos on-line, não apenas sobrecarrega a nossa memória de trabalho; torna muito mais difícil para os lobos frontais concentrarem nossa atenção em apenas uma

---

[35] Kandel, *In Search of Memory*, 210.

[36] Citado em Maggie Jackson, Distracted: *The Erosion of Attention and the Coming Dark Age* (Amherst, NY: Prometheus, 2008), 242.

[37] Kandel, *In Search of Memory*, 312–315.

coisa. O processo de consolidação de memória sequer pode ser iniciado. E, mais uma vez graças à plasticidade de nossas vias neurais, quanto mais usamos a web, mais treinamos nosso cérebro para ser distraído — para processar a informação muito rapidamente e muito eficientemente, mas sem atenção continuada. Isso explica por que muitos de nós achamos difícil nos concentrar mesmo quando estamos longe de computadores. Nosso cérebro se tornou propenso a esquecer e inepto para lembrar. Nossa dependência crescente dos bancos de informação da web pode de fato ser o produto de um circuito autoperpetuante, autoamplificador. À medida que o nosso uso da web torna mais difícil para nós guardar informação em nossa memória biológica, somos forçados a depender cada vez mais da vasta e facilmente buscável memória artificial da net, mesmo se isso nos torna pensadores mais superficiais.

As mudanças do nosso cérebro acontecem rapidamente, fora do estreito âmbito da nossa consciência, mas isso não nos absolve da responsabilidade pelas escolhas que fazemos. Uma coisa que nos distingue dos animais é o comando com que fomos dotados sobre a nossa atenção. "'Aprender como pensar' realmente significa aprender como exercitar algum controle *sobre como* e *o que* pensamos", disse o romancista David Foster Wallace em um discurso de formatura do Kenyon College em 2005. "Significa estar consciente e alerta o suficiente para *escolher* no que você quer prestar atenção e *escolher* como você vai construir significado a partir da experiência." Desistir desse controle é ser deixado com a "constante sensação torturante de ter tido e ter perdido alguma coisa infinita".[38] Um homem mentalmente atormentado — ele se enforcou dois anos e meio depois do discurso —, Wallace sabia com especial urgência quais os riscos envolvidos em como escolhemos, ou deixamos de escolher, focalizar a nossa mente. Cedemos o controle de

[38] David Foster Wallace, *This Is Water: Some Thoughts, Delivered on a Significant Occasion, about Living a Compassionate Life* (Nova York: Little, Brown, 2009), 54 e 123.

nossa atenção a nosso próprio risco. Tudo o que os neurocientistas descobriram sobre o funcionamento celular e molecular do cérebro humano sublinha esse ponto.

Sócrates pode ter se enganado em relação aos efeitos da escrita, mas ele foi sábio ao nos alertar para o fato de darmos como certos os tesouros da memória. A sua profecia de que uma ferramenta poderia "implantar o esquecimento" na mente, fornecendo "um remédio não para a memória mas para o lembrete", ganhou uma nova atualidade com o advento da web. A previsão pode ter sido prematura, não errada. De todos os sacrifícios que fazemos quando nos dedicamos à internet como nosso meio universal, o maior é provavelmente o da abundância de conexões dentro de nossas próprias mentes. É verdade que a internet é ela mesma uma rede de conexões, mas os hiperlinks que associam bits de dados on-line não têm nada a ver com as sinapses do nosso cérebro. Os links da web são apenas endereços, simples tags de software que direcionam um browser para baixar uma outra página discreta de informações. Não têm nada da riqueza ou sensibilidade orgânica das nossas sinapses. As conexões do cérebro, escreve Ari Schulman, "não fornecem meramente acesso à memória; elas de muitos modos *constituem* memórias".[39] As conexões da web não são nossas conexões — e não importa quantas horas passemos buscando e surfando, elas nunca vão se tornar as nossas conexões. Quando promovemos a *terceirização* de nossa memória a uma máquina, também estamos fazendo a *terceirização* de uma parte muito importante do nosso intelecto e mesmo da nossa identidade. William James, ao concluir a sua palestra de 1892 sobre a memória, disse: "O conectar é o pensar". Ao que poderia ser aduzido: "O conectar é o *self*".

[39] Ari N. Schulman, correspondência com o autor, 7 de junho de 2009.

"EU PROJETO a história do futuro", escreveu Walt Whitman em um dos versos de abertura de *Folhas de relva*. Sabe-se há muito tempo que a cultura na qual uma pessoa é criada influencia o conteúdo e o caráter da sua memória. Pessoas que nascem em sociedades que celebram a realização pessoal, como os Estados Unidos, tendem, por exemplo, a lembrar mais eventos de épocas anteriores de suas vidas do que pessoas criadas em sociedades que enfatizam a realização comunitária, como a Coreia.[40] Psicólogos e antropólogos agora estão descobrindo, como Walt Whitman intuíra, que a influência se dá nos dois sentidos. A memória pessoal molda e sustenta a "memória coletiva" que fundamenta a cultura. O que é armazenado na mente individual — eventos, fatos, conceitos, habilidades — é mais do que a "representação da pessoalidade distintiva" que constitui o *self*, escreve o antropólogo Pascal Boyer. É também "o ponto crucial da transmissão cultural".[41] Cada um de nós porta e projeta a história do futuro. A cultura é sustentada nas nossas sinapses.

O descarregamento da memória em bancos de dados exteriores não apenas ameaça a profundidade e distintividade do *self*. Ameaça a profundidade e distintividade de toda a cultura que partilhamos. Em um ensaio recente, o dramaturgo Richard Foreman descreveu eloquentemente o que está em jogo. "Venho de uma tradição de cultura ocidental", escreveu, "na qual o ideal (o meu ideal) era a estrutura complexa, densa e 'ao modo de uma catedral' da personalidade altamente educada e articulada — um homem ou uma mulher que trazia dentro de si mesmo uma versão pessoalmente construída e única de toda a herança do Ocidente." Mas agora, continua ele, "eu vejo dentro de nós (eu mesmo incluído) a substituição de uma densidade interior complexa por um novo tipo de

[40] Lea Winerman, "The Culture of Memory", *Monitor on Psychology*, 36, n. 8 (setembro de 2005): 56.

[41] Pascal Boyer e James V. Wertsch, eds., *Memory in Mind and Culture* (Nova York: Cambridge University Press, 2009), 7 e 288.

self — evoluindo sob a pressão da sobrecarga da informação e da tecnologia do 'instantaneamente disponível'". Quando drenam o nosso "repertório interior da densa herança cultural", concluiu Foreman, corremos o risco de nos tornarmos "pessoas panqueca — espalhadas para os lados e finas à medida que nos conectamos com a vasta rede de informação acessada pelo mero toque de um botão".[42]

Cultura é mais do que o agregado que a Google descreve como "a informação do mundo". É mais do que pode ser reduzido a um código binário e fazer um upload na net. Para permanecer vital, a cultura deve ser renovada nas mentes dos membros de cada geração. Terceirizemos a memória, e a cultura definha.

[42] Richard Foreman, "The Pancake People, or, 'The Gods Are Pounding My Head'", *Edge*, 8 de março de 2005, www.edge.org/3rd_culture/foreman05/foreman05_index.html.

UMA DIGRESSÃO

Sobre a escrita deste livro

EU SEI O QUE você está pensando. A existência mesma desse livro pareceria contrariar a sua tese. Se eu tivesse achado tão difícil me concentrar, permanecer focalizado em uma linha de pensamento, como é que eu teria conseguido escrever umas poucas centenas de páginas de uma prosa ao menos semicoerente?

Não foi fácil. Quando comecei a escrever este livro, no final de 2007, lutei em vão para manter a minha mente fixa na tarefa. A net proporcionava, como sempre, uma opulência de informação útil e de ferramentas de pesquisa, mas suas constantes interrupções dispersavam meus pensamentos e palavras. Eu tendia a escrever em arrancos desconexos, do mesmo modo como faço no meu blog. Estava claro que eram necessárias grandes mudanças. No verão do ano seguinte, mudei-me de um subúrbio altamente conectado de Boston para as montanhas do Colorado. Não havia serviço de celular na nossa casa e a internet chegava através de uma conexão DSL relativamente vagarosa. Cancelei a minha conta no Twitter, dei um tempo na minha filiação ao Facebook, e coloquei o meu blog em compasso de espera. Fechei o meu leitor RSS e restringi o Skype e as mensagens instantâneas. E, o mais importante, desacelerei o meu aplicativo de e-mail. Fazia muito tempo que eu checava novas mensagens a cada minuto. Ajustei para checar apenas uma vez por hora, e quando isso ainda criava muita distração, comecei a manter o programa fechado o dia todo.

O desmantelamento da minha vida on-line não foi de modo algum indolor. Por meses, as minhas sinapses clamavam pela sua dose de net. Eu me surpreendia sorrateiramente clicando no botão "cheque novo e-mail". Ocasionalmente eu caía numa farra na web por um dia inteiro. Mas com o tempo a fissura cedeu, e me descobri capaz de digitar no meu teclado por horas a fio ou ler do princípio ao fim um denso artigo acadêmico sem que a minha mente divagasse. Alguns velhos circuitos neurais, em desuso, estavam voltando à vida, parecia, e alguns dos mais novos, ligados na web, estavam se aquietando. Comecei a me sentir geralmente mais calmo e com mais controle dos meus pensamentos — menos como um rato apertando uma alavanca e mais como, bem, um ser humano. O meu cérebro podia respirar novamente.

O meu caso, percebo, não é típico. Sendo um trabalhador autônomo e de natureza relativamente solitária, tenho a opção de me desconectar. A maioria das pessoas hoje, não. A web é tão essencial para o seu trabalho e para a sua vida social que, mesmo se quisessem escapar da rede, não poderiam. Em um ensaio recente, o jovem romancista Benjamin Kunkel meditou sobre o domínio em expansão da net sobre as suas horas de vigília: "A internet, como seus proponentes lembram corretamente, proporciona variedade e conveniência; não o força a nada. Só que na realidade não nos sentimos assim em absoluto. Não *sentimos* como se tivéssemos escolhido livremente nossas práticas on-line. Em vez disso, sentimos que elas são hábitos que nos capturaram indefesos ou que essa história foi imposta, que não estamos distribuindo nossa atenção como pretendemos ou mesmo como gostamos".[1]

---

[1] Benjamin Kunkel, "Lingering", *n+1*, 31 de maio de 2009, www.nplusonemag.com/lingering. O destaque é de Kunkel.

A questão, de fato, não é se as pessoas ainda podem ler ou escrever um livro de tempos em tempos. É claro que elas podem. Quando começamos a usar uma nova tecnologia intelectual, não trocamos imediatamente de um modo mental para o outro. O cérebro não é binário. Uma tecnologia intelectual exerce sua influência deslocando a ênfase do nosso pensamento. Embora mesmo os usuários iniciais da tecnologia frequentemente sintam as mudanças nos seus padrões de atenção, cognição e memória, à medida que seu cérebro se adapta à nova mídia, as mudanças mais profundas ocorrem mais lentamente, ao longo de várias gerações, conforme a tecnologia passa a impregnar cada vez mais o trabalho, o lazer e a educação — todas as normas e práticas que definem uma sociedade e sua cultura. Como o modo como lemos está mudando? Como o modo como escrevemos está mudando? Como o modo como pensamos está mudando? Essas são as perguntas que deveríamos estar fazendo, tanto a respeito de nós mesmos como de nossos filhos.

Quanto a mim, já tive uma recaída. Com o final desse livro em vista, voltei a deixar o meu e-mail correndo o tempo todo e abri de novo o meu feed RSS. Estive experimentando uns novos serviços das redes sociais e postando algumas novas entradas no meu blog. Recentemente, sucumbi e comprei um Blu-ray com conexão wi-fi embutida. Ele me permite receber música da Pandora, filmes do NetFix e vídeos do YouTube na minha televisão e no meu estéreo. Tenho que confessar: é legal. Não tenho certeza se poderia viver sem isso.

Capítulo 10

Uma coisa como eu

Foi um dos episódios mais singulares da história da computação, e contudo também um dos mais reveladores. Ao longo de uns poucos meses de 1964 e 1965, Joseph Weizenbaum, um cientista da computação de 41 anos do MIT, escreveu um aplicativo de software para analisar linguagem escrita, que ele programou para rodar no novo sistema de tempo compartilhado da universidade. Um estudante, sentado em um dos terminais do sistema, digitaria uma sentença para o computador, e o programa de Weizenbaum, seguindo um conjunto de regras simples sobre a gramática inglesa, identificaria uma palavra ou frase marcante da sentença e analisaria o contexto sintático na qual era usada. O programa então, segundo outro conjunto de regras, transformaria a sentença em uma nova sentença que pareceria ser uma resposta à original. A sentença gerada pelo computador apareceria quase instantaneamente no terminal do estudante, dando a ilusão de uma conversa.

Em um artigo de 1996, introduzindo o seu programa, Weizenbaum forneceu um exemplo de como funcionava. Se uma pessoa digitasse a sentença "eu estou muito infeliz estes dias", o computador apenas precisava saber que a frase "eu estou" tipicamente vem antes da descrição da situação presente do falante ou do seu estado mental. O computador então refaria a sentença na resposta: "Por quanto tempo você tem estado muito infeliz nestes dias?". O programa funcionava, explicava Weizenbaum, primeiro aplicando "uma espécie de *template* à sentença original: uma parte identificava as palavras 'eu estou' e o resto isolava as palavras 'muito infeliz estes dias'". Então usava um algoritmo "kit de remontagem", adaptado ao *template*, que incluía uma regra especificando que "qualquer sentença da forma 'eu estou BLAH' deveria ser "transformada em 'Por quanto tempo você tem estado BLAH?', independentemente do significado de BLAH".[1]

A aplicação de Weizenbaum era um produto da sua época. Durante os anos 1950 e 1960, o entusiasmo com computadores, programas de software e inteligência artificial deu origem não somente à ideia de que o cérebro humano é um tipo de computador, mas também de que a linguagem humana é o output dos algoritmos rodando naquele computador. Como explica David Golumbia em *The Cultural Logic of Computation*, um novo ramo de "linguística computacional", liderado pelo colega de Weizenbaum no MIT, Noam Chomsky, postulava que a forma da "linguagem natural" que as pessoas falam e na qual escrevem reflete "a operação do computador dentro da mente humana que realiza todas as operações linguísticas".[2] Em um artigo de 1958 na revista *Information and Control*, Chomsky havia escrito que "um método possível de se descrever uma gramática é em termos de um programa para uma máquina de Turing universal".[3] O que tornava a teoria computacional tão irresistível é que ela vinha embalada em uma sedutora "penumbra do senso do novo tecnológico", escreve Golumbia. Oferecia uma "clareza

[1] Joseph Weizenbaum, "ELIZA — A Computer Program for the Study of Natural Language Communication between Man and Machine", *Communications of the Association for Computing Machinery*, 9, n. 1 (janeiro de 1966): 36–45.

[2] David Golumbia, *The Cultural Logic of Computation* (Cambridge, MA: Harvard University Press, 2009), 42.

[3] Citado em Golumbia, *Cultural Logic*, 37.

mecânica", substituindo a "confusão" da linguagem humana por "computador interno limpo".[4] Por uma reengenharia reversa do modo como as pessoas falam, seria possível descobrir o código subjacente da linguagem, que então poderia ser replicado como software.

Weizenbaum batizou o seu programa de ELIZA, uma referência a Eliza Doolittle, a florista cockney que, no *Pigmaleão* de George Bernard Shaw, aprende a falar um inglês apropriado sob a tutela do arrogante professor de fonética Henry Higgins. Para tornar as conversas simuladas um pouco mais interessantes, Weizenbaum também deu à sua interlocutora artificial uma persona — aquela de uma psicoterapeuta rogeriana. A escolha, como explicou em seu artigo, foi pragmática. Usando uma técnica desenvolvida pelo psicólogo Carl Rogers na década de 1940, os terapeutas rogerianos fingiam, nas suas conversas com os pacientes, não terem uma compreensão do mundo. A maior parte do tempo simplesmente repetiam como papagaios as afirmações dos pacientes, devolvendo-as na forma de questões ou comentários banais e abertos. Sabendo que a ingenuidade era uma pose, os pacientes estavam livres para atribuir aos terapeutas "todos os tipos de conhecimento fundamental, de *insights* e de capacidade de raciocínio". A persona rogeriana, reconheceu Weizenbaum, tinha "uma utilidade psicológica crucial" para ELIZA: sugeria que a vacuidade do programa mascarava algum tipo de inteligência real.

Weizenbaum forneceu uma transcrição de parte de um intercâmbio entre ELIZA e uma jovem que havia sido uma das primeiras a testar o programa (as respostas da máquina estão em itálico):

[4] Ibid., 42.

Todos os homens são iguais.
De que modo?
Sempre estão nos perturbando com uma coisa ou outra.
Você pode pensar em algum exemplo?
Bem, o meu namorado me fez vir aqui.
O seu namorado fez você vir aqui.
Ele diz que estou deprimida uma boa parte de tempo.
Sinto muito saber que você está deprimida.
É verdade. Sou infeliz.
Você acha que vindo aqui irá lhe ajudar a não ser infeliz?
Eu preciso de ajuda, isso me parece bem claro.
O que significaria para você se você conseguisse alguma ajuda?
Talvez eu pudesse aprender a me dar bem com a minha mãe.
Fale-me mais sobre a sua família.
A minha mãe cuida de mim.
Quem mais na sua família cuida de você?
O meu pai.
O seu pai.
Você é parecida com o meu pai de muitas maneiras.
Qual semelhança você vê?
Você não é muito agressiva, mas acho que você não quer que eu note isso.
Por que você acha que eu não sou muito agressiva?
Você não discute comigo.
Por que você acha que eu não discuto com você?
Você tem medo de mim.
Agrada-lhe acreditar que eu tenho medo de você?
O meu pai tem medo de todo mundo.[5]

Ao comentar a sua criação, que ele reconheceu ser uma modesta e quase tola contribuição ao nascente campo do processamento de linguagem natural, Weizenbaum observou como é fácil para os programadores de computadores fazerem as máqui-

[5] Weizenbaum, "ELIZA".

nas “se comportarem de um modo maravilhoso, frequentemente capaz de deslumbrar mesmo o mais experiente observador”. Mas tão logo o “funcionamento interno do programa é explicado em linguagem suficientemente simples para produzir o entendimento”, continuou, “sua mágica desmorona; o que resta é revelado como uma mera coleção de procedimentos, alguns dos quais bastante compreensíveis. O observador diz para si mesmo: ‘Eu poderia ter escrito isso’”. O programa vai “da prateleira rotulada ‘inteligente’ para aquela reservada para curiosidades”.[6]

Mas Weizenbaum, como Henry Higgins, logo teve o seu equilíbrio perturbado. ELIZA ganhou rapidamente fama no campus do MIT, tornando-se um esteio de palestras e apresentações sobre computação e tempo compartilhado. Foi um dos primeiros programas de software a demonstrar o poder e a velocidade dos computadores de um modo que um leigo pudesse apreender facilmente. Você não precisa de uma base em matemática, e muito menos em ciência da computação, para conversar com ELIZA. Cópias do programa proliferaram em outras escolas também. Então a imprensa se deu conta, e ELIZA se tornou, como Weizenbaum posteriormente colocou, “um brinquedo nacional”.[7] Enquanto se surpreendeu com o interesse público no seu programa, o que o chocou foi o quão rápida e profundamente as pessoas usando o software “se tornavam envolvidas emocionalmente com o computador”, conversando com ele como se fosse uma pessoa de verdade. Elas, “depois de conversar com ELIZA por um tempo, insistiam, apesar das minhas explicações, que a máquina realmente as entendia”.[8] Mesmo a sua secretária, que o havia visto escrever o código da ELIZA “e certamente sabia que era meramente um programa de computador”, foi seduzida. Depois de uns poucos momentos usando o software em um ter-

[6] Ibid.

[7] Joseph Weizenbaum, *Computer Power and Human Reason: From Judgment to Calculation* (Nova York: Freeman, 1976), 5.

[8] Ibid., 189.

minal no escritório de Weizenbaum, ela pediu para o professor deixar a sala porque estava constrangida pelo caráter íntimo da conversa. "O que eu não tinha percebido", disse Weizenbaum, "é que exposições extremamente curtas a um programa de computador relativamente simples podem induzir um poderoso pensamento delirante em pessoas bem normais."[9]

As coisas estavam prestes a se tornar ainda mais estranhas. Psiquiatras e cientistas renomados começaram a sugerir, com considerável entusiasmo, que o programa poderia desempenhar um papel valioso no tratamento real de portadores de doenças e distúrbios. Em um artigo no *Journal of Nervous and Mental Disease*, três proeminentes psiquiatras escreveram que ELIZA, com alguns ajustes, poderia ser "uma ferramenta terapêutica que poderia ser amplamente disponibilizada a hospitais mentais e centros psiquiátricos com falta de terapeutas". Graças às "capacidades de time-sharing dos computadores modernos e futuros, muitas centenas de pacientes por hora poderiam ser cuidados por um sistema de computador projetado para este propósito". Escrevendo na *Natural History*, o proeminente astrofísico Carl Sagan expressou uma excitação igual em relação ao potencial da ELIZA. Ele previu o desenvolvimento de "uma rede de terminais terapêuticos computadorizados, algo como um conjunto de grandes cabines telefônicas, nas quais, por uns poucos dólares por sessão, poderíamos falar com um psicoterapeuta atencioso, testado e amplamente não diretivo.[10]

Em seu artigo "Computing Machinery and Intelligence", Alan Turing confrontou a questão: "As máquinas podem pensar?". Ele propôs um experimento simples para se avaliar se um computador pode ser dito inteligente, que ele chamou do "jogo da imitação", mas que logo veio a ser conhecido como o "teste de Turing". Envolvia uma pessoa, o "interrogador", sentada em uma sala vazia, com um terminal de computador,

---

[9] Ibid., 7.

[10] Citado em Weizenbaum, *Computer Power*, 5.

envolvida em uma conversa digitada com outras duas pessoas, uma sendo uma pessoa de verdade e a outra, um computador se passando por uma pessoa. Se o interrogador fosse incapaz de distinguir entre o computador e a pessoa real, então o computador poderia ser considerado inteligente, sustentava Turing. A capacidade de conjurar um *self* plausível a partir das palavras sinalizaria o advento de uma verdadeira máquina pensante.

Conversar com ELIZA era se engajar em uma variação do teste de Turing. Mas, como Weizenbaum se assombrou ao descobrir, as pessoas que "falavam" com o seu programa tinham pouco interesse em fazer julgamentos objetivos, racionais, sobre a identidade de ELIZA. Elas *queriam* acreditar que ELIZA era uma máquina pensante. Elas *queriam* imbuir ELIZA de qualidades humanas — mesmo embora soubessem bem que ELIZA não era nada mais do que um programa de computador seguindo instruções simples e bastante óbvias. O teste de Turing revelou ser antes um teste do modo como os seres humanos pensam que as máquinas pensam. No seu artigo no *Journal of Nervous and Mental Diseases*, os três psiquiatras não tinham apenas sugerido que ELIZA poderia ser como uma substituta para um terapeuta real. Eles prosseguiram argumentando, de um modo circular, que um psicoterapeuta era essencialmente um tipo de computador: "Um terapeuta humano pode ser visto como um processador de informação e um tomador de decisões com um conjunto de regras de decisão que são intimamente ligadas a objetivos de curto e longo alcance".[11] Ao simular um ser humano, não importa o quão desajeitadamente, ELIZA encorajou os seres humanos a pensarem em si mesmos como simulações de computadores.

A reação ao software amedrontou Weizenbaum. Implantou em sua mente uma questão que nunca havia se colocado antes, mas que o preocuparia por muitos anos: "O que tem o compu-

[11] Kenneth Mark Colby, James B. Watt e John P. Gilbert, "A Computer Method of Psychotherapy: Preliminary Communication", *Journal of Nervous and Mental Disease*, 142, n. 2 (1966): 148–152.

tador que elevou a visão do homem como uma máquina a um novo nível de plausibilidade?".[12] Em 1976, uma década depois da estreia de ELIZA, ele apresentou uma resposta em seu livro *O poder do computador e a razão humana*. Ele raciocina que, para compreender os efeitos do computador, é necessário ver a máquina no contexto das antigas tecnologias intelectuais da humanidade, da longa sucessão de ferramentas que, como o mapa e o relógio, transformaram a natureza e alteraram a "percepção da realidade pelo homem". Tais tecnologias se tornaram parte da "própria matéria-prima com a qual o homem constrói o seu mundo". Uma vez adotadas, nunca mais podem ser abandonadas, ao menos sem mergulhar toda a sociedade em "grande confusão e possivelmente no caos total". Uma tecnologia intelectual, escreve, "torna-se um componente indispensável de toda estrutura uma vez que tenha sido tão inteiramente integrada a ela, tão entremeada nas várias subestruturas vitais, que não pode mais ser removida sem mutilar fatalmente toda a estrutura".

Esse fato, quase "uma tautologia", ajuda a explicar como a nossa dependência dos computadores digitais cresceu constantemente e, aparentemente, de forma inexorável desde que essas máquinas foram inventadas no final da Segunda Guerra Mundial. "O computador não era um pré-requisito para a sobrevivência da sociedade moderna no período pós-guerra e nem depois", argumenta Weizenbaum: "a sua adoção entusiástica, acrítica, pelos elementos 'progressistas' do governo, negócios e indústria dos Estados Unidos, tornou-o um recurso essencial para a sobrevivência da sociedade *na forma* como o próprio computador foi instrumento para moldar". Ele sabia, por sua experiência com redes de tempo compartilhado, que o papel dos computadores se expandiria além da automação dos processos governamentais e industriais. Os computadores passariam a mediar as atividades que definem a vida cotidiana das pessoas — como aprendem, como pensam, como se socializam. O que a história das tecno-

[12] Weizenbaum, *Computer Power*, 8.

logias intelectuais nos mostra, ele alerta, é que "a introdução de computadores em algumas atividades humanas complexas pode constituir um compromisso irreversível". A nossa vida intelectual e social pode, como as nossas rotinas intelectuais, passar a refletir a forma que o computador impõe a elas.[13]

O que mais nos torna humanos, Weizenbaum acreditava, é o que é menos computável em nós — as conexões entre nossa mente e nosso corpo, as experiências que moldam a nossa memória e o nosso pensamento, a nossa capacidade de emoção e de empatia. O maior perigo que nos confronta, à medida que nos tornemos mais intimamente envolvidos com nossos computadores — à medida que passemos a experimentar mais de nossa vida através dos símbolos desencarnados piscando nas nossas telas — é que comecemos a perder o nosso caráter humano, a sacrificar aquelas qualidades mesmas que nos separam das máquinas. O único modo de evitar esse destino, escreve Weizenbaum, é ter a autoconsciência e a coragem para se recusar a delegar aos computadores as mais humanas das nossas atividades mentais e ocupações intelectuais, especialmente "as tarefas que demandam sabedoria".[14]

Além de ser um tratado de erudição sobre o funcionamento de computadores e software, o livro de Weizenbaum foi um grito de protesto, um exame apaixonado e às vezes farisaico dos limites de sua profissão por um programador de computadores. O livro não fez com que o autor ganhasse a aceitação de seus pares. Depois que foi publicado, Weizenbaum foi expurgado como herético pelos principais cientistas da computação, especialmente aqueles que faziam pesquisas em inteligência artificial. John McCarthy, um dos organizadores da conferência original de IA de Dartmouth, falou por muitos tecnólogos quando, em uma resenha desdenhosa, descartou o *O poder do computador e a razão humana* como um "livro irracional" e

---

[13] Ibid., 17-38.

[14] Ibid., 227.

criticou Weizenbaum pelo seu "moralismo não científico".[15] Fora do campo do processamento de dados, o livro causou apenas uma breve comoção. Ele apareceu exatamente quando os primeiros computadores pessoais estavam saindo das oficinas dos aficionados para a produção em massa. O público, disposto a uma orgia de compras que colocaria computadores em quase todo escritório, casa e escola do país, não estava no estado de espírito para nutrir as dúvidas de um apóstata.

QUANDO UM CARPINTEIRO apanha um martelo, o martelo se torna, do ponto de vista do seu cérebro, parte da sua mão. Quando um soldado leva um binóculo aos olhos, o seu cérebro vê através de um novo conjunto de lentes, adaptando-se instantaneamente a um campo de visão muito diferente. Os experimentos com macacos segurando alicates revelaram quão prontamente o cérebro plástico do primata incorpora ferramentas a seus mapas sensoriais, fazendo o artificial parecer natural. No cérebro humano, essa capacidade avançou muito além do que é visto mesmo em nossos primos primatas mais próximos. A nossa capacidade de nos fundirmos com todo tipo de ferramenta é uma das qualidades que mais nos distingue como espécie. Em combinação com nossas habilidades cognitivas superiores, é o que nos faz tão bons em usar novas tecnologias. É também o que nos faz tão bons em inventá-las. Nosso cérebro consegue imaginar a mecânica e os benefícios de usar um novo dispositivo antes mesmo que ele exista. A evolução da nossa extraordinária capacidade mental de atenuar a fronteira entre o interno e o externo, entre o corpo e o instrumento, foi, diz o neurocientista da Universidade de Oregon, Scott Frey, "sem dúvida um passo fundamental no desenvolvimento da tecnologia".[16]

---

[15] John McCarthy, "An Unreasonable Book", *SIGART Newsletter*, 58 (junho de 1976).

[16] Michael Balter, "Tool Use Is Just Another Trick of the Mind", *ScienceNOW*, 28 de janeiro de 2008, http://sciencenow.sciencemag.org/cgi/content/full/2008/128/2.

As estreitas ligações que formamos com nossas ferramentas se dão nos dois sentidos. Mesmo quando as tecnologias são extensões de nós mesmos, nós nos tornamos extensões de nossas tecnologias. Quando um carpinteiro segura um martelo com a mão, ele pode usar aquela mão para fazer somente o que um martelo pode fazer. A mão se torna um implemento para pregar e puxar pregos. Quando um soldado encosta o binóculo em seus olhos, ele somente pode ver o que as lentes permitem que ele veja. Seu campo de visão vai mais longe, mas ele se torna cego ao que está próximo. A experiência de Nietzsche com a sua máquina de escrever proporciona uma ilustração particularmente boa do modo como as tecnologias exercem sua influência sobre nós. Não somente o filósofo passou a imaginar que a sua bola de escrever era "algo como eu"; ele também sentiu que estava se tornando uma coisa como ela, que a sua máquina de escrever estava moldando seus pensamentos. T. S. Eliot teve uma experiência semelhante quando passou a datilografar seus poemas e ensaios em vez de escrevê-los à mão. "Ao compor com a máquina de escrever", escreveu em uma carta de 1916 para Conrad Aiken, "descobri que estava jogando fora todas as minhas frases longas pelas quais tinha uma queda. Curtas, em *staccato*, como a moderna prosa francesa. A máquina de escrever contribui para a lucidez, mas não estou certo de que encoraje a sutileza."[17]

[17] *The Letters of T. S. Eliot*, vol. 1, 1898–1922, ed. Valerie Eliot (Nova York: Harcourt Brace Jovanovich, 1988), 144. Quanto a Nietzsche, o seu caso com a bola de escrever de Malling-Hansen veio a ser tão breve quanto intenso. Como muitos que, seguindo os seus passos ávidos, foram os primeiros a adotar novas engenhocas, ele ficou frustrado com as falhas da máquina de escrever. A bola de escrever revelou ter defeitos de fabricação. Quando o ar do Mediterrâneo ficava úmido, as teclas começavam a emperrar e a tinta a escorrer na página. A geringonça, escreveu Nietzsche em uma carta, "era delicada como um cachorrinho e causava muitos problemas". Dentro de alguns meses, ele desistiu da bola de escrever, trocando o dispositivo birrento por uma secretária, a jovem poetisa Lou Salomé. Cinco anos mais tarde, em um dos seus últimos livros, *Genealogia da moral*, Nietzsche argumentou eloquentemente contra a mecanização do pensamento e da personalidade humanas. Ele louvou o estado contemplativo da mente através do qual "digerimos" quieta e deliberadamente as nossas experiências. "O encerramento temporário das portas e janelas da consciência, o alívio dos alarmes clamantes", escreveu, permite que o cérebro "libere espaço para funções novas e, acima de tudo, mais nobres." Friedrich Nietzsche, *The Genealogy of Morals* (Mineola, NY: Dover, 2003), 34.

Toda ferramenta impõe limitações mesmo quando abre possibilidades. Quanto mais a usamos, mais nos moldamos à sua forma e função. Isso explica por que, depois de trabalhar algum tempo com um processador de texto, comecei a perder a minha facilidade de editar à mão. A minha experiência, soube mais tarde, não era incomum. "Pessoas que escrevem no computador muitas vezes se sentem perdidas quando têm de escrever à mão", relata Norman Doidge. Sua capacidade "de traduzir pensamentos em escrita cursiva" diminui quando se acostumam a bater em teclas e observar letras que aparecem como que por mágica em uma tela.[18] Hoje, com as crianças usando teclados desde uma tenra idade e com as escolas descontinuando as lições de caligrafia, há evidência crescente de que a capacidade de escrever em letra cursiva está desaparecendo inteiramente da nossa cultura. Está se tornando uma arte perdida. "Nós modelamos as nossas ferramentas", observou o sacerdote jesuíta e estudioso da mídia John Culkin, em 1967, "e depois elas nos moldam."[19]

Marshall McLuhan, que foi o mentor intelectual de Culkin, elucidou as maneiras como as tecnologias simultaneamente nos fortalecem e nos solapam. Em uma das passagens mais inspiradas, se bem que menos notadas, de *Os meios de comunicação*, McLuhan escreveu que as nossas ferramentas acabam "amortecendo" aquela parte do nosso corpo que elas "amplificam".[20] Quando estendemos alguma parte de nós mesmos artificialmente, também nos distanciamos da parte amplificada e das suas funções naturais. Quando o tear a vapor foi inventado, as tecelãs puderam manufaturar muito mais roupas ao longo de um dia de trabalho do que teriam sido capazes de fazer à

[18] Norman Doidge, *The Brain That Changes Itself: Stories of Personal Triumph from the Frontiers of Brain Science* (Nova York: Penguin, 2007), 311.

[19] John M. Culkin, "A Schoolman's Guide to Marshall McLuhan", *Saturday Review*, 18 de março de 1967.

[20] Marshall McLuhan, *Understanding Media: The Extensions of Man*, edição crítica, ed. W. Terrence Gordon (Corte Madera, CA: Gingko Press, 2003), 63–70.

mão, mas elas sacrificaram parte da sua destreza manual, para não mencionar que passaram a "sentir" menos o tecido. Seus dedos, nos termos de McLuhan, tornaram-se amortecidos. Do mesmo modo, os fazendeiros perderam parte da sua sensação do solo quando começaram a usar rastelos e arados mecânicos. O trabalhador de fazenda industrial de hoje, sentado em sua cabine com ar-condicionado em cima de um gigantesco trator, raramente toca o solo — embora em um único dia possa lavrar um campo que o seu antepassado, com uma enxada, não poderia rodar em um mês. Quando estamos atrás do volante de nosso carro, podemos chegar até uma distância muito maior do que poderíamos cobrir a pé, mas perdemos a íntima conexão do caminhante com a terra.

Como McLuhan reconheceu, ele estava longe de ser o primeiro a observar o efeito amortecedor da tecnologia. É uma ideia antiga, cuja expressão mais eloquente e ominosa talvez tenha sido dada pelo salmista do Velho Testamento:

> Os ídolos são prata e ouro,
> A obra de mãos humanas.
> Têm boca, mas não falam;
> Olhos têm, mas não veem;
> Têm ouvidos, mas não ouvem;
> Nariz têm, mas não cheiram;
> Têm mãos, mas não apalpam;
> Pés têm, mas não andam;
> Nem falam eles através da sua garganta.
> Tornem-se semelhantes a eles os que os fizeram
> e todos os que neles confiam.

O preço que pagamos para assumir o poder da tecnologia é a alienação. O tributo pode ser especialmente alto com as tecnologias intelectuais. As ferramentas da mente amplificam e por sua vez amortecem as mais íntimas, as mais humanas das nossas capacidades naturais — aquelas da razão, percepção, memória e emoção. O relógio mecânico, apesar de todas as bênçãos que nos conferiu, removeu-nos do fluxo natural do tempo. Quando Lewis Mumford descreveu como os relógios modernos auxiliaram a "criar a crença em um mundo independente de sequências matematicamente mensuráveis", ele ressaltou que, em consequência, os relógios "dissociaram o tempo dos eventos humanos".[21] Weizenbaum, baseado na ideia de Mumford, argumentou que a concepção de mundo que emergiu dos instrumentos de marcação do tempo "foi e permanece uma versão empobrecida da antiga, pois se fundamenta na rejeição daquelas experiências diretas que formaram a base da antiga realidade e que, na verdade, a constituíram".[22] Ao decidir quando comer, quando trabalhar, quando dormir, quando despertar, paramos de ouvir nossos sentidos e começamos a obedecer ao relógio. Tornamo-nos muito mais científicos, mas também um pouco mais mecânicos.

Mesmo uma ferramenta aparentemente tão simples e benigna quanto um mapa teve um efeito amortecedor. As habilidades navegacionais dos nossos ancestrais foram amplificadas enormemente pela arte do cartógrafo. Pela primeira vez, as pessoas podiam atravessar com confiança terras e mares que nunca haviam visto antes — um avanço que impulsionou uma expansão da exploração, do comércio e da guerra, que construiu a história. Mas enfraqueceu a sua capacidade nata de compreender uma paisagem, de criar um mapa mental rico em detalhes dos seus arredores. A representação abstrata e bidimensional do espaço no mapa se interpôs entre o leitor do mapa e a sua percepção da terra real. Como podemos inferir de recentes estudos do cérebro, essa perda deve ter tido um componente físico. Quando as pessoas passaram a confiar nos mapas em vez de nos seus juízos, teriam expe-

[21] Lewis Mumford, *Technics and Civilization* (Nova York: Harcourt Brace, 1963), 15.

[22] Weizenbaum, *Computer Power*, 25.

rimentado uma redução da área do seu hipocampo dedicada à representação espacial. O amortecimento teria ocorrido profundamente nos seus neurônios.

Deveremos passar por outra adaptação hoje à medida que passamos a depender de dispositivos de GPS computadorizados para nos guiar. Eleanor Maguire, a neurocientista que conduziu o estudo dos cérebros dos taxistas londrinos, preocupa-se com a possibilidade de que a navegação por satélite possa ter "um grande efeito" nos neurônios dos taxistas. "Esperamos, verdadeiramente, que eles não comecem a usá-la", diz ela, falando em nome da sua própria equipe de pesquisadores. "Acreditamos que a área [do hipocampo] do cérebro cresceu no volume de massa cinzenta devido à imensidão de dados que [os taxistas] têm de memorizar. Se todos começarem a usar GPS, essa base de conhecimento será menor e possivelmente afetará as mudanças cerebrais que estamos vendo."[23] Os taxistas serão libertados do duro trabalho de decorar as ruas da cidade, mas também perderão os benefícios mentais distintivos desse treinamento. Seus cérebros se tornarão menos interessantes.

Ao explicar como as novas tecnologias amortecem as mesmas faculdades que amplificam, ao ponto mesmo da "autoamputação", McLuhan não estava tentando romantizar a sociedade como existia antes da invenção dos mapas ou relógios ou teares a vapor. Ele entende que a alienação é um subproduto inevitável do uso da tecnologia. Sempre que usamos uma ferramenta para exercer um maior controle sobre o mundo exterior, mudamos a nossa relação com esse mundo. O controle só pode ser exercido com um distanciamento psicológico. Em alguns casos, a alienação é precisamente o que dá o valor a uma ferramenta. Construímos casas e confeccionamos jaquetas de goretex porque *queremos* ser alienados do vento, da chuva e do

[23] Roger Dobson, "Taxi Drivers' Knowledge Helps Their Brains Grow", *Independent*, 17 de dezembro de 2006.

frio. Construímos esgotos públicos porque *queremos* manter uma distância saudável de nossa imundície. A natureza não é nossa inimiga, mas também não é amiga. O que McLuhan ressalta é que uma avaliação honesta de qualquer nova tecnologia, ou do progresso em geral, exige uma percepção do que foi perdido, assim como do que foi ganho. Não deveríamos permitir as glórias da tecnologia cegarem o nosso cão de guarda interior, em relação à possibilidade de amortecermos uma parte essencial no nosso *self*.

Como uma mídia universal, uma extensão sumamente versátil dos nossos sentidos, da nossa cognição, da nossa memória, o computador em rede serve como um amplificador neural particularmente poderoso. Os seus efeitos de amortecimento são igualmente fortes. Norman Doige explica que "o computador estende as capacidades de processamento do nosso sistema nervoso central" e que, no processo, "também o altera". As mídias eletrônicas "alteram de um modo tão efetivo o sistema nervoso porque ambos trabalham de modos similares e são basicamente compatíveis e facilmente conectáveis". Graças à sua plasticidade, o sistema nervoso "pode tirar vantagem dessa compatibilidade e se fundir com a mídia eletrônica, constituindo um único sistema maior".[24]

Há outra razão, talvez mais profunda, para o nosso sistema nervoso se "fundir" tão prontamente com nossos computadores. A evolução imbuiu nosso cérebro de um poderoso instinto social, que, como diz Jason Mitchell, chefe do Laboratório de Neurociência Afetiva e de Cognição Social de Harvard, acarreta "um conjunto de processos para inferir o que aqueles a nossa

[24] Doidge, *The Brain That Changes Itself*, 310–311.

volta estão pensando e sentindo". Estudos recentes de neuroimagens indicam que regiões do cérebro altamente ativas — uma no córtex pré-frontal, uma no córtex parietal e outra na intersecção dos córtices parietal e temporal — são "especificamente dedicadas à tarefa de entender o que se passa na mente dos outros". A nossa capacidade inata de "leitura mental", diz Mitchell, desempenhou um papel importante no êxito de nossa espécie, permitindo-nos "coordenar grandes grupos de pessoas para atingir objetivos que os indivíduos não conseguiriam".[25] Quando entramos na era do computador, contudo, o nosso talento para nos conectarmos com outras mentes teve uma consequência inesperada. A "superatividade crônica dessas regiões do cérebro implicadas no pensamento social" pode, escreve Mitchell, levar-nos a perceber mentes onde não existem mentes, mesmo em "objetos inanimados". Além disso, há cada vez mais evidências de que o nosso cérebro emula naturalmente os estados das outras mentes com que interagimos, quer essas mentes sejam reais ou imaginárias. Tal "espelhamento" neural ajuda a explicar por que estamos tão propensos a atribuir características humanas aos nossos computadores e características computacionais a nós mesmos — por que ouvimos uma voz humana quando ELIZA fala.

A nossa disposição, avidez mesmo, de fazermos parte do que Doidge chama de "um único sistema maior" com os nossos aparelhos de processamento de dados é uma consequência não somente das características do computador digital como um meio de informação, mas também das características de nosso cérebro socialmente adaptado. Enquanto essa confusão cibernética de mente e cérebro pode permitir que realizemos certas tarefas cognitivas com muito mais eficiência, ela representa uma ameaça para a nossa integridade como seres humanos. Embora o sistema maior com o qual as nossas mentes se

[25] Jason P. Mitchell, "Watching Minds Interact", in *What's Next: Dispatches on the Future of Science*, ed. Max Brockman (Nova York: Vintage, 2009), 78–88.

fundem tão prontamente esteja nos conferindo os seus poderes, também está nos impondo as suas limitações. Parafraseando Culkin, programamos os nossos computadores, e então eles nos programam.

Mesmo em um nível prático, os efeitos não são tão benéficos como gostaríamos de acreditar. Como mostram muitos estudos de hipertexto e multimídia, a nossa capacidade de aprender pode ser severamente comprometida quando nosso cérebro é sobrecarregado com diversos estímulos on-line. Mais informação pode significar menos conhecimento. Mas, e quanto aos efeitos das muitas ferramentas de software que usamos? Como todos aqueles engenhosos aplicativos dos quais dependemos para encontrar e avaliar informação, para formar e comunicar nossos pensamentos, e realizar outros afazeres cognitivos, influenciam o que e como aprendemos? Em 2003, um psicólogo clínico chamado Christof van Nimwegen iniciou um fascinante estudo de aprendizagem com o auxílio de computadores que um escritor da BBC posteriormente qualificaria como "um dos mais interessantes exames do uso atual de computadores e dos potenciais prejuízos da nossa dependência crescente de interações pela tela com sistemas de informação."[26] Van Nimwegen fez com que dois grupos de voluntários trabalhassem com um complicado quebra-cabeça lógico no computador. O quebra-cabeça envolvia transferir bolinhas coloridas entre duas caixas, conforme um conjunto de regras governava quais bolinhas podiam ser deslocadas a cada momento. Um dos grupos usava um software que foi planejado para prestar o máximo de auxílio possível. Oferecia assistência enquanto se resolvia o quebra-cabeça, fornecendo pistas visuais, por exemplo, para destacar movimentos permitidos. O outro grupo usou um programa despojado, que não oferecia nenhuma sugestão ou orientação.

[26] Bill Thompson, "Between a Rock and an Interface", *BBC News*, 7 de outubro de 2008, http://news.bbc.co.uk/2/hi/technology/7656843.stm.

Nos primeiros estágios da resolução do quebra-cabeça, o grupo utilizando o software com ajuda fez os movimentos corretos mais rapidamente do que o outro grupo, como esperado. Mas, à medida que o teste prosseguia, a proficiência dos membros do grupo usando o software despojado aumentou mais rapidamente. No final, aqueles usando o programa sem auxílios foram capazes de resolver o quebra-cabeça mais rapidamente e com menos movimentos errados. Eles também chegavam a menos impasses — estados nos quais nenhum movimento adicional era permitido — do que os que usavam o software com ajuda. Os achados indicaram, como van Nimwegen relatou, que aqueles usando um software sem auxílios eram mais capacitados para planejar com antecedência e traçar estratégias, enquanto que aqueles usando o software com ajuda tendiam a se basear na simples tentativa e erro. De fato, verificou-se que aqueles com o software com ajuda "clicavam a esmo, sem propósito" quando tentavam resolver o quebra-cabeça.[27]

Oito meses depois do experimento, van Nimwegen reuniu os dois grupos e solicitou que jogassem novamente o quebra-cabeça das bolinhas coloridas, assim como uma variação dele. Descobriu que os que haviam originalmente usado o software sem auxílios eram capazes de resolver os quebra-cabeças quase duas vezes mais rapidamente do que aqueles que tinham usado o software com ajuda. Em outro teste, com um conjunto diferente de voluntários, eles usaram o software de calendário para agendar uma série complicada de encontros envolvendo grupos superpostos de pessoas. Mais uma vez, um grupo usou um software com ajuda, que oferecia uma grande quantidade de sugestões na tela; e o outro usou um software sem

---

[27] Christof van Nimwegen, "The Paradox of the Guided User: Assistance Can Be Counter-effective", SIKS Dissertation Series N. 2008-09, Universidade de Utrecht, 31 de março de 2008. Ver também Christof van Nimwegen e Herre van Oostendorp, "The Questionable Impact of an Assisting Interface on Performance in Transfer Situations", *International Journal of Industrial Ergonomics*, 39, n. 3 (maio de 2009): 501-508.

ajuda. Os resultados foram os mesmos. Os sujeitos usando o programa sem auxílios "resolviam os problemas com menos movimentos supérfluos [e] de uma maneira mais direta", e demonstravam um "comportamento baseado em planejamento" e "vias de solução mais inteligentes".[28]

No relato da sua pesquisa, van Nimwegen enfatizou que realizou controles sobre variações das habilidades cognitivas fundamentais dos participantes. Foram as diferenças de design do software que explicaram as diferenças do desempenho e do aprendizado. Os sujeitos usando os softwares despojados consistentemente demonstravam "mais foco, soluções mais diretas e econômicas, melhores estratégias e melhor fixação do conhecimento". Quanto mais as pessoas dependiam da orientação explícita dos programas de software, menos envolvidas ficavam na tarefa e acabavam aprendendo menos. Os resultados indicavam, concluiu van Nimwegen, que quando "externalizamos" a solução de problemas e outros afazeres cognitivos aos nossos computadores, reduzimos a capacidade do cérebro "para construir estruturas de conhecimento estáveis" — esquemas, em outras palavras — que posteriormente possam ser "aplicadas em novas situações".[29] Um polemista colocaria a mesma coisa com menos rodeios: "Quanto mais brilhante o software, mais apagado o usuário".

Ao discutir as implicações do seu estudo, van Nimwegen sugeriu que os programadores poderiam querer projetar o seu software para ter menos ajudas, assim forçando os usuários a pensar mais. Esse bem pode ser um bom conselho, mas é difícil imaginar que os projetistas de programas de computador comerciais e de aplicativos da web o levem a sério. Como o próprio van Nimwegen notou, uma das tendências duradouras da programação de software tem sido a busca de interfaces cada vez mais "amistosas com o usuário". Isso é especialmente

[28] Ibid.

[29] Ibid.

verdadeiro na net. As companhias da internet estão em competição feroz para tornar mais fácil a vida das pessoas, para transferir a carga da solução de problemas e de outros labores mentais do usuário para o microprocessador. Um exemplo menor, mas revelador, pode ser visto na evolução dos buscadores. Na sua primeira encarnação, o buscador Google era uma ferramenta muito simples: você colocava uma palavra-chave no campo de busca e apertava o botão "busca". Mas a Google, enfrentando a competição de outros buscadores, como o Bing da Microsoft, trabalhou diligentemente para tornar o seu serviço ainda mais solícito. Agora, tão logo você digite a primeira letra da palavra no campo, o Google imediatamente sugere uma lista de termos de busca populares que começam com aquela letra. "Nossos algoritmos usam uma ampla gama de informações para prever as questões que os usuários mais provavelmente gostariam de ver", explica a companhia. "Sugerindo prontamente buscas mais refinadas, podemos fazer as suas buscas mais convenientes e eficientes."[30]

Processos cognitivos automatizados desse modo se tornaram produtos comercializáveis no estoque do programador moderno. E por uma boa razão: as pessoas naturalmente procuram essas ferramentas de software e websites que oferecem mais ajuda e mais orientação — e dão as costas para aqueles que são difíceis de dominar. Nós queremos softwares amigáveis e com ajuda. Por que seria de outro modo? No entanto, à medida que cedemos aos softwares mais do esforço de pensar, ficamos mais propensos a diminuir a nossa capacidade cerebral de modos sutis, mas significativos. Quando alguém escavando valas troca a sua pá por uma escavadeira, os músculos dos seus braços se enfraquecem mesmo que a sua eficiência aumente. Uma troca semelhante pode acontecer ao automatizarmos o trabalho da mente.

---

30 "Features: Query Suggestions", Google Web Search Help, sem data, http://labs.google.com/suggestfaq.html.

Outro estudo recente, dessa vez com pesquisa acadêmica, oferece uma evidência do modo como as ferramentas que usamos para peneirar informação on-line influenciam nossos hábitos mentais e enquadram o nosso pensamento. James Evans, um sociólogo da Universidade de Chicago, reuniu uma enorme base de dados sobre 34 milhões de artigos de estudos publicados em revistas acadêmicas de 1945 a 2005. Ele analisou as citações incluídas nos artigos para ver se os padrões de citação, e, portanto, da pesquisa, mudaram quando as revistas passaram de impressas para divulgação on-line. Considerando que é muito mais fácil fazer uma busca de um texto digital do que de um impresso, a suposição do senso comum seria que tornar mais revistas disponíveis na net ampliaria significativamente o escopo da pesquisa erudita, levando a um conjunto muito mais diverso de citações. Mas não foi isso de modo algum o que Evans descobriu. À medida que mais revistas passaram a ser on-line, os estudiosos na realidade citavam menos artigos do que antes. E, à medida que os antigos números de revistas impressas eram digitalizados e disponibilizados na web, os estudiosos citavam artigos mais recentes com frequência cada vez maior. O alargamento da informação disponível levou, como Evans descreveu, a um "estreitamento da ciência e da erudição".[31]

Ao explicar os achados contraintuitivos em um artigo da *Science* de 2008, Evans observou que as ferramentas automatizadas de filtragem de informação, como buscadores, tendiam a servir como amplificadores de popularidade, estabelecendo rapidamente um consenso sobre qual informação era importante e qual não era, e depois o reforçando continuamente. A facilidade de seguir hiperlinks, por outro lado, leva os pesquisadores on-line a "passarem ao largo de muito mais artigos marginalmente relacionados do que os

[31] James A. Evans, "Electronic Publication and the Narrowing of Science and Scholarship", *Science*, 321 (18 de julho de 2008): 395–399.

pesquisadores de material impresso" quando rotineiramente folheiam as páginas de uma revista ou de um livro. Quanto mais rapidamente os estudiosos conseguem "descobrir a opinião dominante", escreveu Evans, mais provavelmente eles "a seguirão, levando a mais citações referenciando menos artigos". Embora muito menos eficiente do que buscar na web, a antiquada pesquisa de biblioteca serve para alargar os horizontes dos acadêmicos. "Ao levar os pesquisadores a artigos não relacionados, o folhear e espiar material impresso pode ter facilitado comparações mais amplas e pesquisadores de vanguarda no passado."[32] O modo fácil pode não ser o melhor modo, mas é o modo fácil que os nossos buscadores nos encorajam a escolher.

Antes de Frederick Taylor ter introduzido o seu sistema de administração científica, o operário individual, baseado no seu treinamento, conhecimento e experiência, podia tomar as suas próprias decisões sobre como fazer o seu trabalho. Ele escreveria o seu próprio script. Depois de Taylor, o operário começou a seguir um script escrito por outra pessoa. Não se esperava que um operador de máquina compreendesse como o script fora construído ou o raciocínio por detrás dele; ele deveria simplesmente obedecê-lo. A bagunça que vem com a autonomia individual foi arrumada, e a fábrica como um todo se tornou mais eficiente, e a sua produção mais previsível. A indústria prosperou. O que se perdeu junto com a bagunça foi a iniciativa pessoal, a criatividade e a extravagância. A artesania consciente se transformou em rotina inconsciente.

Quando estamos on-line, também estamos seguindo scripts escritos pelos outros — instruções algorítmicas que poucos de nós somos capazes de entender, mesmo se os códigos ocultos nos fossem revelados. Quando buscamos informações pelo Google ou outros buscadores, estamos seguindo um script. Quando olhamos um produto que a Amazon ou a Netflix nos

[32] Ibid.

recomenda, estamos seguindo um script. Quando escolhemos de uma lista de categorias para descrever a nós mesmos ou nossos relacionamentos no Facebook, estamos seguindo um script. Esses scripts podem ser engenhosos e extraordinariamente úteis, como são nas fábricas tayloristas, mas eles também mecanizam os processos bagunçados da exploração intelectual e mesmo do vínculo social. Como argumentou o programador de computador Thomas Lord, os softwares podem acabar por transformar as mais íntimas e pessoais atividades humanas em "rituais" irrefletidos, cujos passos estão "codificados na lógica das web pages".[33] Em vez de agir conforme o nosso conhecimento e intuição, seguimos os movimentos.

O QUE EXATAMENTE ESTAVA se passando na cabeça de Hawthorne quando ele estava sentado na reclusão verde de Sleepy Hollow e perdido em contemplação? E como isso era diferente do que se passava nas mentes dos moradores da cidade daquele trem apinhado, barulhento? Uma série de estudos psicológicos dos últimos vinte anos revelou que, depois de passar um tempo em alguma tranquila propriedade rural, próxima da natureza, as pessoas exibem maior capacidade de atenção, uma memória mais forte, e um aprimoramento geral da cognição. Seus cérebros se tornam mais calmos e mais aguçados. A razão, segundo a Teoria da Restauração da Atenção, ou ART, é que, quando as pessoas não são bombardeadas por estímulos externos, seus cérebros podem, com efeito, relaxar. Ele não mais tem que sobrecarregar a memória de trabalho com o processamento de uma torrente de distrações de baixo para cima. O estado de contemplação resultante fortalece a sua capacidade de controlar a mente.

[33] Thomas Lord, "Tom Lord on Ritual, Knowledge and the Web", blog Rough Type, 9 de novembro de 2008, www.roughtype.com/archives/2008/11/tom_lord_on_rit.php.

Os resultados do mais recente desses estudos foram publicados na *Psychological Science* no final de 2008. Uma equipe de pesquisadores da Universidade de Michigan, liderada pelo psicólogo Marc Berman, recrutou umas três dúzias de pessoas e as submeteu a uma série de testes rigorosos, mentalmente fatigantes, para medir a capacidade de sua memória de trabalho e sua capacidade para exercer controle de cima para baixo sobre a sua atenção. Os sujeitos foram então divididos em dois grupos. Metade deles passou uma hora caminhando por um parque florestal isolado e a outra metade despendeu um igual período de tempo caminhando nas ruas movimentadas do centro da cidade. Ambos os grupos foram submetidos aos testes uma segunda vez. Passar um tempo no parque, descobriram os pesquisadores, "melhorou significativamente" o desempenho nos testes cognitivos, indicando um incremento substancial da atenção. Caminhar na cidade, ao contrário, não acarretou nenhum aprimoramento dos resultados dos testes.

Os pesquisadores conduziram um experimento similar com outro grupo de pessoas. Em vez de dar caminhadas entre as rodadas do teste, os sujeitos simplesmente olharam para fotografias ou de calmas cenas rurais ou de áreas urbanas movimentadas. Os resultados foram os mesmos. As pessoas que olhavam as fotografias de cenas da natureza eram capazes de exercer um controle substancialmente mais forte sobre a sua atenção, enquanto que aquelas que olharam as cenas das cidades não exibiram nenhum aprimoramento da sua atenção. "Resumindo", concluíram os pesquisadores, "simples e breves interações com a natureza podem produzir aumentos marcantes no controle cognitivo." Passar um tempo no mundo natural parece ser de "vital importância" para o "funcionamento cognitivo efetivo".[34]

---

[34] Marc G. Berman, John Jonides e Stephen Kaplan, "The Cognitive Benefits of Interacting with Nature", *Psychological Science*, 19, n. 12 (dezembro de 2008): 1207-1212.

Não há Sleepy Hollow na internet, nenhum local tranquilo onde a contemplação possa realizar a sua mágica de recuperação. Há somente a agitação infindável, hipnótica, das ruas urbanas. As estimulações da net, como aquelas da cidade, podem ser animadoras e inspiradoras. Não queremos desistir delas. Mas também nos exaurem e nos distraem. Elas podem facilmente, como Hawthorne compreendeu, esmagar todos os modos mais calmos de pensamento. Um dos maiores perigos que enfrentamos ao automatizarmos o trabalho das nossas mentes, ao cedermos o controle do fluxo de nossos pensamentos e memórias a um poderoso sistema eletrônico, é aquele que denunciam os temores tanto do cientista Joseph Weizenbaum como do artista Richard Foreman: uma lenta erosão do nosso caráter humano e da nossa humanidade.

Não é somente o pensamento profundo que exige uma mente calma, atenta. Também a empatia e a compaixão. Há muito tempo que os psicólogos estudam como as pessoas experenciam o medo e como reagem a ameaças físicas, mas só recentemente começaram a pesquisar as fontes dos nossos instintos mais nobres. O que eles estão descobrindo é que, como explica António Damásio, o diretor do Instituto do Cérebro e da Criatividade da USC, as emoções mais altas emergem de processos neurais que "são inerentemente lentos".[35] Damásio e seus colegas fizeram com que sujeitos ouvissem histórias descrevendo pessoas experimentando dor física ou psicológica. Os sujeitos então eram postos em uma máquina de ressonância magnética e as imagens de seus cérebros eram escaneadas enquanto se solicitava que lembrassem das histórias. O experimento revelou que, enquanto o cérebro humano reage muito rapidamente a demonstrações de dor física — quando você vê alguém ferido, os centros primitivos da dor no seu cérebro se ativam quase instantaneamente —, os

[35] Carl Marziali, "Nobler Instincts Take Time", web site da USC, 14 de abril de 2009, http://college.usc.edu/news/stories/547/nobler-instincts-take-time.

processos mentais mais sofisticados de empatia com o sofrimento psicológico se desdobram muito mais lentamente. Os pesquisadores descobriram que leva um tempo para o cérebro "transcender o envolvimento imediato com o corpo" e começar a entender e sentir "as dimensões psicológica e moral de uma situação".[36]

O experimento, dizem os estudiosos, indica que quanto mais distraídos nos tornamos, menos aptos somos a experimentar as formas mais sutis, mais distintamente humanas, de empatia, compaixão e outras emoções. "Para alguns tipos de pensamentos, especialmente decisões morais sobre as situações sociais e psicológicas dos outros, necessitamos nos permitir um tempo adequado e reflexão", adverte Mary Helen Immordino-Yang, membro da equipe de pesquisa. "Se as coisas estão acontecendo rápido demais, você pode nunca experimentar plenamente emoções sobre os estados psicológicos do outro."[37] Seria precipitado concluir que a internet está solapando o nosso senso moral. Não seria precipitado sugerir que, à medida que a net está fazendo o roteamento dos nossos caminhos vitais e diminuindo a nossa capacidade de contemplação, está alterando a profundidade de nossas emoções, assim como de nossos pensamentos.

Há aqueles que saúdam a facilidade com que nosso cérebro está se adaptando à ética intelectual da web. "O progresso tecnológico é irreversível", escreve um colunista do *Wall Street Journal*, "assim a tendência para multitarefas e para consumir muitos tipos diferentes de informação somente prosseguirá." Contudo, não precisamos nos preocupar, porque o nosso "software humano" acabará por "alcançar a tecnologia da máquina que tornou possível a abundância da informação". Vamos "evoluir" para nos tornarmos consumidores

[36] Mary Helen Immordino-Yang, Andrea McColl, Hanna Damásio e António Damásio, "Neural Correlates of Admiration and Compassion", *Proceedings of the National Academy of Sciences*, 106, n. 19 (12 de maio de 2009): 8021–8026.

[37] Marziali, "Nobler Instincts".

mais ágeis de dados.[38] O autor de uma reportagem de capa da revista *New York* diz que, ao nos acostumarmos à "tarefa do século XXI" de "esvoaçar" entre bits de informação on-line, "as conexões do nosso cérebro inevitavelmente mudarão, para lidarmos mais eficientemente com mais informação". Podemos perder a nossa aptidão "de nos concentrarmos em uma tarefa complexa do começo ao fim", mas, em compensação, ganharemos novas habilidades, tais como a capacidade de "conduzir 34 conversas simultaneamente através de seis mídias diferentes".[39] Um economista escreveu, com entusiasmo, que "a web nos permite emprestar os poderes cognitivos do autismo para nos tornarmos melhores 'infóvoros'".[40] Um autor sugere, na *Atlantic*, que o nosso "TDA induzido pela tecnologia" pode ser "um problema de curto prazo", decorrente de nossa dependência de "hábitos cognitivos que evoluíram e se aperfeiçoaram em uma era de fluxo de informação limitado". Desenvolver novos hábitos cognitivos é "a única abordagem viável para navegar em uma época de constante conectividade".[41]

Esses escritores certamente estão corretos em sustentar que estamos sendo moldados pelo nosso novo ambiente de informação. A nossa adaptabilidade mental, baseada nas estruturas mais profundas do nosso cérebro, é um elemento central da nossa história intelectual. Mas se há conforto nos seus votos de confiança, é de um tipo muito frio. A adaptação nos torna mais ajustados às nossas circunstâncias, mas, qualitativamente, é um processo neutro. No final, o que importa não é o nosso tornar-se mas o que nos tornamos. Na década de 1950, Martin Heidegger observou que "a onda de revolução

---

[38] L. Gordon Crovitz, "Information Overload? Relax", *The Wall Street Journal*, 6 de julho de 2009.

[39] Sam Anderson, "In Defense of Distraction", *New York*, 25 de maio de 2009.

[40] Tyler Cowen, *Create Your Own Economy* (Nova York: Dutton, 2009), 10.

[41] Jamais Cascio, "Get Smarter", *Atlantic*, julho/agosto de 2009.

tecnológica" iminente poderia "cativar, enfeitiçar, deslumbrar e distrair de tal forma o homem que o pensamento calculista poderia um dia vir a ser aceito e praticado *como o único* modo de pensar". A nossa capacidade de engajamento no "pensamento meditativo", que ele via como a essência mesma de nossa humanidade, poderia se tornar vítima de um progresso desenfreado.[42] O avanço tumultuado da tecnologia poderia, como a chegada da locomotiva na estação de Concord, abafar as percepções, pensamentos e emoções refinados que somente surgem com a contemplação e a reflexão. Esse "frenesi da tecnologia", escreveu Heidegger, ameaça "entrincheirar-se em toda parte".[43]

Pode ser que já tenhamos entrado no estágio final desse entrincheiramento. As nossas almas dão as boas-vindas ao frenesi.

---

[42] Martin Heidegger, *Discourse on Thinking* (Nova York: Harper & Row, 1966), 56. Os itálicos são de Heidegger.

[43] Martin Heidegger, *The Question Concerning Technology and Other Essays* (Nova York: Harper & Row, 1977), 35.

Epílogo
Elementos humanos

Quando estava terminando este livro, no final de 2009, topei com uma pequena notícia, perdida na imprensa. A Edexcel, a maior empresa de testes educacionais da Inglaterra, tinha anunciado que estava introduzindo "um sistema automatizado de atribuição de notas em exames de redação, baseado em inteligência artificial". O sistema de pontuação "leria e avaliaria" as redações que os estudantes britânicos escrevem como parte de um teste de proficiência em inglês amplamente utilizado. Um porta-voz da Edexcel, que é uma subsidiária do conglomerado de mídia Pearson, explicou que o sistema "reproduzia a acurácia dos avaliadores humanos ao mesmo tempo que eliminava elementos humanos como cansaço e subjetividade", de acordo com uma notícia no *Times Education Supplement*. Um especialista em testes declarou ao jornal que a avaliação computadorizada de redações seria um esteio da educação do futuro. "A incerteza é 'quando' e não 'se'."[1]

Como o software da Edexcel discerniria, ponderei, aqueles raros estudantes que rompem com as convenções da escrita não porque sejam incompetentes mas porque têm uma centelha especial de brilhantismo? Eu sabia a resposta: ele não discerniria. Os computadores, como assinalou Joseph Weizenbaum,

[1] William Stewart, "Essays to Be Marked by 'Robots'", *Times Education Supplement*, 25 de setembro de 2009.

seguem regras; eles não fazem julgamentos. Em lugar da subjetividade, eles nos dão fórmulas. A história apenas revelou o quão profético Weizenbaum havia sido quando, décadas atrás, alertou-nos que, à medida que nos tornássemos mais acostumados e mais dependentes de nossos computadores, seríamos tentados a confiar a eles "tarefas que exigem sabedoria". E, uma vez que fizéssemos isso, não haveria como voltar atrás. O software se tornaria indispensável para essas tarefas.

É difícil resistir às seduções da tecnologia, e na nossa era de informação instantânea, os benefícios da velocidade e da eficiência parecem ser genuínos, e seu desejo, indiscutível. Mas ainda continuo a alimentar a esperança de que não chegaremos tão gentilmente ao futuro seguindo os scritps que os engenheiros da computação e os programadores de software estão escrevendo para nós. Mesmo se não guardarmos as palavras de Weizenbaum, temos um dever conosco mesmos de considerá-las, de estarmos atentos ao que estamos a ponto de perder. Seria muito triste, particularmente no que se refere ao cultivo das mentes dos nossos filhos, se aceitássemos sem questionar a ideia de que "elementos humanos" são ultrapassados e dispensáveis.

A história da Edexcel também despertou, mais uma vez, na minha memória aquela cena perto do final de *2001*. É uma cena que tem me assombrado desde que vi o filme pela primeira vez, como um adolescente, nos anos 1970, no meio da minha juventude analógica. O que a torna tão comovente, tão insólita, é a resposta emocional do computador ao desmonte da sua mente: o seu desespero, quando um circuito após outro se apaga, sua súplica infantil ao astronauta — "Eu posso sentir. Eu posso sentir. Estou com medo." — e seu retorno final ao que pode ser chamado de um estado de inocência. O extravasamento de sentimento de HAL contrasta com a ausência de emoção que caracteriza as figuras humanas do filme, que realizam os seus afazeres com uma eficiência quase robótica.

Os seus pensamentos e ações parecem estar em um script, como se estivessem seguindo os passos de um algoritmo. No mundo de *2001*, as pessoas se tornaram tão maquinais que o personagem mais humano é uma máquina. Essa é a essência da sombria profecia de Kubrick: à medida que passarmos a depender de computadores para mediar a nossa compreensão do mundo, então a nossa inteligência se achatará em uma inteligência artificial.

Leituras adicionais

Este livro roça várias superfícies. Para o leitor que desejar explorar ainda mais os tópicos, recomendo os seguintes livros, todos os quais me foram esclarecedores, e muitos deles inspiradores.

O cérebro e sua plasticidade

Buller, David J. *Adapting Minds: Evolutionary Psychology and the Persistent Quest for Human Nature*. MIT Press, 2005.

Cowan, Nelson. *Working Memory Capacity*. Psychology Press, 2005.

Doidge, Norman. *The Brain That Changes Itself: Stories of Personal Triumph from the Frontiers of Brain Science*. Penguin, 2007.

Dupuy, Jean-Pierre. *On the Origins of Cognitive Science: The Mechanization of the Mind*. MIT Press, 2009.

Flynn, James R. *What Is Intelligence? Beyond the Flynn Effect*. Cambridge University Press, 2007.

Golumbia, David. *The Cultural Logic of Computation*. Harvard University Press, 2009.

James, William. *The Principles of Psychology*. Holt, 1890.

Kandel, Eric R. *In Search of Memory: The Emergence of a New Science of Mind*. Norton, 2006.

Klingberg, Torkel. *The Overflowing Brain: Information Overload and the Limits of Working Memory*. Oxford University Press, 2008.

LeDoux, Joseph. *Synaptic Self: How Our Brains Become Who We Are*. Penguin, 2002.

Martensen, Robert L. *The Brain Takes Shape: An Early History*. Oxford University Press, 2004.

Schwartz, Jeffrey M. e Sharon Begley. *The Mind and the Brain: Neuroplasticity and the Power of Mental Force*. Harper Perennial, 2002.

Sweller, John. *Instructional Design in Technical Areas*. Australian Council for Educational Research, 1999.

Wexler, Bruce E. *Brain and Culture: Neurobiology, Ideology and Social Change*. MIT Press, 2006.

Young, J. Z. *Doubt and Certainty in Science: A Biologist's Reflections on the Brain*. Oxford University Press, 1951.

A história do livro

Chappell, Warren. *A Short History of the Printed Word*. Knopf, 1970.

Diringer, David. *The Hand-Produced Book*. Philosophical Library, 1953.

Eisenstein, Elizabeth L. *The Printing Press as an Agent of Change*. Cambridge University Press, 1980. Uma edição resumida, com um útil prefácio, foi publicada como *The Printing Revolution in Early Modern Europe* (Cambridge University Press, 2005).

Kilgour, Frederick G. *The Evolution of the Book*. Oxford University Press, 1998.

Manguel, Alberto. *A History of Reading*. Viking, 1996.

Nunberg, Geoffrey, ed. *The Future of the Book*. University of California Press, 1996.

Saenger, Paul. *Space between Words: The Origins of Silent Reading*. Stanford University Press, 1997.

A mente do leitor

Birkerts, Sven. *The Gutenberg Elegies: The Fate of Reading in an Electronic Age*. Faber and Faber, 1994.

Dehaene, Stanislas. *Reading in the Brain: The Science and Evolution of a Human Invention*. Viking, 2009.

Goody, Jack. *The Interface between the Written and the Oral*. Cambridge University Press, 1987.

Havelock, Eric. *Preface to Plato*. Harvard University Press, 1963.

Moss, Ann. *Printed Commonplace-Books and the Structuring of Renaissance Thought*. Oxford University Press, 1996.

Olson, David R. *The World on Paper: The Conceptual and Cognitive Implications of Writing and Reading*. Cambridge University Press, 1994.

Ong, Walter J. *Orality and Literacy: The Technologizing of the Word*. Routledge, 2002.

Wolf, Maryanne. *Proust and the Squid: The Story and Science of the Reading Brain*. Harper, 2007.

Mapas, relógios e assemelhados

Aitken, Hugh G. J. *The Continuous Wave: Technology and American Radio, 1900–1932*. Princeton University Press, 1985.

Harley, J. B. e David Woodward, eds. *The History of Cartography*, vol. 1. University of Chicago Press, 1987.

Headrick, Daniel R. *When Information Came of Age: Technologies of Knowledge in the Age of Reason and Revolution, 1700–1850*. Oxford University Press, 2000.

Landes, David S. *Revolution in Time: Clocks and the Making of the Modern World*, edição revisada. Harvard University Press, 2000.

Robinson, Arthur H. *Early Thematic Mapping in the History of Cartography*. University of Chicago Press, 1982.

Thrower, Norman J. W. *Maps and Civilization: Cartography in Culture and Society*. University of Chicago Press, 2008.

Virga, Vincent e Library of Congress. *Cartographia: Mapping Civilizations*. Little, Brown, 2007.

A tecnologia na história intelectual

Heidegger, Martin. *The Question Concerning Technology and Other Essays*. Harper & Row, 1977. O ensaio de Heidegger foi originalmente publicado na coleção Vorträge und Aufsätze em 1954.

Innis, Harold. *The Bias of Communication*. University of Toronto Press, 1951.

Kittler, Friedrich A. *Gramophone, Film, Typewriter*. Stanford University Press, 1999.

Marx, Leo. *The Machine in the Garden: Technology and the Pastoral Ideal in America*. Oxford University Press, 2000.

McLuhan, Marshall. *The Gutenberg Galaxy: The Making of Typographic Man*. University of Toronto Press, 1962.

McLuhan, Marshall. *Understanding Media: The Extensions of Man*, edição crítica. Gingko, 2003.

Mumford, Lewis. *Technics and Civilization*. Harcourt Brace, 1934.

Postman, Neil. *Technopoly: The Surrender of Culture to Technology*. Vintage, 1993.

Computadores, a internet e a inteligência artificial

Baron, Naomi S. *Always On: Language in an Online and Mobile World*. Oxford University Press, 2008.

Crystal, David. *Language and the Internet*, 2. ed. Cambridge University Press, 2006.

Dyson, George B. *Darwin among the Machines: The Evolution of Global Intelligence*. Addison-Wesley, 1997.

Jackson, Maggie. *Distracted: The Erosion of Attention and the Coming Dark Age*. Prometheus, 2008.

Kemeny, John G. *Man and the Computer*. Scribner, 1972.

Levy, David M. *Scrolling Forward: Making Sense of Documents in the Digital Age*. Arcade, 2001.

Von Neumann, John. *The Computer and the Brain*, 2. ed. Yale University Press, 2000.

Wiener, Norbert. *The Human Use of Human Beings*. Houghton Miffl in, 1950.

Weizenbaum, Joseph. *Computer Power and Human Reason: From Judgment to Calculation*. Freeman, 1976.

Agradecimentos

Este livro surgiu de um ensaio que escrevi para a *Atlantic* chamado "Is Google Making Us Stupid?", que apareceu no número de julho-agosto de 2008 da revista. Agradeço a James Bennet, Don Peck, James Gibney, Timothy Lavin e Reihan Salam, da *Atlantic,* por seu auxílio e encorajamento. A minha discussão da estratégia da Google do capítulo 8 é baseada em material que apareceu originalmente no artigo "The Google Enigma", que escrevi para a *Strategy & Business* em 2007. Sou grato a Art Kleiner e Amy Bernstein, daquele periódico, por seu competente trabalho de edição. Por sua generosidade em ceder o seu tempo para responder às minhas questões, agradeço a Mike Merzenich, Maryanne Wolf, Jim Olds, Russell Poldrack, Gary Small, Ziming Liu, Clay Shirky, Kevin Kelly, Bruce Friedman, Matt Cutts, Tom Lord, Caleb Crain, Bill Thompson e Ari Schulman. Devo especiais agradecimentos ao meu editor da W. W. Norton, Brendan Curry, e a seus talentosos colegas. Também sou grato ao meu agente, John Brockman, e a seus associados da Brockman Inc. Finalmente, minhas saudações aos primeiros leitores intrépidos deste livro, minha mulher Ann e meu filho Henry. Eles estiveram comigo até o fim.

Editora responsável
Marianna Soares

Produção
Adriana Torres
Ana Carla Sousa

Revisão
Olga Sérvulo e Amanda Leal

Diagramação
Nobreart Comunicação

Acompanhamento editorial
Sabiá Carochinha

Este livro foi impresso no Rio de Janeiro, em novembro de 2011,
pela Edigráfica para a Agir.
A fonte usada no miolo é IowanOldSt BT, corpo 10,5/14,5.
O papel do miolo é chambril avena 70g/m², e o da capa é cartão 250g/m².